21世纪高职高专精品教材
财务会计类

EXCEL ZAI CAIWU GUANLI ZHONG DE YINGYONG

Excel在财务管理中的应用

（第三版）

周丽媛 汪丽华 李文东 编著

东北财经大学出版社
Dongbei University of Finance & Economics Press
大连

图书在版编目（CIP）数据

Excel在财务管理中的应用／周丽媛，汪丽华，李文东编著．—3版．—大连：东北财经大学出版社，2014.2（2015.8重印）
（21世纪高职高专精品教材·财务会计类）
ISBN 978-7-5654-1437-4

Ⅰ.E…　Ⅱ.①周…　②汪…　③李…　Ⅲ.表处理软件-应用-财务管理-高等学校-教材　Ⅳ.F275-39

中国版本图书馆CIP数据核字（2014）第018717号

东北财经大学出版社出版
（大连市黑石礁尖山街217号　邮政编码　116025）
教学支持：（0411）84710309
营 销 部：（0411）84710711
总 编 室：（0411）84710523
网　　址：http：//www.dufep.cn
读者信箱：dufep@dufe.edu.cn

大连美跃彩色印刷有限公司印刷　　东北财经大学出版社发行

幅面尺寸：185mm×260mm　　字数：368千字　　印张：16 1/4
2014年2月第3版　　2015年8月第11次印刷

责任编辑：张旭凤　　责任校对：贺　欣
封面设计：冀贵收　　版式设计：钟福建

ISBN 978-7-5654-1437-4
定价：28.00元

第三版前言

《Excel 在财务管理中的应用》一书，作为财务管理和现代高新技术相结合的产物，为财务管理实务工作者带来了极大的便利。本书自 2007 年出版以来，有幸得到了广大读者的厚爱，不仅为许多高校教学所广泛选用，同时也得到了相关实务工作者的认可，并针对相关内容提出了建设性的宝贵意见和建议。基于此，我们根据与时俱进的发展需要，对教材进行了第二次修订。

本次修订与前两版相比，作了如下改进：

（1）强调与时俱进。按照最新的财务管理制度和财务管理方法增补调整相关内容。

（2）突出实务案例。删除了一些不必要的财务理论介绍，强化了实务操作内容和应用案例。

（3）规范图和表的操作。在介绍各种工具应用的基础上，详细介绍操作程序，并配以相关图和表供学员参考。

（4）重视并继续强化技能训练。本书强调的就是技能的演练和掌握，所以技能训练的内容占很大篇幅。

本次修订由周丽媛、汪丽华、李文东共同完成。具体分工为：第 1、8、10 章由周丽媛编写；第 4、5、6、7、9 章由汪丽华编写；第 2、3 章由李文东编写。最后由周丽媛对全书进行审阅并定稿。

希望本书修订后能更好地服务于教学和财务管理实务，并在实际应用中日臻完善，我们会一如既往地努力，并随着财务管理的创新与发展，结合技术手段的不断更新，与时俱进地更新教材。

本书的连续再版，也得到了东北财经大学出版社各位编辑的大力支持与帮助，这里凝结着他们的专业和付出，在此深表谢意！

作　者

2014 年 1 月

第二版前言

《Excel在财务管理中的应用》是以“教学适应实务工作要求”为出发点而编写的一本实务性很强的教材。本书自2007年出版以来多次重印，不仅得到了教学领域广大师生的应用和肯定，也得到了相关培训机构和广大实务工作者的认可。

正如第一版前言所提到的，“由于电子信息技术发展迅猛，加之作者水平有限，书中错误难免”，因此，这一次，作者根据目前Excel软件技术条件、财务管理工作所应用的相关规则的发展变化和教学目标的发展变化，根据广大热心读者的意见，对本书进行了修订。

此次修订力求使本书的表述更加严谨、内容更加丰富、栏目更加规范。具体调整主要体现在以下方面：修正第一版中的文字、图表和应用数据错误；更重视应用技能的训练，增加了实务操作和案例；调整文中补充资料的栏目属性。

本次修订由周丽媛和汪丽华任主编，王桂华任副主编。具体分工为：总论、第1章、第9章及第10章由周丽媛编写；第3、4、5、7章由汪丽华编写；第2、6、8章由王桂华编写。

尽管我们希望修订后本书能够更臻完善，但囿于作者理论和实践水平的限制，以及实务规则和技术水平的迅猛发展，书中难免存在不足。教学的精髓在于思维和方法，希望读者能更多地从这两方面获益。当然，我们还会一如既往地努力，不断改进本书，使之更好地服务读者，也恳请广大读者不吝批评指正。

作　者

2011年1月

第一版前言

在知识经济时代，信息瞬息万变，谁能够迅速地获取更多有价值的信息并做出及时、正确的反应，谁就能在竞争中抢得主动权。由于信息流已成为企业最重要的一条生命线，因此企业必须注重改善其经营管理尤其是财务管理，加快企业信息化的进程，构建一条能迅速感知自身所处的环境、察觉竞争者的挑战和客户需求的信息流。如何适应新时代、新环境发展的需要，使用符合企业特点的财务软件系统，成为企业界与财务软件行业共同关心的问题。

决定现代企业财务管理成败的一个重要环节就是财务信息系统的建设，而财务信息系统建设的关键在于财务应用软件系统的实施。许多中小企业可能想推行财务管理电算化，但又没有能力投入太多的资金，这时寻找软件功能与结构相对简单、适用性良好的通用财务软件就成为中小型企业成功实施财务电算化的关键。Excel 作为通用电子表格软件，具有强大的数据处理功能，用户可以采用多种途径获取各种数据库的信息，这种数据源的多样性增强了使用的便利，扩大了它在财务管理工作中的使用面；同时，它独具特色的数据分析系统、财务函数分析系统、图表分析系统更为企业的财务管理提供了最直观、最便捷的工具，可以有效地利用企业核算数据和外部数据高效、准确地帮助财务管理人员进行预测和决策。因此 Excel 成为世界财经管理人员公认的卓越的信息分析和信息处理工具。

因此，本书将 Excel 的应用与财务管理结合起来，利用 Excel 的制表、函数、运算、图形等功能，帮助读者迅速掌握财务管理电算化模型的建立方法，为企业提高经济效益服务。本书首先是在系统介绍中文版 Excel 2003 操作技能的基础上，向读者诠释 Excel 2003 软件的数据分析、函数和图表等工具的综合应用，然后以公司财务管理的日常工作为主线，对财务管理的三大决策系统以及财务报表分析系统进行了全面细致的理论回顾与操作讲解。本教材旨在帮助读者在无任何 Excel 操作基础的情况下，轻松、快速地建立起属于自己的 Excel 财务管理系统，尤其是学会解决财务管理中的预测、决策和经营分析问题，使 Excel 电子报表软件真正成为手中有效的电算化工具。

本书第 1 章总论，概要介绍 Excel 的特点以及其作为财务管理电算化软件的重要意义；第 2、3、4 章属于 Excel 基本操作原理与操作方法讲解，系统介绍 Excel 2003 的各种功能；第 5、6、7、8、9 章属于 Excel 在财务管理的决策与分析方面的应用内容，按照投资（第 5 章）、筹资（第 6 章）、用资（第 7 章）、收入与分配（第 8 章）、分析（第 9 章）的顺序，利用 Excel 2003 为工具，进行投资的财务评估、筹资的方式与成本比较、最佳流动资金持有量的确定、固定资产折旧管理、收入预测与量本利分析等内容的介绍。本书的特色在于讲解如何运用 Excel 2003 的功能进行便捷的财务管理。

本书主要面向经济管理类的会计专业、财务管理专业、电算化会计专业、工商管理专业和其他相关专业的学生，也可作为公司管理、财务管理业务人员培养解决财务问题能力的参考书。

本书由周丽媛、付艳主编，王桂华和汪丽华为副主编。周丽媛负责拟订全书大纲，具体各章节分工为：前言、第1、9章及第10章由周丽媛编写；第3、4、5章由付艳编写；第2、6、8章由王桂华编写；第7章由汪丽华编写。最后由周丽媛进行全书的总纂和修改。在本书编写过程中，我们以多年的教学实践经验为基础，又参考了大量相关著作、文献，在此表示感谢，但由于电子信息技术发展迅猛，加之作者水平有限，书中错误难免，请大家不吝赐教。

编　者

2007 年 5 月

目　　录

第 1 章

总　论

[学习目标]

通过本章的学习，学生应该了解财务管理电算化的含义，认识到 Excel 电子表格在财务管理中的广泛应用，掌握 Excel 电子表格与专用财务软件的区别，认识到 Excel 是理想的财务电算化工作平台。

随着信息技术的迅猛发展，企业的发展乃至全球经济的发展越来越呈现出联系的广泛化、数据传递的及时化、经济交易的个性化、相关信息的多样化、决策技术的复杂化等特征。同样，信息技术的发展也给企业提供了强有力的竞争手段。计算机技术与管理科学的结合促进了现代企业管理技术的发展，也影响了传统企业管理涉及的企业经营战略、组织与文化、制造资源、资金与成本、技术与产品开发、生产计划与控制等方面的内容。不管是信息系统的选择还是企业管理战略的选择，都成为企业竞争的核心部分，因而战略和信息系统必须适应企业的竞争优势而有效地整合在一起，使企业在激烈的竞争中立于不败之地。财务管理电算化正是为了顺应这样的经济发展潮流而诞生并迅速发展的。但在利用电子计算机进行财务管理时，大多数软件只能用于基本的账务处理，很少能有真正达到财务管理效果的软件。这一方面是因为企业的财务管理不像财务会计那样有一个规范的准则，另一方面是因为不同企业的管理制度和经营风格有着非常大的差别，难有一个既可用于核算又能服务于管理与决策的通用财务软件。尽管目前有些财务软件公司声称他们的产品已经是“管理型”财务软件，但它们往往在规范性和灵活性两个方面难以兼顾，因而难以得到实务界和理论界的认可。

作为电子表格杰出代表的 Excel，集万能的表格计算、丰富的图形显示和方便的数据管理功能于一体，并能便捷地实现与各类经济管理信息系统软件的数据共享。Excel 电子表格对数据进行加工、提炼的技术（例如模拟运算表、单变量求解、规划求解、数据透视表等）能够有力地支持财务信息处理和管理决策分析，例如使用模拟运算表进行敏感性分析，使用单变量求解工具进行目标利润规划，使用规划求解工具进行最优化决策，使用数据透视表进行应收账款管理等。因此在 Excel 推出短短的十几年里，就被财经管理人士公认为卓越的信息分析和信息处理软件工具。

本书所指的财务管理电算化就是以 Excel 电子表格软件为主要工具，针对企业的资金运动，在其资金循环的各个环节，有效地组织财务活动，处理财务关系，提升企业价值的一项综合性计算机财务管理活动。

● 1.1　什么是电子表格软件

电子表格软件是一种通用的计算工具，允许操作者在屏幕上设计所需格式的报表，填写数据及计算公式，自动计算并打印输出。它一般无需编写程序，直接供终端操作者使用，而不是供软件开发人员使用。随着电子计算机技术的迅速发展和广泛应用，电子表格技术也日臻完善，而且通过使用电子表格软件，人们处理表格的便捷度、计算数据的准确度也大大提高，这也更进一步促进了电子表格软件的开发与应用。

Excel 是微软公司推出的一套很著名的电子表格软件，它风靡全球，广泛地应用于社会的各个领域。从政府部门、世界著名的大公司和大企业到小的工厂、家庭，许多人都在使用 Excel。Excel 主要是用来管理、组织和处理各种各样的数据。政府机构的职能部门可以用它来处理日常办公事务，传递各种文件，打印各式各样的表格；公司的管理部门可以利用它来制订生产和销售计划，并帮助公司完成投资决策；财务部门可以利用它来分析各种类型的数据，把结果以多种统计图形的形式表现出来，并完成各种财务报表的制作。Excel 2003 是微软公司新近推出的版本，它在数据计算、文字编辑、图形编辑和排版输出方面的功能都反映了当前计算机软件的最高水平。

虽然电子表格软件并非专为财务人员设计，但由于长期以来，其用户中的财务人员所占比重较大，因此设计者在设置其功能时充分考虑了处理现代财务会计问题，比如大量的财务函数的设计使用，所以也有人将电子表格软件称为“通用财务软件”。许多财务人员就是使用电子表格软件在自己的工作中实现我们所说的“财务管理电算化”的。

需要明确的是，虽然我们称之“电子表格”，但是不应将之仅视为一个简单的制表工具，制表只是它的一个具体应用，在更广泛的意义上应当将之视为一个通用的计算工具，可以将屏幕看作是一张计算用的“纸”，行与列的编号是为了便于编写计算公式而提供的坐标，在这样一张“纸”上，可以进行很复杂的计算，而不是单纯的、或者简单地输出一张表格。

【小知识 1-1】电子表格软件的发展历程

电子表格软件诞生于 20 世纪 80 年代。最早的电子表格软件是美国 Visicorp 公司于 1979 年 5 月为苹果计算机（Apple Ⅱ）开发的 Visicale。1982 年美国 Lotus Development 公司为 IBM PC 开发了 Lotus 1-2-3 软件，该软件集表格、数据库管理和统计图表软件为一体，成为国际公认的电子表格软件代表作，它的各个版本领导世界电子表格潮流达 10 年之久。1992 年以后，微软公司在其 Windows 环境下推出了自己的电子表格软件 Excel。虽然在此期间 Lotus 1-2-3 的 Windows 版本也问世了，但 Excel 一直是占市场份额最大、最受欢迎的电子表格软件。

● 1.2　Excel 电子表格软件的特点

1.2.1　Excel 电子表格软件的基本特征

1）图形用户界面

Excel 的图形用户界面是标准的 Windows 的窗口形式，由控制菜单、【最大化】按钮、

【最小化】按钮、标题栏、菜单栏等部分组成。其中的菜单栏和工具栏的使用尤为方便。菜单栏中列出了电子表格软件的众多功能，工具栏则进一步将常用命令分组，以工具按钮的形式列在菜单栏的下方。而且用户可以根据需要，重组菜单栏和工具栏。在它们之间进行复制或移动操作，向菜单栏添加工具栏按钮或者在工具栏上添加菜单命令，甚至定义用户自己专用的菜单和工具栏。当用户将鼠标指针停留在菜单或工具按钮上时，菜单或工具按钮会以立体效果突出显示，并显示出相关的提示。而当用户单击鼠标右键时，界面会根据用户指示的操作对象不同，自动弹出有关功能的快捷菜单，提供相应的最常用命令。为了方便用户使用工作表和建立公式，Excel 的图形用户界面还有编辑栏和工作表标签。

2）表格处理

Excel 的另一个突出的特点是采用表格方式管理数据，所有的数据、信息都以二维表格形式（工作表）管理，单元格中数据间的相互关系一目了然。从而使数据的编辑和管理更直观、更方便、更易于理解。对于日常工作中常用的表格处理操作，例如，增加行、删除列、合并单元格、表格转置等，在 Excel 中均只需简单地通过菜单或工具按钮的操作即可完成。此外 Excel 还提供了数据和公式的自动填充、表格格式的自动套用、自动求和、自动计算、记忆式输入、选择列表、自动更正、拼写检查、审核、排序和筛选等多项功能，可以帮助用户快速高效地建立、编辑和管理各种表格。

3）数据分析

除了能够方便地进行各种表格处理外，Excel 还具有强大的数据处理和数据分析功能。它提供了包括财务、日期与时间、数学与三角函数、统计、查找与引用、数据库、文本、逻辑和信息在内的九大类数百个内置函数，可以满足许多领域的处理与分析数据的要求。如果内置函数不能满足需要，还可以建立自定义函数。为了解决用户使用函数、编辑函数的困难，Excel 还提供了方便的粘贴函数命令。它分门别类地列出了所有内置函数的名称、功能以及每个参数的意义和使用方法，并可以随时为用户提供帮助。

除了具有一般数据库软件所提供的数据排序、筛选、查询、统计汇总等数据处理功能以外，Excel 还提供了许多数据分析与辅助决策工具。例如数据透视表、模拟运算表、假设检验、方差分析、移动平均、指数平滑、回归分析、规划求解、多方案管理分析等工具。利用这些工具，不需掌握复杂的数学计算方法，不需了解具体的求解技术细节，更不需编写程序，只要正确地选择适当的参数，即可完成复杂的求解过程，得到相应的分析结果和完整的求解报告。

4）图表制作

图表是提交数据处理结果的最佳形式。通过图表，可以直观地显示出数据的众多特征，例如数据的最大值、最小值、发展变化趋势、集中程度和离散程度等都可以在图表中直接反映出来。Excel 具有很强的图表处理功能，可以方便地将工作表中的有关数据制作成专业化的图表。Excel 提供的图表类型有条形图、柱形图、折线图、散点图、股价图以及多种复合图表和三维图表，且对每一种图表类型还提供了几种不同的自动套用图表格式，用户可以根据需要选择最有效的图表来显示数据。如果所提供的标准图表类型不能满足需要，用户还可以自定义图表类型。并可以对图表的标题、数值、坐标以及图例等各项目分别进行编辑，从而获得最佳的外观效果。Excel 还能够自动建立数据与图表的联系，当数据增加或删除时，图表可以随数据变化而及时地更新。

5）宏功能

为了更好地发挥 Excel 的强大功能，提高使用 Excel 的工作效率，Excel 还提供了宏的功能以及内置的用于二次开发的 VBA（Visual Basic for Applications）语言。VBA 是一种面向对象的程序语言，直观易学。用户可以使用 VBA 创建自定义函数和自定义命令，还可以利用 VBA 在 Excel 的基础上开发出完整的应用软件系统。而对于非计算机专业人员来说，更重要的是 Excel 提供了宏记录器，可以将用户的一系列操作记录下来，自动转换成由相应的 VBA 语句组成的宏命令。当以后用户需要执行这些操作时，直接运行这些宏即可。对于需要经常使用的宏，还可以将有关的宏与特定的自定义菜单命令或者工具按钮关联，以后只要选择相应的菜单命令或者单击相应的工具按钮即可完成上述操作。

6）共享数据与 Internet 功能

Excel 将工作表与 Internet 紧密地结合在一起，所提供的 Web 功能使用户可以使用 Internet 上的文件，可以向 Internet 上输出数据，还可以浏览 Internet/Intranet 上的 Web 页面、插入超级链接。Excel 提供的 Web 组件可以将工作簿、图表或者数据透视表另存为交互式 Web 页。它除了具备一般 HTML 文档的功能以外，还具备 Excel 的众多功能。用户随时都可以使用浏览器去访问 Web 上的这些数据，并直接进行各种编辑操作。还可以根据需要将 HTML 文档中的表格导出到 Excel 中。在 Excel 中，可以直接将创建的工作簿作为电子邮件发送给同事或者客户，而不再需要手工启动有关的电子邮件软件。Excel 还支持将表格数据直接从浏览器拖放到 Excel 中。即可以在浏览 Web 页面时，通过常用的复制、粘贴甚至直接拖放操作，就从浏览器复制电子表格信息。Excel 与 Web 的紧密结合使得用户在使用浏览器时即可随时方便查看、编辑 Excel 中的丰富内容。

Excel 的共享功能使得协同作业更加方便，工作组中的各个成员可以同时编辑工作簿，可以利用突出显示修订、批注等方式及时地了解其他用户的工作。

【小知识 1-2】“电子表格”是指可以很快地设计出表格式数据、财务计划的一种软件，除了基本的数据输入外，该软件还会提供丰富的函数、公式功能，让用户做简单或复杂的混合运算，并将数据绘制成统计图表以分析数据。

1.2.2　Excel 2003 新增功能

中文版 Excel 2003 不仅保留了以前版本的各种优点，还对某些功能进行改进和加强。

1）任务窗口

新增的任务窗格：新增的任务窗格包括【开始工作】、【帮助】、【搜索结果】、【共享工作区】、【文档更新】和【信息检索】等，用户通过单击任务窗格标题栏中的下拉菜单和各选项区中的链接项，可以方便地在各个任务窗格之间进行切换和使用其相关功能。

查找用户需要的帮助：【开始工作】任务窗格和【帮助】任务窗格，可以访问 Microsoft Office Online Assistance（Microsoft Office 联机帮助），该帮助提供了以用户疑问和解答形式存在的进行定期更新的解答性文章。这些任务窗格中的某些功能需要连接 Internet 才能实现。

快速查找信息资料：通过新的【信息检索】任务窗格，无需离开中文版 Excel 2003，用户就能够很方便地找到详细数据。该任务窗格添加了电子字典、百科全书和相关研究站点的链接，帮助用户查找信息，并能将它们整合到电子表格中。【信息检索】任务窗格中的某些功能也需要连接 Internet 才能实现。

2）信息的获取

中文版 Excel 2003 信息获取方面新增和增强的功能如下：

与业务系统交互：在中文版 Excel 2003 中可以保存和打开 XML 文件，以便与组织内的关键业务数据集成在一起。开发人员可以通过 Excel 中的任务窗格来构建使用 XML 与业务系统进行交互的解决方案。

充分利用分散于各处的数据：不需要重新进行格式化，中文版 Excel 2003 就可以阅读任意一种自定义的 XML 架构。用户可以通过图表来分析和操作 XML 数据资源。

自定义智能标记功能：在中文版 Excel 2003 中，智能标记的使用更为灵活，用户可以将智能标记与电子表格中的特定区域关联在一起，这样，只要用户将鼠标指针悬停在所关联的单元格上方，智能标记便会显示。

开发属于用户自己的数据方案：有经验的 Excel 用户可以通过新的可视化 XML 映射工具，将用户指定的 XML 架构映射到 Excel 2003 电子表格中的字段上，开发属于自己的数据方案。

3）信息的交流

中文版 Excel 2003 在信息交流方面新增和增强的功能如下：

更方便的合作：用户可以在新增的共享工作区保存中文版 Excel 2003 电子表格，使其他成员能够获得最新的信息，能够保存任务列表、相关文件、链接和成员列表。共享工作区需要运行 Microsoft Windows SharePoint Services 或 Microsoft Windows Server。

控制所做工作的发布：中文版 Excel 2003 能够通过信息权管理（IRM）功能阻止收件人转发、复制或打印重要的电子表格文件，从而保障公司信息安全。用户可以授予收件人其他权限，如对电子表格的查看或修改。

享受移动的乐趣：如果用户拥有一台 Tablet PC ，就可以使用数字墨迹标记，通过手写设备以自己的笔迹来注释 Excel 2003 电子表格，还可以做些记录或给其他人发送评论意见。

4）列表功能

中文版 Excel 2003 中，用户可以在工作表中创建列表以分组或操作相关数据，也可以在现有数据中创建列表或在空白区域中创建列表。将某一区域指定为列表后，用户可方便地管理和分析列表数据而不必理会列表之外的其他数据。另外，通过与 Microsoft Windows SharePoint Services 进行集成，还可以与其他人员共享列表中的信息。

5）统计函数

中文版 Excel 2003 在统计函数功能方面得到了增强，如增强了共线性检测、方差汇总计算、正态分布和连续概率分布函数等，可为用户提供更为强大的数据统计分析功能。但需要注意的是，这些增强函数的计算结果可能与在以前版本的微软 Excel 中的计算结果有所不同。

6）其他新增和增强功能

中文版 Excel 2003 其他新增和增强的功能如下：

XML 支持：中文版 Excel 2003 支持工业标准的 XML，可使在计算机和后端系统之间访问和获取信息、解除信息锁定以及允许跨组织在商业伙伴之间创建基础企业解决方案的过程更加方便。

并排比较文档：有时查看多名用户对同一篇文档的更改很困难，新增的【并排比较文档】功能可使两篇文档并排在屏幕上进行查看，用户也可以将两篇文档设置为【同步滚动】的形式。

自动重新发布：经常向Web发布Excel数据的人员将会欣赏附加的Web发布功能，只要保存了以前发布的工作簿，就可以向Web页自动重新发布。

工作表保护：中文版Excel 2003增强了工作表的保护功能，以保护工作表或单元格中的数据不会被更改，不仅可以保护单元格中的数值和公式，还可以确保只有特定的用户才可以更改单元格内容。

● 1.3 Excel电子表格软件与其他财务软件的比较

1.3.1 Excel与专用财务软件的比较

目前，企业利用电子计算机解决财务问题大多都是直接利用专用财务软件进行的。利用专用财务软件应该说既简单又方便，但也有其一定的局限性。第一，由于企业的业务种类繁多并不断变化，有时会出现专用财务软件解决不了的问题。第二，由于专用财务软件的功能有限，也使其不能满足企业管理的需要，出现管理上的死角与盲区。第三，自主开发专用财务软件难度大，周期长，成本高。随着计算机应用的不断普及与深入和财务人员素质的不断提高，财务管理人员在工作中不能仅局限在使用一、两种专用财务软件的范围内，而应该了解掌握更多的处理财务数据的工具，只有这样在工作中遇到问题时，思路才会广，解决的办法才会多，工作效率才会高。

作为通用办公软件，Excel与专用电算化财务软件相比，主要存在以下几方面的差异：

基本功能不一致：一般的专用财务软件是以账务处理为核心，其主要功能包括凭证输入、形成总账及各种分类账、账查询、输出财务报表及账本等。Excel突破了传统财务软件的模式，它是一种集数据库、工作表与图形于一体的工作环境，在这个环境中提供了各种工具和方法库，从根本上满足了现代会计的各种需求。它能方便地采集、处理数据，有丰富灵活的计算功能，输出报表完美，用户可根据自己的需要，设置各种实用功能。

开发成本不一致：一般说来，由于专用管理型财务软件是针对企业进行设计并调试的，其开发成本较高，而Excel则不存在单独的开发成本。

适用范围不一致：由于专用管理型财务软件是针对某个或某类企业进行设计并调试的，它能很好地满足目标企业的需求，有针对性地解决这些企业的各种问题，但其适用范围窄；Excel一般不提供会计人员所需的各项可操作的具体功能（如凭证输入、过账等账务处理功能），而只是提供工具和方法，这使得其功能更强，适用范围更广。

掌握难易程度不一致：专用财务软件在使用初期，要进行特殊的专门培训，掌握和使用起来有一定的难度；Excel可以构建出相当复杂的系统，但是其界面始终简单明了，操作过程简捷，无需专门的培训。具有简单易学，灵活实用的特点。

严格地讲，Excel并不能说是一个已经完善了的财务软件，它只是一个财务工作平台。但是在这个平台上所能操作的财务事项的范围将远远超出一个专用的财务电算化软件所能包括的范围。用比较通俗的语言讲，如果将专用的财务软件比作“固定的扳手”，则它可以方便、有效、有针对性地解决它所指定的具体问题；而Excel电子软件则可以视为一把

“万能的活扳手”，它所能解决的问题远比“固定扳手”要多得多。所需要的只是要学会“活扳手”的使用方法。

还需要强调的是，Excel 的使用并不需要专业编写程序的人来操作。因为 Excel 本身是一种不用编程的计算工具，只要掌握了 Excel 基本操作原理，解决具体的财务问题原则上就靠自己了。再没有必要像过去那样，将关于解决相关问题的要求写出来，请专业的软件设计人员做出相应的软件再使用，甚至出现环境变化、参数变化、管理流程变化时，还需要再请原设计人员做出相应的修改和维护。使用 Excel 则可以自力更生。当然，并不是所有的利用 Excel 工具解决具体问题的情况都不需要编程，Excel 也为高级用户提供了编程工具。如果将会计业务划分为财务会计和管理会计两部分，则前者适合使用标准化的专用软件，而后者则适合使用 Excel。

下面我们用两个图来对上面的陈述做进一步的说明。

图 1-1 形象的说明了 Excel 与专用财务软件适用范围的差异。专用财务软件的适用范围仅是财务计算问题的一小部分；Excel 是一个通用的计算工具，它涵盖了绝大部分财务计算问题，同时还能解决许多非财务计算问题，但不排除有少量较特殊的财务问题它没有涵盖。

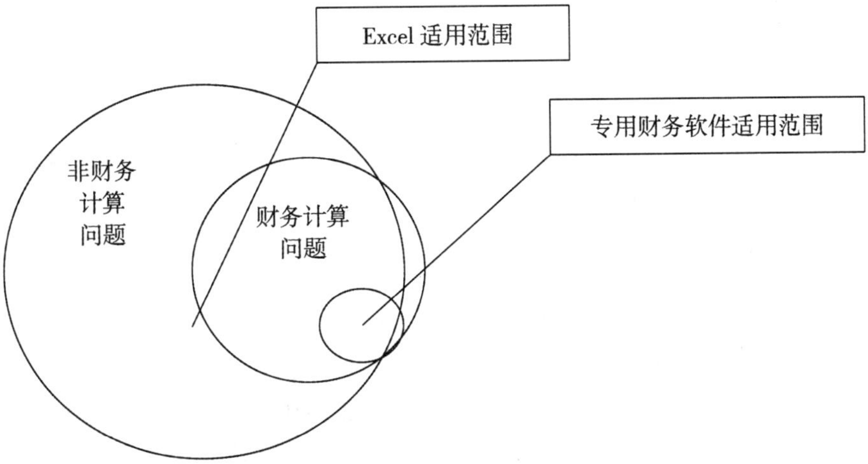

图 1-1　Excel 与专用财务软件的适用范围

资料来源　侯国屏 . Excel 在财务管理中的应用［M］. 北京：清华大学出版社，1999.

按照企业管理的层次，通常将办公自动化应用对象分为三层，即决策层、管理层和事务层。财务处理软件基本上是一个事务操作层的软件，专用财务软件大体定位在事务层，同时尽力向管理层做一定延伸。Excel 则不同，它对这三层应用对象都非常适用，尤其适用于中高层管理人员，如图 1-2。

1.3.2　Excel 与其他电子表格软件的比较

近年来，随着电子表格软件的普及使用，其易于掌握、使用广泛、界面人性化的特点更加受到人们的青睐，国内陆续出现了多种电子表格软件。虽然这些软件因能够符合国情及某些行业的特殊需求而有其独到之处，但总体上看来，无论是界面还是功能，都无法与 Excel 相媲美。

首先，Excel 的开发有着强大的技术支持。电子表格软件是一个开发难度较大的软件，

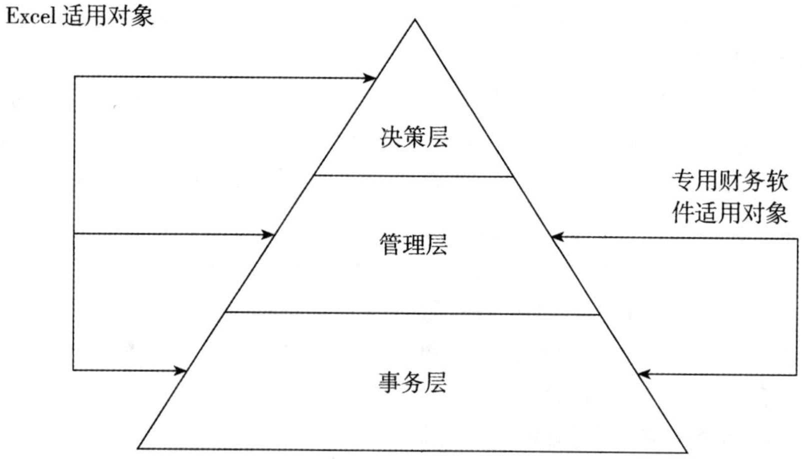

图 1-2 Excel 与专用财务软件的适用对象

资料来源 侯国屏 . Excel 在财务管理中的应用［M］. 北京：清华大学出版社，1999.

做好这类软件需要很大财力和人力的投入，仅微软公司的 Excel 小组就有 150 人之多，这是一些中小规模的软件公司所无法相比的。其次，Excel 有它的“集成”优势 。Windows 是微软公司的产品，同时微软公司将 Excel 与文字处理软件 Word 等集成在一起，组成了它的办公自动化“群件”——“Office”。Excel 因此可以方便地与 Word 等软件共同使用。

长久以来，始终有个问题困扰着 IT 界，即电子表格软件应用程序传统上只适合单人编辑使用，如果两人使用，则需要采用文件拷贝或者互发电子邮件用附加文件的方式进行传递修改，效率低而且易出错；假如是财务部里多人一起整理数字与图表信息，则无法及时追踪电子表格软件上的变化。因而实务界十分渴望能有一款软件，让许多人能简单、迅速地编辑同一份电子表格软件。

目前 WikiCalc、Num Sum 以及微软公司 2006 年收购的协同工具 Groove 就已经可以解决这个问题。此外，已在大众测试阶段的 JotSpot Tracker，也是类似 WikiCalc 的产品，它让人人都能建立、发布和分享定制化的电子表格软件及其他追踪（tracking）软件，并可与其他的应用程序结合起来。WikiCalc 的解决办法是让使用者输入信息，供其他人修改，同时修改的情况立即显示在每个参与者的电脑屏幕上。而且，在修改时只需要提供一个 ISP 的代管账号，具有操作便捷、成本低廉的优势。

虽然就电子表格软件功能而论，WikiCalc 还不能与 Excel 相提并论，但已具备处理许多电子表格软件的功能，包括以表格形式呈现信息，并在独立的单元格里套用计算公式。这正是 WikiCalc 容易上手的原因。

【小知识 1-3】Wikicalc 简介

Dan Bricklin 是软件公司 Software Garden 的拥有者，他开发了 WikiCalc，让人人都能建立、发布和分享定制化的电子表格软件及其他追踪（tracking）软件，可与其他的应用程序结合起来。

Bricklin 的解决办法，是让使用 WikiCalc 者输入信息，供其他的人修改，同时让修改的情况立即显示在每个参与者的电脑屏幕上。他说：“你可以把它当成一种编辑工具（authoring tool），除了一个 ISP 提供的代管账号之外，什么都不需要。”

WikiCalc 简单易用，符合只需做简单任务者的需要。而且，因为是开放源代码的软件，所以依照通用公共授权（GPL）唾手可得，不花分文，企业也可依照传统授权购买。

英国软件开发者顾问Dennis Howlett说，WikiCalc允许众人共同编辑信息，也可用来拆除财务部门与销售部门的藩篱，甚至化敌为友。而且从开发人员的观点来看，WikiCalc是一种解决那种问题的好方法。因为他们可轻易把交易信息取来置入电子表格软件，省掉至少一、两个步骤。Howlett预期，WikiCalc会开发出众多有创意的用途，例如用在会计环境下，可提供Excel未具有的交易报表工具。他认为，这个软件会向世人展示，生产力工具朝互联网发展，是大势所趋。

资料来源 作者根据相关资料整理。

● 1.4 财务管理电算化的方法体系

1.4.1 财务管理的主要内容

1）财务管理的对象与目标

概括来说，财务管理就是要将企业的资金按照某种计划进行有效的流转。它是基于企业再生产过程中客观存在的财务活动和财务关系而产生的，是组织企业资金活动，处理企业同各方面财务关系的一项综合性经济管理工作，是企业管理的重要组成部分。财务管理的对象是企业的资金流动。

财务管理的总体目标是保持资金的流动性，提高资金使用效益，降低风险，以使企业价值最大化或股东财富最大化。其分项目标是指进行某些具体财务活动所要达到的目标，如筹资目标是以合理的筹资成本，取得最佳资金结构；投资目标是选择合理的投资项目，确定合理的资产结构，达到投资收益最大化、投资风险最小化；收入分配目标是选择合适的股利分配政策，以达到最佳分配等。

2）财务管理的内容与环节

由于财务管理涉及到企业经营管理中与资金及其运作有关的问题，因此它的内容十分丰富，归纳起来主要有三个方面：（1）筹资管理。其包括筹资总额和筹资方式的选择；筹资所引起的资本成本、企业价值的权衡；筹资风险的预测和规避；合理资本结构的预测与决策分析。（2）投资管理。其包括选择投资项目，控制投资风险；确定合理的实体投资资产数量与结构；确定证券投资的合理组合。（3）收入与分配管理。其包括经营收入的预算与执行和应收账款的监控；企业税后利润的分配等。

财务管理环节是企业整体财务管理工作的一个阶段，包括财务管理的各种业务。财务管理的主要环节有：财务预测、财务决策、财务预算、财务控制、财务分析。这些管理环节互相联系、制约、配合，形成周而复始的财务管理循环过程，构成了完整的财务管理工作体系。其中财务预测是财务管理循环的起点阶段，财务决策是财务管理循环的重点阶段，财务预算是财务管理循环的行动指南，财务控制是财务管理循环的执行阶段，财务分析是财务管理循环承上启下的评价总结。

1.4.2 财务管理电算化信息系统

计算机财务管理方法是指将计算机技术与现代财务管理理论有机地结合起来，在计算机环境中建立财务管理模型并应用各种模型进行经济管理活动的方法。

1）数据处理系统

数据处理系统是处于最底层的基本数据处理系统，包括总账系统、工资系统等，主要处理有关资金流的问题，实现账务和工资处理电算化。

2）企业管理信息系统

企业管理信息系统是处于第二层的信息管理系统，包括企业计划子系统、总账子系统、固定资产子系统、工资子系统、采购子系统、付款子系统、销售子系统、应收账子系统、存货子系统、报表子系统等。它主要解决物流、资金流、信息流的共享和集成处理的问题，使企业生产经营的各种信息能及时、准确地确认、披露和报告，为企业管理者、投资人、债权人、政府部门提供了及时、准确、丰富的信息，也实现了财务与企业一体化核算和管理。

3）财务管理电算化系统

这里所讨论的计算机财务管理系统是解决管理者进行财务分析、预测、决策等问题的系统，也就是通过计算机财务管理方法，利用会计信息正确、有效地评价企业财务现状和经营成果，预测未来的销售和生产情况，选择和确定各种最优方案和财务政策等，实现定性分析与定量分析相结合的管理系统。

计算机财务管理模型是计算机模型的一种，它是利用数学符号和计算机技术描述企业财务活动的经济定量分析模型，如同其他模型一样，它舍去了财务管理活动中一些非主要的、并不影响本质的因素和条件，只保留了财务管理中主要要素及其基本联系并加以形象化描述。

1.4.3 Excel 是理想的财务工作平台

有了以上说明之后，我们不难得出结论——就目前软件发展的水平而言，Excel 是一个理想的财务工作平台。所谓“平台”指的是一个基础环境，在这个基础上可以成功地建起一座“大厦”——整个计算机财务系统。下面我们不妨用一个称之为“Excel 树”的图来形象地表明这一观点。

如图 1-3，这个图表明 Excel 一方面可广泛地采集各种格式的外部数据资源，另一方面本身又有丰富的数据处理和加工能力（其中不少功能是专为财务问题设置的），在此基础上就长出了一棵硕果累累的大树。因此，把使用 Excel 提到议事日程上来已经成了财务管理电算化工作深入和提高的关键，对于已经初步实现财务管理电算化的单位是如此，那些即将起步的单位也将 Excel 纳入自己的视野之内。商品化财务管理软件的开发单位也不能对 Excel 的存在视而不见，可能有必要探讨重新定位自己的产品。

1.4.4 如何学习 Excel，实现财务管理电算化

Excel 的功能十分丰富，有关的讲解书籍也是一本比一本厚，令初学者望而生畏。虽然深入掌握要假以时日，但入门是不难的。尤其是其用户界面十分简单与规范，几乎不要求使用者必须事先有什么计算机基础知识，并且与 Office 系统中其他操作软件保持着尽可能一致的操作方法，如菜单、对话框及工具按钮等。这种特点使 Excel 能迅速地在竞争中普及并占有一定的优势。

对于任何一个应用软件，我们一般不必掌握它所有的功能，只要掌握基本的、自己需要的那部分就可以了，特别是在入门阶段。像 Excel 这样的应用软件，为了满足各层次使用者的需求，其功能很强大，但很少有人用遍它的所有功能。其基本的、常用的功能大约只占全部功能的 30%，而掌握这些功能的使用方法，有半个月的时间足够了。在本书中，将采用一种“单刀直入”其核心内容的方法，让你尽快掌握它，并能解决工作中的一些问题。该方法分为三步，其内容是：

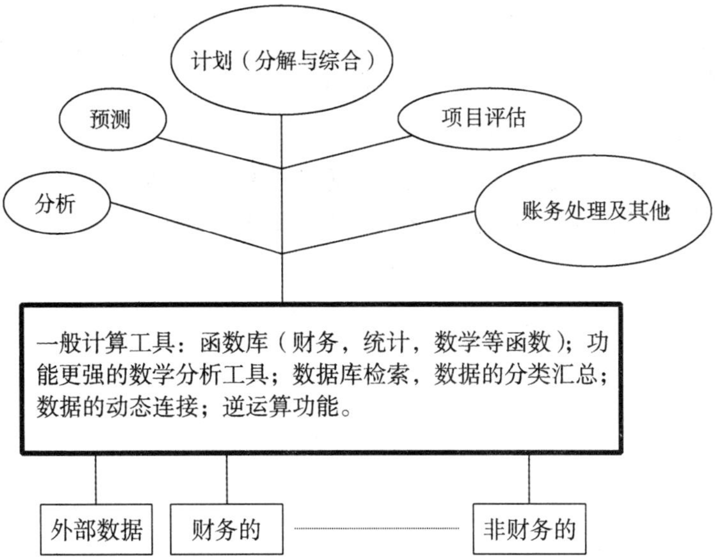

各种格式和内容的外部数据资源（财务的，非财务的，数据库格式的，其他格式的，还有图表、曲线等）

图 1-3　Excel 功能树

资料来源　侯国屏．Excel 在财务管理中的应用［M］．北京：清华大学出版社，1999.

第一，做两三个简单的表格，例如工资表（含所得税）、利润表等（含图表）等。该步骤包含做一张表的基本操作，包括数据输入、单元格编辑以及表内各数据间的运算、函数的调用等。

第二，结合财务管理实际工作，解决一个中等复杂程度的问题。例如手工输入数据做一个反映表之间数据关联与传递的基本操作。

第三，较复杂问题的设计与求解。例如企业投资项目评估，企业财务分析等。这类问题可能涉及外部数据的采集、较复杂的表间关联和运算及财务函数的使用等有关 Excel 高级功能的使用。

[本章小结]

本章概括地介绍了 Excel 电子表格软件的基本特征以及中文版 Excel 2003 的新增功能及优缺点，阐述了财务管理电算化的基本概念，并介绍了电子表格软件发展的一些背景知识。同时对财务管理基本内容进行了简单的梳理，并为如何熟练使用 Excel 软件对资金运动进行电算化管理，提出了有益的建议。

[主要概念]

财务管理电算化　Excel 电子表格的特点　财务管理电算化信息系统

[基本训练]

(1) 为什么 Excel 电子表格能在实务界得到广泛的使用?

(2) Excel 电子表格与专用软件相比，其适用范围有何不同?

(3) 如何能较好地学习 Excel 电子表格，实现财务管理电算化?

第 2 章

Excel 2003 基础

［学习目标］

通过本章的学习，学生应该了解 Excel 2003 电子表格的基本结构，快速掌握 Excel 2003 的一些基本操作，学会创建所需要的工作簿和工作表，并对其进行格式化，为做好财务管理电算化掌握必需的基础操作技能。

● 2.1　Excel 2003 的基本结构

2.1.1　Excel 2003 的启动与退出

1）Excel 2003 的启动

Excel 2003 是 Office 2003 的一个成员。安装 Office 2003 后，可以直接从菜单中打开 Excel 2003。具体操作方法如下：

在 Windows 操作环境下，选择屏幕左下角的【开始】/【所有程序】/【Microsoft Office】/【Microsoft Office Excel 2003】启动该软件。

启动 Excel 2003 后，系统将自动创建一个名为 Book1. xls 的新工作簿。在 Excel 中创建的文件就是工作簿，它的扩展名为 . xls，缺省时工作簿的名字为 Book1. xls、Book2. xls、Book3. xls……

双击任何一个扩展名为 . xls 的 Excel 文件，则系统自动启动 Excel，并打开该 Excel 文件。

Excel 2003 可以同时打开多个工作簿，每个工作簿对应一个窗口。

在 Windows 的桌面上建立 Excel 的快捷图标，双击它即可进入 Excel。

2）Excel 2003 的退出

如果要退出中文 Excel 2003，可以采用以下四种方法：

（1）在 Excel【文件】菜单中选择【退出】命令。

（2）单击 Excel 窗口右上角的关闭命令按钮。

（3）单击 Excel 主窗口左上角的图标；在下拉菜单中选择【关闭】；直接双击这个图标关闭 Excel。

（4）按 Windows 系统关闭窗口的快捷键组合 Alt+F4，退出 Excel 窗口。

如果在退出 Excel 时尚有已修改未保存的文件，则会出现询问对话框，若选择【是】，则保存该文件后退出 Excel；若选择【否】，则不保存该文件退出 Excel；若选择【取消】，则返回 Excel 状态。

2. 1. 2　Excel 2003 的窗口结构

启动 Excel 2003 后，屏幕上会出现如图 2-1 的 Excel 2003 窗口。

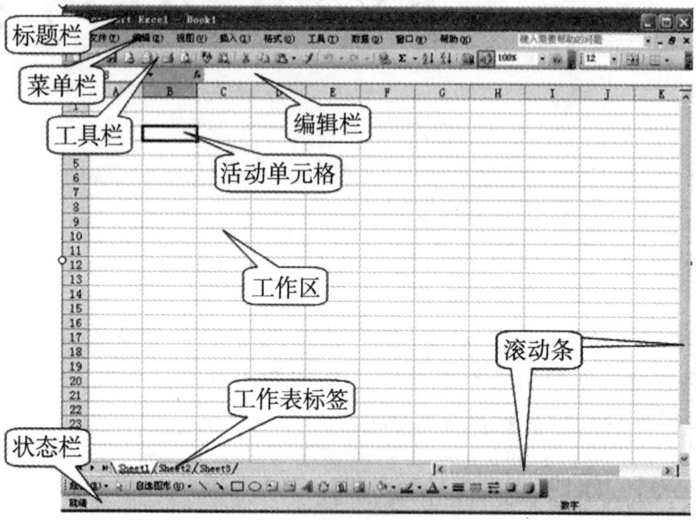

图 2-1　Excel 2003 窗口结构示意

该窗口主要包括以下几个部分：

1）标题栏

标题栏位于窗口的顶部，显示当前所使用的程序名称（Microsoft Excel）和工作簿名。标题栏的最左端有一个 Excel 窗口的控制菜单按钮，单击它会打开一个下拉菜单，其中有一些用于控制 Excel 2003 窗口的命令。标题栏的右端有 3 个按钮：单击【最小化】按钮，使 Excel 窗口缩小为任务栏上的一个按钮；单击【还原】按钮，使当前 Excel 窗口还原为以前设置的状态，此时，该按钮变为【最大化】按钮；单击【最大化】按钮，使 Excel 窗口满屏显示；单击【关闭】按钮，则退出 Excel。

2）菜单栏

菜单栏位于标题栏的下方。菜单栏中提供了【文件】、【编辑】、【视图】、【插入】、【格式】、【工具】、【数据】、【窗口】和【帮助】9 个菜单项，单击后弹出相应的下拉菜单，供用户选择所需的命令。

3）工具栏

工具栏位于菜单栏的一方，由一系列的工具按钮组成。若要使用工具栏中的某个按钮，直接用鼠标点击它即可。因此，灵活利用工具栏中的工具按钮进行操作，避免了通过菜单选择命令的繁琐过程，大大提高了工作效率。

4）编辑栏

编辑栏用于显示活动单元格的数据和公式。编辑栏的左侧是名称框，显示活动单元格的名称。

5）活动单元格

活动单元格就是正在使用的单元格。

6）工作区

工作区是用来存放数据的表格。

7）工作表标签

工作表标签用来标志工作簿中不同的工作表。如果单击工作表标签，即可迅速切换到其他工作表。

8）状态栏

状态栏位于窗口的底部，用于显示当前命令或操作的有关信息。例如，为单元格输入数据时，状态栏显示“输入”字样，完成输入后，状态栏显示“就绪”字样。

9）滚动条

滚动条位于窗口的右侧和底部，当点击并拖动滚动条时，表格显示会跟着移动，分为左右移动和上下移动。

● 2.2　Excel 2003 的基本操作

2.2.1　单元格及单元格区域的选取和定位

Excel 2003 在执行大多数命令或任务之前，首先选定要进行操作的单元格或单元格区域，如移动、复制、删除以及设置格式等。

要选定一个单元格，则用鼠标单击该单元格。此时，在该单元格的周围会出现粗边框，表明它是活动单元格。另外，也可以同时选定多个单元格，我们称之为单元格区域。选定单元格区域的操作可以节省我们许多时间。例如，选定一个区域之后，可以一次格式化区域内的所有单元格，或者按 Delete 键删除区域内所有单元格内的内容。

1）选定相邻的单元格或单元格区域

要选定相邻的单元格或单元格区域，单击区域左上角的单元格，按住鼠标左键并拖到区域的右下角，释放鼠标左键，选定的区域以具有透明度的浅蓝色显示。其中，只有第一个单元格维持正常显示，表明它为当前活动的单元格。若想取消选定，则单击工作表中任意一个单元格。

另一种选定区域的方法是：单击选定区域左上角的第一个单元格，按住 Shift 键，然后单击选定区域的最后一个单元格。

2）选定不相邻的单元格区域

如果要选定不相邻的单元格区域，请先选定第一个单元格区域，按住 Ctrl 键，然后选定其他的单元格区域，结果如图 2-2。

3）选定行、列或整个工作表

如果要选定整行，请单击该行的行号。

如果要选定整列，请单击该列的列标。

如果要选定相邻的行或列，请在行号或列标上拖动。

如果要选定不相邻的行或列，请先选定第一行或第一列，按住 Ctrl 键，然后单击其他

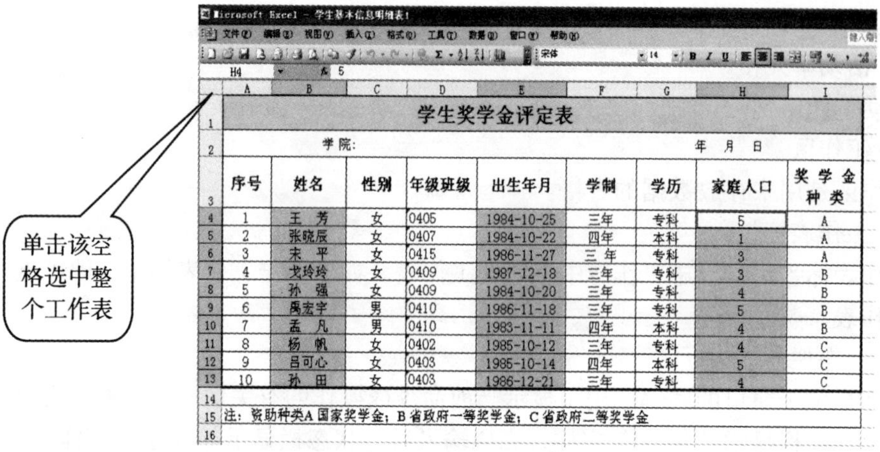

图 2-2　选定不相邻的单元格

的行号或列标。

如果要选定整个工作表，则单击行列起始交叉处，如图 2-2 上面指示的空格，即能选中全部表格。

4）选定特殊的单元格

如果只想选定空白单元格或者包含公式、常量、批注的单元格，可以按照下述步骤进行操作：

（1）选定包括待选单元格的区域。如果要选定活动工作表中所有相同类型的单元格，请单击工作表中的任意单元格。

（2）选择【编辑】菜单中的【定位】命令，打开【定位】对话框。

（3）单击【定位条件】按钮，出现如图 2-3 的【定位条件】对话框。

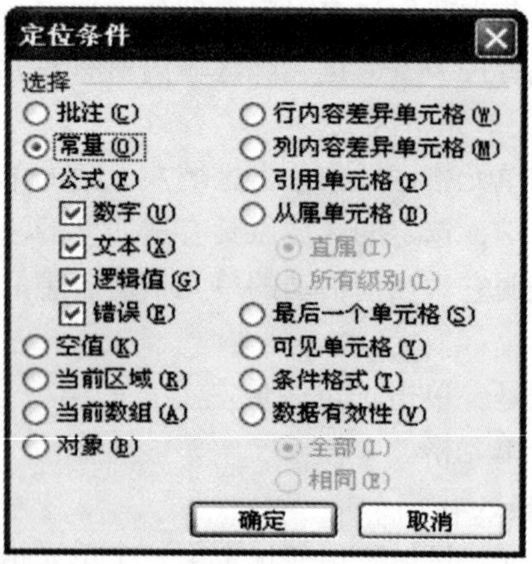

图 2-3　【定位条件】对话框

（4）选择所需的选项，例如，“批注”、“常量”、“公式”或“空值”等。

（5）单击【确定】按钮。

【小思考 2-1】怎样一次选定有数据的矩形区的空白单元格？

Ctrl+G，打开定位窗口，选“空值”，或者选中区域，按 F5，打开定位，单击定位条件，选择“空值”确定即可。

2.2.2　单元格数据输入

1）输入文本

文本是 Excel 常用的一种数据类型，如表格的标题、行标题、列标题等。文本数据包含任何字母（包括中文字符）、数字和键盘符号的组合。只要不被系统解释成数字、公式、日期、时间或者逻辑值，Excel 2003 就一律将其视为文本。

默认情况下，Excel 在单元格的左边对齐文本，可以通过选定单元格并单击【格式】工具栏上的【居中】或者【右对齐】按钮来改变文本的对齐方式。

如果要在单元格中输入文本，可以按照下述步骤进行操作：

选定要输入文本的单元格。

输入文本时，文本出现在单元格和编辑栏中，编辑栏上还会显示【取消】按钮×和【输入】按钮√。如果发现有错误，可以使用 Backspace 键删除该文本，然后输入正确的文本。

输入完毕后，按 Enter 键或者单击【输入】按钮确认。

工作表的每一个单元格最多可以包含 32 000 个字符。当用户输入的文本超过单元格宽度时，如果右侧相邻的单元格中没有任何数据，则超出的文本会延伸到右侧单元格中。如果右侧相邻的单元格中已有数据，则超出部分的文本被隐藏起来，只要增大了列宽或以自动换行的方式格式化该单元格后，就能够看到全部的内容。

【小技巧 2-1】如果要使单元格中的数据强行换到下一行中，可以按 Alt+Enter 组合键。

【小技巧 2-2】当用户在单元格中键入的起始几个字符与该列中已键入的内容相符时，Excel 自动填写其余的字符，这是“记忆式键入”功能。如果用户不喜欢“记忆式键入”功能，可以选择【工具】菜单中的【选项】命令，在打开的【选项】对话框中单击【编辑】标签，撤选【记忆式键入】复选框即可。

2）输入数字

在工作表的操作中，数字的输入将是大量的，也是要求比较严格的。在 Excel 2003 中，输入的数字仅限于下列内容：

0　1　2　3　4　5　6　7　8　9　+　-　()　/　$　¥　%　.　E　e

例如，可以输入 10、-2.68、2.567、2.34E+09、20%、$ 25.6 等。

默认情况下，数字沿单元格右边对齐，用户可以通过选定单元格并单击【格式】工具栏上的【居中】或者【左对齐】按钮来改变数字的对齐方式。

如果用户输入的数字为正数，数字前面的“+”可以省略。如果要输入负数，则在数字前加一个负号（-），或者将数字放在圆括号内。

为了避免将输入的分数视作日期，应该在分数前加上 0 和空格，如输入“0 ␣ 1/2”。

当输入一个较长的数字时，在单元格中显示为科学记数法（如“2.34E+09”），表示该单元格的列宽太小不能显示整个数字。

【小技巧 2-3】有些数字（如邮政编码、电话号码等）想作为文本处理，只需在输入该数字时加上一个单撇号(')，Excel 就会把该数字作为文本，使它沿单元格左边对齐。

3）输入日期和时间

选定要输入日期和时间的单元格。

当输入日期时，可以用斜杠（/）或减号（-）分隔日期的各个部分；当输入时间时，可以用冒号（:）分隔时间的各个部分，如输入日期“7-8”，按 Enter 键，单元格 E5 中的内容自动变为“7 月 8 日”。

Excel 2003 将日期和时间视为数字处理，日期或时间的显示取决于单元格中所用的数字格式。如果 Excel 能够识别出所键入的是日期和时间，则单元格的格式将由“常规”数字格式变为内部的日期或时间格式。如果要在同一单元格中键入日期和时间，请在它们之间用空格进行分隔。

【小技巧 2-4】用户可以选择 12 小时制或者 24 小时制来显示时间。如果选择 24 小时制格式，则不必使用 AM 或者 PM；如果选择 12 小时制格式，应该在时间后加上一个空格，然后输入 AM 或 A 表示上午，PM 或 P 表示下午。

2.2.3　单元格内数据的编辑

在输入数据时，难免会有一些错误，有些情况下，又需要对数据进行诸如修改、复制、删除、查找与替换等操作，因此，需要对数据进行编辑。

1）修改单元格数据

编辑栏修改法——当选中单元格后，单击编辑栏，然后再修改数据。

单元格修改法——双击单元格，出现光标后，再对数据进行修改。

2）移动单元格

粘贴法——选取要移动的单元格或单元格区域，单击【剪切】按钮，或按 Ctrl+X 组合键，然后把光标移到目标单元格位置，单击【粘贴】按钮 ，或按 Ctrl+V 组合键。

拖动法——选取要移动的单元格或单元格区域，将鼠标指向所选单元格或单元格区域的黑色边框（注意要避开填充柄），按住鼠标左键并拖动鼠标至目标单元格位置，释放鼠标即可。这种方法要简单得多。

3）复制单元格

粘贴法——选取要复制的单元格或单元格区域，单击【复制】按钮，或按 Ctrl+C 组合键，然后把光标移到目标单元格位置，单击【粘贴】按钮 ，或按 Ctrl+V 组合键。

拖动法——选取要移动的单元格或单元格区域，将鼠标指向所选单元格或单元格区域的黑色边框（注意要避开填充柄），同时按住 Ctrl+鼠标左键并拖动鼠标至目标单元格位置，释放鼠标即可。

利用多重剪贴板——Excel 2003 提供了多重剪贴板工具，用户可以将常用的几种数据复制，然后在剪贴板中有选择性地加以粘贴，从而大大简化了操作。可以先对所有的要复制的单元格进行单击【复制】按钮或按 Ctrl+C 组合键的操作，则这些单元格数据就出现在剪贴板上。然后选取目标单元格，单击要粘贴的数据即可。

4）插入单元格

插入单元格——单击【插入】菜单中的【单元格】命令，打开【插入】对话框，根据需要，选择不同的单选按钮即可。

插入从别处复制或剪切过来的单元格——单击【插入】菜单中的【复制单元格】命令（此时【单元格】命令变为【复制单元格】命令），打开【插入粘贴】对话框，根据需要，选择不同的单选按钮即可。

5）删除单元格或单元格区域

选中要删除单元格或单元格区域，单击【编辑】菜单中的【删除】命令，打开【删除】对话框，根据需要选择不同的单选按钮即可。

6）清除单元格内容

当发现单元格的数据有错误或不再需要时，可以清除其内容，方法是，选取需要清除数据的单元格或单元格区域，按 Delete 键，或执行【编辑】菜单中的【清除】命令。【清除】命令有几种方式可供选择，如图 2-4，其中【全部】表示清除单元格的数据及格式；【格式】表示仅清除格式而保留数据；【内容】表示仅清除数据而保留格式；【批注】表示清除批注。

图 2-4　清除单元格内容选项

7）查找和替换

查找和替换的功能使用户可以快速定位需要的信息，或对需要替换的单元格数据进行替换。

查找——执行【编辑】菜单中的【查找】命令，或按 Ctrl+F 组合键，打开【查找和替换】对话框，在【查找内容】栏中输入要查找的内容，不断单击【查找下一个】按钮，含有要查找内容的单元格就成为活动单元格。

替换——同上打开【查找和替换】对话框中的【替换】选项卡，或直接按Ctrl+H组合键，打开【查找和替换】对话框，在【查找内容】栏中输入要查找的内容，在【替换为】栏中输入要替换的内容，单击【全部替换】按钮，就自动将工作表中所有要替换的单元格全部替换。若单击【替换】按钮，就一个一个地将工作表中所有要替换的单元格进行替换。

8）为单元格添加批注

对于一些有特殊意义的单元格，为它们添加批注，可以使用户更好地记忆和理解该单元格的信息，为输入数据或编辑数据提供方便。给单元格添加批注的具体步骤如下：

选中要添加批注的单元格。

单击【插入】菜单中的【批注】命令，这时就会在该单元格右边出现一个批注框，如图 2-5，在批注框中输入有关的信息内容后，就会在该单元格右上角出现一个小红点。任何时候只要鼠标移到该单元格，就会显示该单元格的批注。

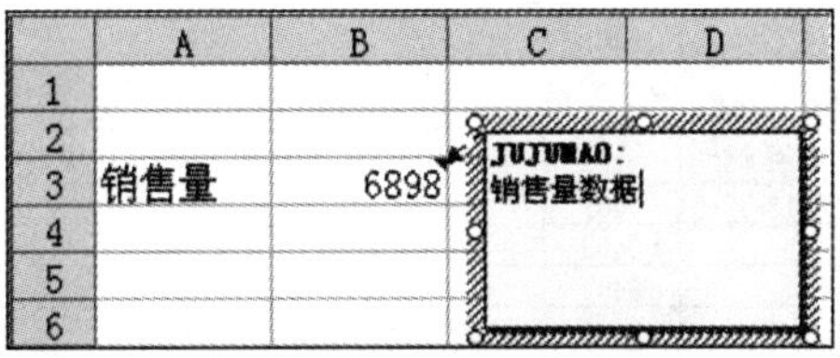

图 2-5　为单元格添加批注

如果需要，还可以对批注的格式进行设置，方法是：在批注框中单击鼠标右键，打开【设置批注格式】对话框，再进行相应的设置。

【小应用 2-1】你知道如何在 Excel 中输入 15 位或 18 位身份证号码吗？这个问题想必会困扰你一段时间吧。因为在 Excel 中，输入超过 11 位数字时，会自动转为科学计数的方式，比如身份证号是

123456789012345，输入后就变成了 1.23457E+14，解决的方法有很多种，现在为大家说几种比较简单快速的方法：

（1）在 A1 单元输入号码时，在前面先输入'号，就是：'123456789012345，这样单元格会默认为该单元为文本方式，会完整显示出 15 位号码来，而不会显示那令人讨厌的科学计数方式来了。

（2）如果已经输入了大量的号码，全部以科学计数显示的话，而又不愿意按照上面的方法一个一个地重新输入的话，也有这个好方法哦，比如已在单元A1：A100输入了号码，按以下步骤做：选择单元A1：A100单击鼠标右键，设置单元格式选择【自定义】，在【类型】中输入'0'即可，轻松搞定。

（3）还有一种用函数来解决的方法：在 A1：A100 已经输入大量的号码时，在 B1 单元中输入：= trim（''a1），注意两个'之间是空格，这个公式的意思：先在 A1 单元 15 位号码前加个空格符号，然后用 trim ( )这个函数把空格符号去掉。输完后，B1 单元也是显示出完整的 15 位数字了。

2.2.4　在相邻单元格自动填充数据

如果相邻的多个单元格中的数据为相同的数据或数行数据，可不必逐一输入，利用 Excel 的填充功能，可以自动填充相同或数行数据，让用户可以自动产生相同或数行的数据。

1）利用填充柄填充单元格

选择单元格后，单元格的右下角会出现一个黑色方块，此黑色方块称为填充柄，将光标移到此处，拖动此点，可以将此单元格内的数据复制到相邻的单元格中，或在相邻的单元格顺序产生依次递增 1 的数行数据，以达到自动输入数据的目的。

自动填充单元格的操作方法如下：

移动光标选择要作为填充数据的起始单元格（此单元格必须已经输入数据），然后对准单元格右下角的黑色方块，使鼠标光标变成+字形状。按住鼠标左键，拖动填充柄往想要填充数据的方向移动。完成后，就会在拖动范围的单元格内填充数据。完成后，窗口界面上会出现【自动填充选项】按钮，选择该按钮，会出现菜单，从菜单中可以选择填充的方式。

2）填充特殊的序列

用填充柄填充数据时，仅能填充递增为 1 的序列，如果想要填充步长值不为 1 的等差序列或等比序列，就得利用菜单栏的【填充】／【序列】的功能来完成。

填充特殊序列的操作方法如下：

在想要填充数据的起始单元格中，输入递增数据的初始值。如图 2-6 中的竞赛时间。

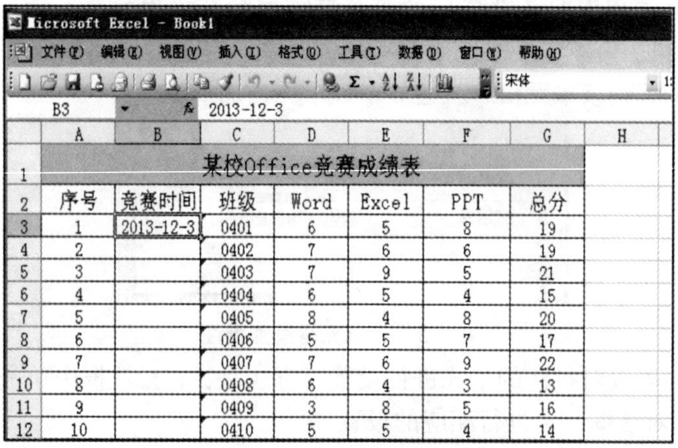

某校Office竞赛成绩表						
序号	竞赛时间	班级	Word	Excel	PPT	总分
1	2013-12-3	0401	6	5	8	19
2		0402	7	6	6	19
3		0403	7	9	5	21
4		0404	6	5	4	15
5		0405	8	4	8	20
6		0406	5	5	7	17
7		0407	7	6	9	22
8		0408	6	4	3	13
9		0409	3	8	5	16
10		0410	5	5	4	14

图 2-6　输入递增数据的初始值

拖动光标从起始单元格起选择想要填充数据的单元格范围，然后移动光标到菜单栏选择【编辑】，从下拉菜单中选择【填充】命令，再从子菜单中选择【序列】命令。

出现【序列】对话框后，在【类型】区选择序列的类型，然后在【步长值】文本框中输入序列的步长，再选择【确定】按钮，如图 2-7。

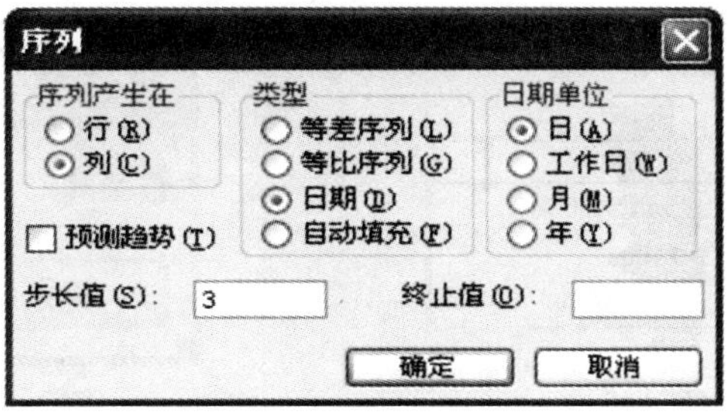

图 2-7　输入步长值

除了填充日期序列外，也可以填充步长不是 1 的等差序列或等比序列。若在【序列】对话框中选择【等差序列】，然后在【步长值】文本框中输入 2，则所产生的等差序列数据会依次递增 2：选择【等比序列】类型时，其递增的数值会乘以步长，例如：开始值为 1，步长为 2，则产生的等比序列为 1、2、4、8、16、32、64……

【小技巧 2-5】一定要在起始单元格输入要填充的初始值，如果用户操作后无法填充单元格，通常是忘了在步骤 1 中输入填充的初始值。

【小应用 2-2】

(1) 每一个工作表的水平方向有 65 536 行，垂直方向有 256 列，行和列的交集称为“单元格”。

(2) 在 Excel 中，每一个电子表格文件称为一份工作簿，要制作第一份工作簿前，要先打开一个新的工作簿。

(3) 在工作表输入的数据可以分为“数字数据”、“文本数据”、“日期时间数据”、“公式数据”。

(4) 如果想要填充步长不为 1 的等差序列，或等比序列，就得利用菜单栏的【填充】/【序列】功能来完成。

(5) 所谓【合并及居中对齐】，就是把多个单元格合并成一个单元格，只保留左上角那一个单元格数据，然后将单元格中的数据居中对齐。

【小操作 2-1】经过一个学期的耕耘，同学们一定都想知道谁能拔得班级头筹？谁又将获得班级奖学金？自己在班级的成绩排名是怎样的？你能利用 Excel 解决这个问题吗？请你试着为班级编制一个“学生奖学金评定表”，以此来练习 Excel 的基本操作。

● 2.3　工作表的编辑及格式化

对工作表和数据进行格式化处理，可以使工作表及其数据表达更为清楚、美观。例如可以对意义不同的单元格和单元格区域设置不同的字体、颜色、背景，对数据设置不同的对齐方式、边框，设置不同的行高和列宽等。

2.3.1　设置工作表的行高和列宽

1）设置工作表的行高

在默认状态下，工作表的行高都是一样的。但在很多情况下，一个工作表中需要高度不同的表格，这就需要设置工作表的行高。

设置工作表的行高时，首先选中要调整行高的单元格，然后可采用以下几种方法调整行高：

单击【格式】菜单中【行】子菜单的【行高】命令，如图 2-8，打开【行高】对话框，输入新的行高数值，如图 2-9。

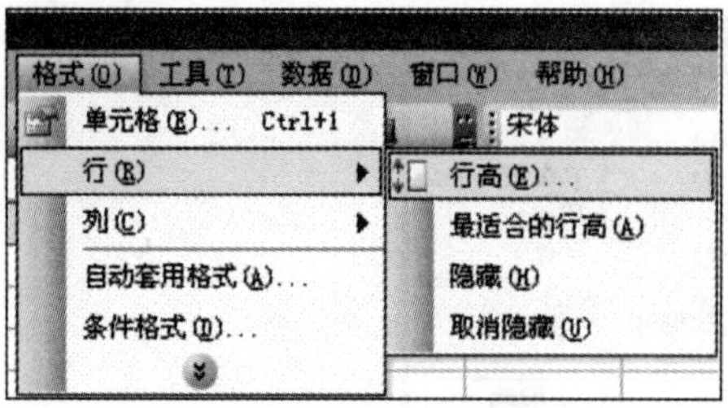

图2-8　执行【行高】命令

图2-9　【行高】对话框

在图 2-8 中，执行【最合适的行高】命令，则 Excel 自动调整行高。

将鼠标对准所选单元格行号数值的下边框，则鼠标指针变为一条水平黑线和两个反向垂直箭头，按住鼠标左键上下移动鼠标，就可以增加或减少行高。

2）设置工作表的列宽

工作表的列宽的调整与行高的调整方法基本一致：

单击【格式】菜单中【列】子菜单的【列宽】命令，打开【列宽】对话框，输入新的列宽数值。

执行【最合适的列宽】命令，则 Excel 自动调整列宽。

将鼠标对准所选单元格列标字母的右边框，则鼠标指针变为一条垂直黑线和两个反向水平箭头，按住鼠标左键左右移动鼠标，就可以增加或减少列宽。

2.3.2　设置工作表的格式

利用 Excel 创建工作表后，通常还需要对工作表进行格式化操作，这样可以使工作表更加美观，也方便工作表中数据的阅读。

1）利用工具栏按钮设置字符格式

（1）设置字符的字体。

选定要改变字体的单元格区域，单击工具栏中【字体】下拉列表框右侧的向下箭头，从【字体】下拉列表框中选择所需的字体。

（2）设置字符的字号。

选定要改变字号的单元格区域，单击工具栏中【字号】下拉列表框右侧的向下箭头。从【字号】下拉列表中选择所需的字号。

【小技巧 2-6】如果要将单元格的字号改为“15 磅”，而【字号】下拉列表框中没有“15 磅”选项，则可以用鼠标单击【字号】框，然后输入所需的字号。

（3）设置字符的字形。

在工具栏中提供了 3 个设置字符字形的按钮：【加粗】、【倾斜】和【下划线】。只需要对选中的单元格或区域点中任意一个按钮，就可以更改单元格或区域的文本字形。如果要从单元格或区域中删去设置的字符格式，需要先选定该单元格或区域，然后单击相应的工具栏按钮。这 3 个按钮既可以单独使用，也可以组合使用。

【小技巧 2-7】单击工具栏上的【下划线】按钮，仅会给选定的文本添加单下划线。如果要添加其他类型的下划线（如双下划线、会计用单下划线等），请通过【单元格格式】对话框中的【下划线】列表框来实现。

（4）设置字符的颜色。

选定要改变字符颜色的单元格或区域。如果要应用最近选的颜色，请单击【字体颜色】按钮【A】；如果要应用其他的颜色，请单击【格式】工具栏中【字体颜色】按钮右侧的向下箭头，出现【字体颜色】调色板。单击【字体颜色】调色板所需的颜色方框，便将该颜色应用到选定区域的内容中。

2）利用【单元格格式】对话框设置字符格式

利用【格式】菜单中的【单元格】命令，不仅可以完成【格式】工具栏中的所有操作，还可以为选定的文本设置下划线的样式、添加删除线、设置上标或下标等。

利用【单元格格式】对话框设置字符格式的方法如下：

（1）选定要格式化的单元格或区域。

（2）选择【格式】菜单中的【单元格】命令，出现【单元格格式】对话框。

（3）单击【字体】标签，在【字体】选项卡中可以设置以下一些选项：

在【字体】列表框中选择所需的字体，相当于【格式】工具栏上的【字体】列表框。

在【字形】列表框中选择所需的字形，相当于【格式】工具栏上的【加粗】或【倾斜】按钮。

在【字号】列表框中选择所需的字号，相当于【格式】工具栏上的【字号】列表框。

在【颜色】列表框中选择所需的颜色，相当于【格式】工具栏上的【字体颜色】按钮。

单击【下划线】列表框右侧的向下箭头，从出现的下拉列表中选择所需类型的下划线，如【单下划线】、【双下划线】、【会计用单下划线】或【会计用双下划线】。

在【特殊效果】选项组中包含 3 个复选框——【删除线】、【上标】和【下标】。如果选中【删除线】复选框架，则在选定文字的中间画一条线；如果选中【上标】复选框，则将选定文字或数字设置为上标；如果选中【下标】复选框，则将选定文字或数字设置为【下标】。

（4）选择所需的选项后，单击【确定】按钮。

【小技巧 2-8】Excel 还提供了对工作表的行或列隐藏和撤销隐藏的方法，若要隐藏工作表的行或列，则先选定需要隐藏的行或列，再单击【格式】/【行】（或【列】）/【隐藏】命令即可；若要取消隐藏行或列，先选定一个单元格区域（该区域包含要显示的行或列中的部分单元格），再单击【格式】/【行】（或【列】）/【取消隐藏】命令。

2.3.3　使用 Excel 的自动套用格式

Excel 内置了许多表格修饰方案，对表格的组成部分定义了一些特定的格式。套用这些格式，既可美化工作表，又可以提高用户的工作效率。

例如，将“学生奖学金评定表”复制到 Sheet3 工作表中，先利用【编辑】/【清除】/【格式】命令去除已经设置的格式，然后利用【自动套用格式】功能排版表格。

具体操作步骤如下：（1）选择【格式】菜单中的【自动套用格式】命令，出现如图 2-10 的【自动套用格式】对话框。

（2）从对话框中选择需要的表格样式。

（3）单击【选项】按钮，会在对话框的下方出现【应用格式种类】复选框组，可以分别设置所选格式的部分效果。例如，撤销【列宽/行高】复选框，自动套用格式后的对齐方式仍为原来的列宽与行高。

（4）单击【确定】。

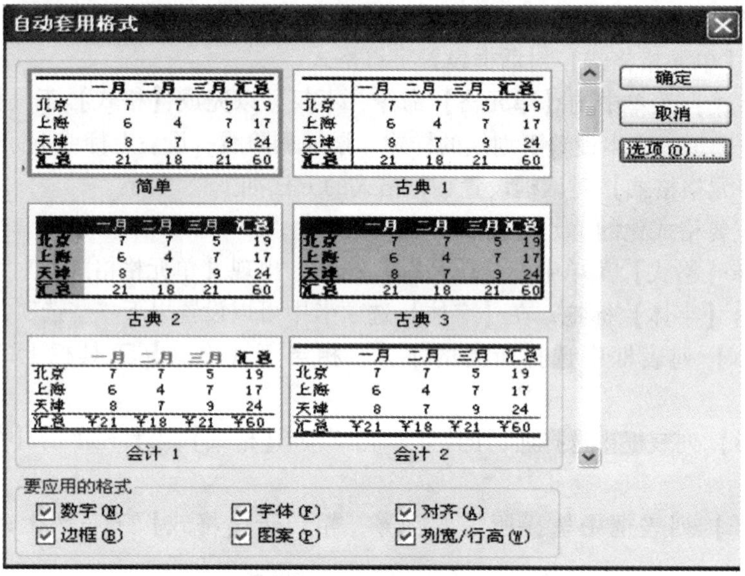

图 2-10　【自动套用格式】对话框

图 2-11 是套用【古典 3】排版后的表格。

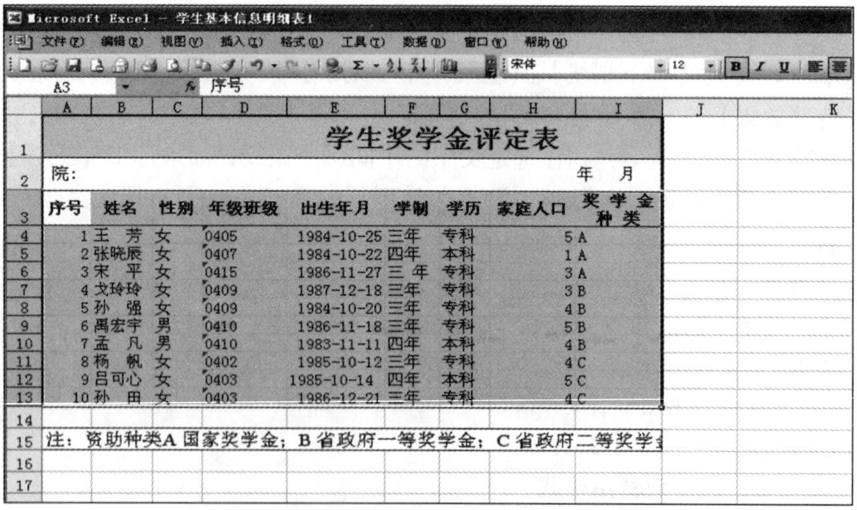

图 2-11　用【自动套用格式】排版的表格

2.3.4　给单元格或单元格区域命名

给某些单元格或单元格区域命名，可以更加方便地使用计算公式，并对数据进行分析。

1）命名规则

在给单元格或某个区域命名时，要遵循以下的规则：

名称中不能含有空格，但可以使用下划线和句号。

名称的长度不能超过 255 个字符。

名称中不能使用除下划线和句号以外的其他符号。

名称的第一个字符必须是字母、汉字或小数点，不能使用单元格地址。

2）命名方法

给单元格或单元格区域命名的方法有以下两种：

(1) 使用菜单命令

例如，若要将单元格区域 B2：G2 命名为“彩电”，具体步骤如下：

选取单元格区域 B2：G2，单击【插入】菜单，执行【名称】子菜单的【定义】命令，则弹出【定义名称】对话框。Excel 2003 将自动显示出被选中的单元格的名称（如果单元格已被定义名称）和引用位置。此时也可以重新输入想要定义的名称，如“彩电”。如图 2-12。然后单击【确定】按钮，则单元格区域 B2：G2 就被命名为“彩电”。

(2) 使用名称框

在选取单元格或单元格区域后，用鼠标单击名称框，然后在名称栏中输入要定义的名称，再按 Enter 键，也可给单元格或单元格区域命名，如图 2-13。

3）命名应用

对单元格或单元格区域定义了名称后，可以大大提高数据处理的效率，且不容易出错。

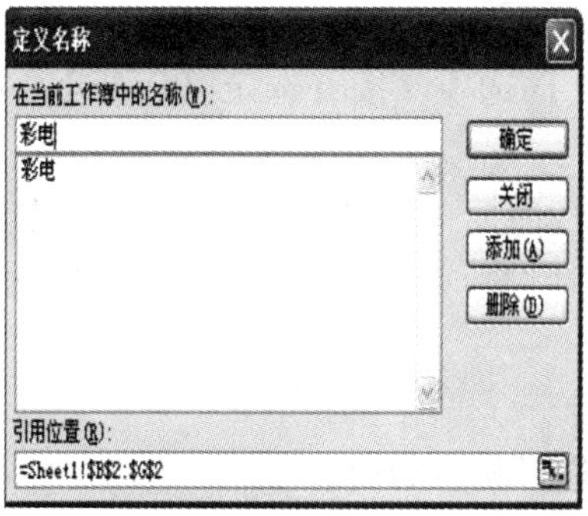

图2-12　【定义名称】对话框

彩电　fx 56

	A	B	C	D	E	F	G
1	月份	1月	2月	3月	4月	5月	6月
2	彩电	56	46	80	36	46	70
3	冰箱	21	26	30	55	64	75
4	空调	35	29	40	60	76	83

图2-13　使用名称框给单元格或单元格区域命名

例如，在图 2-14 中，分别对所有的销售数据和单价区域定义了名称“销售量”和“单价”，则计算销售时，只需在单元格 B4 中输入公式“=销售量 * 单价”，即可计算出 1 月份的销售额来，将此单元格向右复制填充到单元格 G4，就得到各个月份的销售额。

B4　fx =B2*B3

	A	B	C	D	E	F	G
1		1月	2月	3月	4月	5月	6月
2	销售量	450	760	630	580	480	800
3	单价	22	25	24	21	30	23
4	销售额	9900	19000	15120	12180	14400	18400

图 2-14　单元格名称的使用

2.3.5　使用条件格式

使用条件格式可以根据指定的公式或数据确定搜索条件，然后将格式应用到符合条件的选定单元格中。例如，对于图 2-11，要求做如下显示：等于 A 的奖学金种类用红色斜体显示，等于 B 的奖学金种类用蓝色加粗显示。

具体操作步骤如下：

（1）选定要设置格式的单元格或区域 I4 : I13。

（2）选择【格式】菜单中的【条件格式】命令，出现如图 2-15 的【条件格式】对话框。

图 2-15　【条件格式】对话框

（3）在【条件 1】下拉列表中选择【单元格数值】选项，接着选定【等于】，并输入 A。

（4）单击【格式】按钮，打开【单元格格式】对话框，在【字体】选项卡的【字形】列表框中选择【倾斜】，在【颜色】列表框中选择红色，单击【确定】按钮返回到【条件格式】对话框中。

（5）单击【添加】按钮，出现【条件 2】选项组。

（6）按照设置【条件 1】的方法，对【条件 2】进行相应的设置。

（7）单击【确定】按钮。

2.3.6　使用模板

模板实际上是一种特殊的工作表。对于经常需要重复使用的工作表、计算方式、报表等，都可以把它们制成模板，以方便以后重复使用。

1）创建模板

要创建一个工作簿，并准备把它制成模板，可以单击【文件】菜单中的【另存为】命令，在打开的【另存为】对话框中，输入文件名称，然后单击【保存类型】编辑框旁边的下拉列表框，选择其中的【模板】，单击【保存】按钮，如图 2-16。

2）使用模板

使用创建的模板建立工作表的具体步骤如下：

打开 Excel——选择【文件】菜单中的【新建】命令——在【新建工作簿】的任务窗口中选择已经创建的模板（扩展名为 . xls）——单击该工作簿即可将该模板打开，用户就可以在此模板上输入数据了。

图 2-16　创建模板

● 2.4　工作簿文件及工作表使用

2.4.1　工作簿及工作表的概念

1）工作簿

工作簿是 Excel 用来计算和存储数据的文件，其扩展名为 . xls，其中可以含有一个或多个工作表。

2）工作表

在 Excel 2003 中，每个工作簿就像一个大的活页夹，工作表就像其中一张张的活页纸。工作表是工作簿的重要组成部分，又称为电子表格。用户可以在一个工作簿文件中管理各种类型的相关信息。例如，在一个工作表中存放“一月销售”的销售数据，在另一个工作表中存放“二月销售”的销售数据等，而这些工作表都可以包含在同一个工作簿中。

默认情况下，一个新的工作簿中含有 3 个工作表，其名字是 Sheet1、Sheet2 和 Sheet3，并排显示在工作表标签中。在实际工作中，可以根据需要添加更多的工作表。如果要编辑某个工作表，就单击该工作表标签。这时，编辑区中的表格是用户选定的工作表，称为活动工作表或当前工作表，其工作表标签以反白显示，名称下方有单下划线，工作表标签左侧有 4 个按钮，用于管理工作表标签。如果在工作簿中添加了许多工作表之后，有许多工作表标签将无法看到，就可以利用这 4 个按钮来显示工作表标签。

2.4.2　工作簿的基本操作

启动 Excel 2003 时，系统会自动创建一个空白的工作簿，等待用户输入信息。用户还可以根据自己的实际需要，创建新的工作簿。

1）新建空白工作簿

（1）选择【文件】菜单中的【新建】命令，弹出如图 2-17 的【新建工作簿】任务窗格。

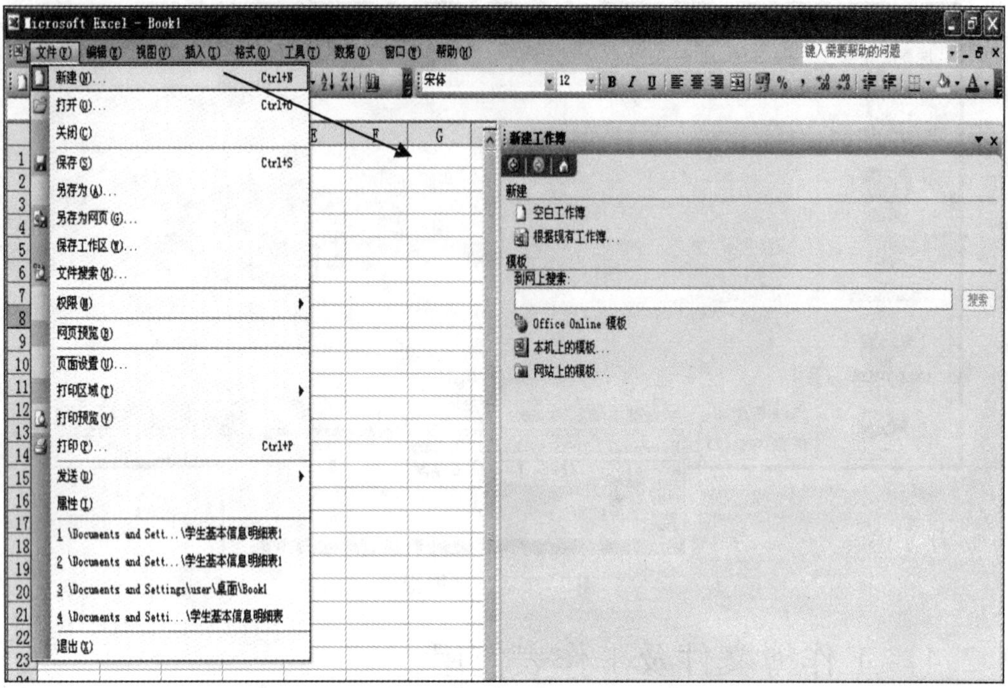

图 2-17 【新建工作簿】任务窗格

（2）单击【新建工作簿】任务窗格中的“空白工作簿”，即可新建一个空白工作簿。

新建一个工作簿后，Excel 会自动给该工作簿暂时命名为 Book1、Book2、Book3 等。用户在保存工作簿时，可以根据工作簿的内容或需要重新命名。

另外，可以直接单击【常用】工具栏上的【新建】按钮，快速新建一个空白工作簿。

2）利用模板新建工作簿

（1）在如图 2-17 的【新建工作簿】任务窗格中单击【本机上的模板】，出现如图 2-18的【模板】对话框。

图 2-18 【模板】对话框

（2）从【模板】对话框中选择与需要创建工作簿类型对应的模板。例如，从【电子方案表格】选择卡中选择【个人预算表】图标，单击【确定】按钮，即可生成如图 2-19 所示的工作簿，简化了重新创建 Excel 工作簿的工作过程。此时，只需在相应的单元格中填写数据即可。

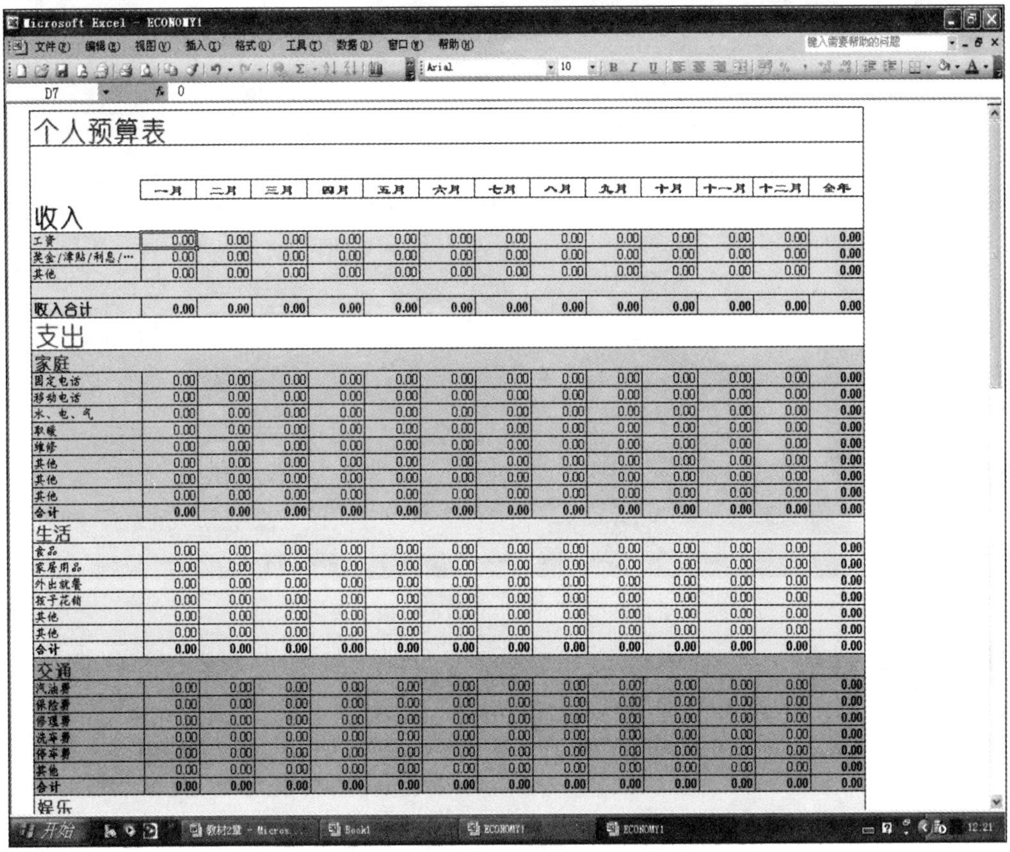

图 2-19　利用【模板】新建的工作表

3）利用网站上的模板

Office 2003 的一部分功能被放在指定的服务器上，用户必须连接上网，才能使用这些功能。这种使用方式是微软产品的一个新发展趋势，以后会有越来越多的功能使用这种方式。具体操作步骤如下：

（1）单击【新建工作簿】任务窗格中的【Office Online】模板，进入如图 2-20 的“Microsoft Office 模板主页”网页。

（2）从网页中选择模板的分类。例如，选择“金融与财务”，进入“金融与财务”网页。

（3）单击“财务报表”，进入“财务报表”网页。

（4）单击某个模板的名称，进入网页，在其中可以预览该模板的外观。

（5）单击【立即下载】按钮，然后按照屏幕上的提示进行操作，即可下载所需的模板。

2.4.3　输入工作表数据

默认情况下，创建的工作簿和工作表中都是空的，只有在工作表中输入原始数据后，

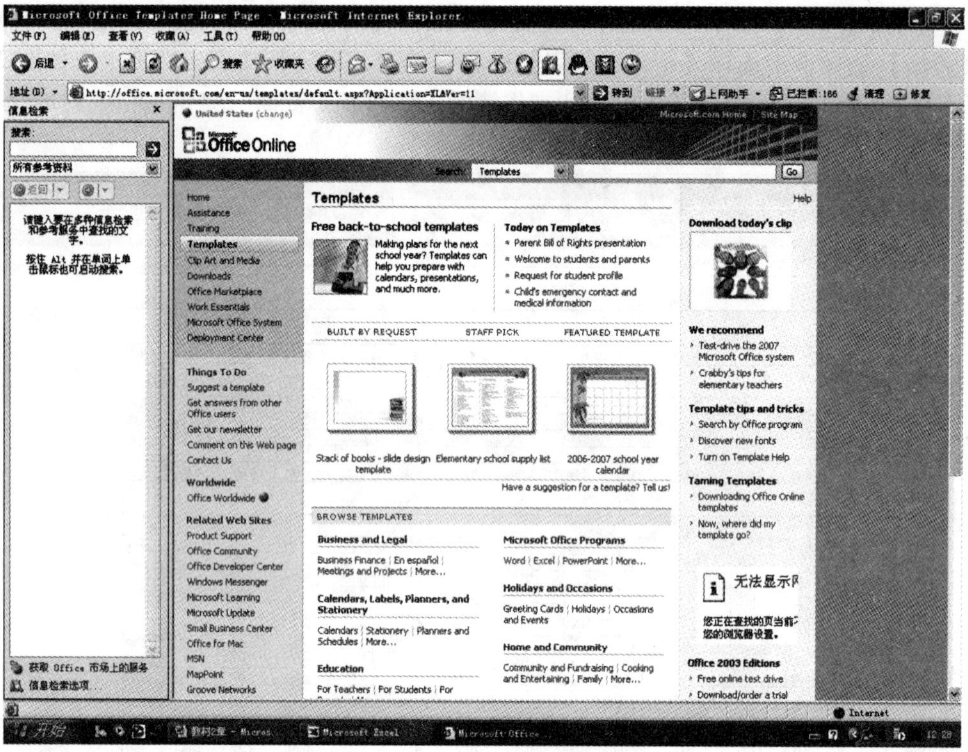

图 2-20 Microsoft Office 模板主页

才能对数据进行各种处理。输入单元格中的所有信息都称为数据，可以输入的数据包括文本、数字、日期和时间、公式和函数等。

为了将数据输入到单元格或者对单元格的数据进行修改等操作，必须知道如何在工作表中移动。可以利用鼠标或键盘在工作表中移动，使所需要的单元格成为活动单元格。

使用鼠标选定活动单元格时，只需将鼠标指针移到要选定的单元格上单击即可。如果在屏幕上没有看到要定位的单元格，请使用垂直滚动条和水平滚动条来移动工作表，看到所需要的单元格后单击。

2.4.4 保存工作簿

完成一个工作簿文件的建立、编辑后，需要将工作簿保存到磁盘上，以便保存工作结果。保存工作簿的另一个重要意义在于可以避免由于断电等意外事故造成的数据丢失。

1）保存新建的工作簿

第一次保存工作簿时，必须为工作簿分配文件名并将其保存到磁盘中。具体操作步骤如下：

单击【常用】工具栏上的【保存】按钮，或者选择【文件】菜单中的【保存】命令；

出现如图 2-21 的【另存为】对话框。

如果要在不同的驱动器上保存工作簿，请单击【保存位置】下拉列表框右侧的向下箭头，从下拉列表中选择驱动器，再从文档列表框中选择文件夹名称。

在【文件名】文本框中输入工作簿名称。

单击【保存】按钮，即可将工作簿保存起来。

图 2-21　【另存为】对话框

2）保存已有的工作簿

如果要保存已经存在的工作簿，请单击【常用】工具栏上的【保存】按钮或者选择【文件】菜单中的【保存】命令，Excel 将不再出现【另存为】对话框，而是直接将工作簿保存起来。

为了对已经存在的工作簿进行备份，可以选择【文件】菜单中的【另存为】命令，在出现的【另存为】对话框中输入新文件名，然后单击【保存】按钮。

3）自动保存工作簿

Excel 提出供了自动保存的功能，可以在指定的时间间隔后，自动保存所有打开的工作簿。自动保存可以防止突然断电等意外事故发生时造成数据的丢失。设置自动保存功能的操作步骤如下：

选择【工具】菜单中的【选项】命令，出现【选项】对话框。

单击【保存】标签，打开如图 2-22 的选项卡。

选中【保存自动恢复信息】复选框。

设置自动保存的时间间隔，以及自动恢复文件保存的位置。

单击【确定】按钮。

当用户在 Excel 2003 中编辑工作簿时，一旦遇到意外错误或者停止响应，正在处理的工作簿可以恢复，这样可以尽最大可能地减少数据损失。下一次启动 Excel 时，该文档将显示在【文档恢复】任务窗格中。用户可以把自动恢复工作簿以其他的名字保存起来。

2.4.5　关闭工作簿

完成工作簿的编辑操作后，应该将它关闭，以释放该工作簿所占用的内存空间。

如果要关闭当前的工作簿文件，只需选择【文件】菜单中的【关闭】命令。若该工作簿进行了任何的改动，并且没有执行保存操作，系统会打开对话框询问是否要将当前的工作保存起来。单击【是】按钮，将当前的工作保存起来；单击【否】按钮，将不进行保存并退出；单击【取消】按钮，取消此次关闭工作簿的操作，返回到工作簿窗口中。

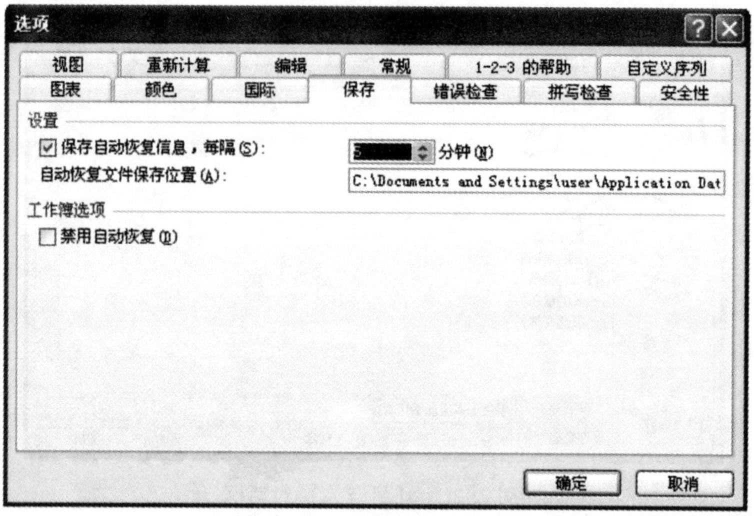

图 2–22 【保存】选项卡

【小技巧 2–9】默认状态下，中文版 Excel 2003 列出最近使用过的 4 个工作簿名称，要想增加或减少显示的工作簿数目，可以在【选项】对话框中选中【最近使用的文件列表】复选框，并在其右侧的数值框中输入新值或利用微调按钮设置新值，然后单击【确定】按钮即可。

【小技巧 2–10】

用“Ctrl+:”输入时间；用“Ctrl+;”输入日期。

用“Ctrl+`”显示当前工作表的单元格引用情况（如果引用的话），再次按下“Ctrl+`”则回到正常的显示状态。

“Ctrl+1”：打开【单元格格式】对话框，按下 Esc 键关闭该对话框。

“Ctrl+-”：打开【删除】对话框，按下 Esc 键则关闭该对话框。

热键“Ctrl+2”，字体加粗或取消加粗；“Ctrl+3”，字体加斜或取消加斜；“Ctrl+4”，加下划线或取消；“Ctrl+5”，加删除线或取消；“Ctrl+9”，隐藏当前行；“Ctrl+0”，隐藏当前列。

快速填充：选择要填充的单元，输入公式或数值后，按 Ctrl+Enter。

将图形与某个单元格的数据联系在一起：(1) 选择绘图菜单栏的任一图形；(2) 在公式栏里，或按 F2，输入到某个单元格的连接，比如“=A6”；(3) 回车。

粘贴链接图片：(1) 选择某区域（比如 A2：C7）；(2) 复制；(3) 按住 Shift，点选【编辑】/【粘贴链接图片】。对长公式进行错误查找：点击公式，按 F9，显示出错的部分。

Esc 复原，“Ctrl+Z”为 undo。

资料来源　作者根据相关资料整理。

[本章小结]

本章全面系统地介绍了 Excel 2003 基础知识，其中重点介绍了 Excel 2003 单元格、工作表、工作簿的基本操作。

工作簿文件是 Excel 存储数据的基本单位，用户在其中建立的各种数据最终都是以工作簿文件的形式存储在磁盘上。工作簿的操作包括新建、打开、保存、保护工作表和设置工作簿属性等。

每个工作簿通常由多张工作表组成，每个工作表是一个由若干行和列组成的二维表格。工作表的操作包括工作表的增加、复制、移动、删除、重命名、保护等。

单元格是工作表中行与列的交叉点，是电子表格数据处理的最小单位，单元格的操作包括单元格的数据输入、数据的快速填充、数据的编辑等。

此外，工作表的格式化包括文字格式化、数字格式化、对齐格式化、边框和图案的设定、行高、列宽的设定等。

[主要概念]

工作表　单元格　工作簿

[基本训练]

□ 知识题

1）阅读理解

（1）什么是工作簿？什么是工作表？二者有什么关系？

（2）单元格数据的清除与删除有何异同？

2）知识应用

（1）如何在两个不同的工作簿之间进行工作表的移动和复制？

（2）如何实现数据的自动填充？

□ 技能题

1）规则练习

（1）数值型数据有几种数字格式？如何正确使用各种数字格式？

（2）在什么情况下使用有效数据的输入？如何正确设置？

2）操作练习

（1）根据表 2-1，按照要求完成下列操作

表 2-1　**学生成绩表**

学号	姓名	数学	外语	计算机	总分
001	王芳	87	86	78	
002	李向	92	75	85	
003	钱进	85	96	65	
合计					
平均					

（2）要求：①新建一工作簿，名称为“成绩单”。

②按上面所给的格式输入数据，注意格式。

③计算合计成绩与平均成绩并保留到整数位。

3）工作表编辑练习

（1）根据表 2-2，按照要求完成下列操作。

表 2-2 利息换算表

存款年限	1 年	2 年	3 年	5 年
年利率	2. 50%	3. 60%	4. 20%	4. 80%
100 元本金				
200 元本金				
300 元本金				
400 元本金				
500 元本金				
600 元本金				
700 元本金				
800 元本金				
900 元本金				

（2）要求：①将表格标题合并居中、华文行楷、20 号、蓝色、绿色底纹。

②将单元格 A2:F2 区域字体设为蓝色宋体，14 号，水平居中，绿色底纹。

③计算表中各本金不同年限的利息（保留两位小数）。

④将整个表格加框线，外粗里细。

⑤表格底纹为浅蓝色。

⑥将制作好的工作表复制到 sheet2 中，并重命名为“利息表”。

⑦以年利率和 5 年的利息为数据做一饼状图，将图例放在左侧，标题为：利率图。

⑧将图表区域底纹设为橙色。

⑨设置图表区字为黄色、14 号、斜体，图例底纹粉色。

注意：所有需要通过计算得来的数据，必须通过公式自动计算，不得人工计算后将所得结果直接写入。

□ 能力题

1）案例分析

（1）根据表 2-3 完成要求的操作。

目的：①掌握数据的录入和格式的定义方法。

②掌握动态日期的设定方法。

（2）资料：某班计算机考试成绩见表 2-3。

（3）要求：①按上面所给出的格式输入数据，注意格式。

②输入制表日期，要求制表日期是动态的，随当前日期的变化而变化。

③计算考试成绩（成绩=机试×占分比例+笔试×占分比例），对成绩四舍五入，保留 1 位小数。

④将不及格学生的成绩用红颜色表示。

表 2-3　　学生成绩一览表

制表日期：2013-03-05

	占分比例	0.6	0.4		
学号	姓名	机试	笔试	成绩	等级
050101	王菲	82	76		
050102	李芳	65	68		
050103	孙国荣	92	63		
050104	张强	62	46		
050105	刘小丽	95	88		
050106	王玲	56	76		
050107	钱艺	68	62		
050108	邹小亮	85	87		
050109	孙虎	69	76		
050110	付强	76	94		
050111	李大民	95	92		
050112	刘志强	67	72		
050113	白杨	87	85		
050114	张柳	95	83		

⑤利用公式输入等级，(90 分以上为“优”，90>成绩≥80 为“良”，80>成绩≥70 为“中”，70>成绩≥60 为“及格”，60 分以下为“不及格”)。

2）单元实训

根据资料完成要求的操作。

某企业 1—6 月份的销售量与单价见表 2-4：

表 2-4　　某企业 1—6 月份的销售量与单价

	1 月	2 月	3 月	4 月	5 月	6 月
销售量（台）	520	540	550	585	590	605
单价（元）	33	35	30	34	33	33.5
销售收入（元）						

要求：①用自定义序列的方法输入 1—6 月。

②对单元格区域进行命名。

③销售收入的计算用公式：销售收入=销售量×单价（使用单元格名称）。

④对单价低于 34 元的区域用黄色显示，对销售收入高于 19 000 元的用红色显示。

⑤对 3 月份添加批注——淡季降价销售。

第 3 章

Excel 的运算与数据处理

[学习目标]

通过本章的学习，学生应该掌握利用公式进行数据计算的方法，掌握 Excel 2003 的工作表、图表和数据库三大功能的操作方法和技巧，熟悉常用函数的功能与使用方法，学会创建直观、形象的统计图表，能够利用数据库管理功能对数据进行分析和统计管理。

● 3.1 Excel 中的公式运用

Excel 的公式是由数值和运算符组成的一个表达式序列，这些表达式能计算出我们所需要的结果。输入公式时必须以等号“=”开头，公式中可以包括函数、引用、运算符和常量。

3.1.1 公式中的运算符

运算符是公式中的基本元素，它对公式中的元素进行特定类型的运算。Excel 支持 4 种类型的运算符：算术运算符、比较运算符、文本运算符和引用运算符。

1）算术运算符

算术运算符主要用于完成基本的数学运算，如加（+）、减（-）、乘（*）、除（/）、幂（^）。

2）比较运算符

比较运算符用于比较两个数值，并返回逻辑值 True（真）或 False（假），比较运算符有等于（=）、大于（>）、小于（<）、大于等于（>=）、小于等于（<=）、不等于（<>）。

3）文本运算符

文本运算符用于连接文本（字符串），主要表示为“&”。例如，假设单元格 B2 中的数据为“中国的首都”，单元格 B3 中的数据为“是北京”，输入公式“=B2&B3”，则公式的运算结果为“中国的首都是北京”。

4）引用运算符

引用运算符用于对单元格区域进行合并计算，常见的引用运算符有冒号(：)、逗号

(,)和空格，其中冒号(：)是区域运算符，用于对两个引用单元格之间所有单元格进行引用，如“A1：B5”，表示对包括 A1 和 B5 单元格在内的矩形区域的所有单元格的引用；逗号(,)是联合运算符，用于将多个引用合并为一个引用，如 SUM（B5：B10，D5：D10)；空格是交叉运算符，用于对属于两个引用的单元格区域的引用，如公式“=A1：A5␣A5：B8”的结果为 A5 单元格的数据。

各种运算符的优先级是不同的，它们的优先级见表 3-1：

表 3-1 **运算符的优先级**

运算符	优先级
引用运算符	1
算术运算符	2
连接运算符	3
比较运算符	4

【小思考 3-1】比较运算符为何要用引号？

(问题 1) 在公式内，运用“比较运算符”时，要把数据连同比较运算符用“双引号”括住，而其他运算符需要吗？

解答：例如，=COUNTIF (A1：A30,">=10")是可以接受的，但不加双引号时，便遭拒绝。

(问题 2) 如上例，要比较的数值是要参照某单元格时，公式应怎样做？

解答：这是 COUNTIF ( )的规定。第二个参数为字符串，必须用双引号括起来，除非条件是等于一个数值。

比如，=COUNTIF (A1：A30,">=4")=COUNTIF(A1：A30,220)

用引用作参数（假设 B1 值为 4)：=COUNTIF(A1：A30,">=" & B1)。

3.1.2 单元格的引用

在输入公式时，用户既可以输入运算所需的数据，也可以输入其所在单元格的名称，还可以直接输入这些数据所在的单元格地址，这就是引用。引用的作用在于标识工作表上的单元格或单元格区域，并指明公式中所使用的数据的位置。例如，公式“=A5+B6”就是把单元格 A5 中的数据与单元格 B6 中的数据相加求和。该公式对单元格 A5、B6 进行了引用。

在公式中的引用有相对引用、绝对引用、半相对引用（半绝对引用）和三维引用等类型。

1）相对引用

相对引用也称相对地址，它用列标与行号直接表示单元格，如 A1、B2 等。它是相对于公式单元格位于某一位置的单元格的引用。使用相对引用生成其他的公式时，对单元格或单元格区域的引用通常是根据它们与源公式单元格的相对位置来进行的，如果存放公式的单元格发生了改变，引用也随之改变，但其引用的单元格地址之间的相对位置保持不变。例如，在单元格 A1 中输入公式“=A2+A3”，如果将 A1 单元格中的公式复制到 B1 单元格，则 B1 单元格中的公式为“=B2+B3”。如果多行或多列地复制公式，引用将会自动调整，通常在公式中对单元格的引用多数是相对引用。

2）绝对引用

绝对引用又称绝对地址，表示方法是在相对引用的单元格的列标和行号之前分别加上 $ 符号，如“$A $1”。绝对引用是指将公式复制到新的单元格后，公式中引用的单元格地址保持固定不变，所以计算结果也不会发生改变。例如，在单元格 A1 中输入公式“=

$A$2+$A$3"，如果将单元格 A1 中的公式复制到单元格 B1 中，则单元格 B1 中的计算公式仍为"=$A$2+$A$3"。输入的方法有两种，一种方法是通过键盘输入"$A$2"；另一种方法是输入相对地址 A2 后，按 F4 键，可以在绝对引用"$A$2"、仅对行绝对引用"A$2"、仅对列绝对引用"$A2"和相对引用"A2"之间切换。

3）半相对引用（半绝对引用）

半相对引用是指在引用单元格时，行不变化而仅列变化（如 A$1），或列不变而仅行变化（如 $A2）。

4）三维引用

三维引用是指在一个工作簿中从不同的工作表引用单元格地址，或从不同的工作簿中引用单元格地址。如果要表示不同工作簿、不同工作表中的单元格地址，其标识方法是："[工作簿名] 工作表名！单元格名称"（注意：工作表与单元格名称之间用"！"间隔）。例如，当前工作表为工作簿 Book1 中的工作表 Sheet1，若想将工作表 Sheet1 中的 B5 单元格的值与工作簿 Book2 中的工作表 Sheet2 中的 C3 单元格相加求和，则应输入公式"=B5+ [Book2]Sheet2!$C$3"。

3.1.3　公式的输入、修改、移动与复制

公式的输入方法很简单，具体步骤如下：

（1）选择要输入公式的单元格；

（2）键入等号（=）；

（3）键入公式（单元格的引用最好用鼠标选取，函数可使用函数向导）；

（4）按 Enter 键或选用编辑栏左边的✓按钮结束。

如果输入错误需要清除，可以在执行第 4 步之前按 Esc 键或单击编辑栏左边的×按钮。

修改公式与修改数据一样，既可以通过编辑栏修改，也可以在单元格内修改。

公式的移动与单元格移动的方法一样，移动公式时，公式内的单元格引用不会改变。例如，单元格 B5 中的公式为"=B3-B4"，如果将该公式移动到 C5 单元格，则仍然是"=B3-B4"。

公式的复制与单元格的复制方法一样，但必须注意的是：当复制公式时，单元格引用将根据引用类型而改变。例如，B5 单元格中的公式为"=B3-B4"，将其复制到 C5 单元格，则 C5 单元格中的公式为"=C3-C4"。如果希望复制后的公式保持不变，应采用绝对引用；如果希望复制后的公式行不变而列变化，或行变化而列不变化，则应采用半相对引用（半绝对引用）。

【小思考 3-2】采用什么方法能够快速地建立下面的银行存款本息计算表（见表 3-2）呢？

表 3-2　　　　**银行存款本息计算表**　　　　金额单位：元

	A	B	C	D	E	F	G
1	银行存款本息计算一览表						
2	存款年限		1	2	3	5	8
3	年利率		2.25%	2.75%	3.25%	4.50%	5.50%
4	本金	10000					
5		20000					
6		30000					
7		40000					
8		50000					

从表 3-2 中可以看出，存款年限和年利率分别存放在第 2、3 行的不同单元格中，本金存放在 B 列的不同单元格中，计算各种不同的年限、利率和本金所对应的本息时，存款年限与年利率是“列变行不变”，而本金则是“行变列不变”。所以，应先在单元格 C4 中输入公式“=$B4+$B4 * C$3 * C$2”，然后拖动该单元格的填充柄到 C8 单元格，再选取 C4 到 C8 单元格的填充柄，拖动至 G8 单元格，则整个表格全部输入完毕，操作非常简便、快捷。

3.1.4　数组公式的使用

数组是可以进行总体或个别操作的一组记录。当需要对两组或两组以上的数据进行计算且计算方法相同时，使用数组公式可以大大简化计算，提高操作效率。

1）输入数组公式

输入数组公式的方法是：首先选取单元格区域或单元格，然后输入有关的公式，最后同时按下组合键 Ctrl+Shift+Enter 即可。

需要说明的是：在数组公式中使用的两组或多组数据称为数组参数，数组参数可以是一个数据区域，也可以是数组常量。在输入数组公式时，首先要选定单元格或单元格区域，数组公式中的每个数组参数必须有相同数量的行和列。输入数组公式后，应同时按下组合键 Ctrl+Shift+Enter，Excel 会自动在公式的两边加上大括号“{ }”。否则，如果只按 Enter 键，则表示在选中的单元格区域的第一个单元格中输入了一个简单的公式。

【例 3-1】资料见表 3-3，如果要计算 1—6 月份的主营业务利润，可以采用数组公式计算。其方法是：

表 3-3　**利用数组公式计算主营业务利润**　金额单位：元

	A	B	C	D	E	F	G
1		一月	二月	三月	四月	五月	六月
2	主营业务收入	59500	68200	76200	85200	96500	105000
3	主营业务成本	23000	32000	38200	45000	48000	52000
4	主营业务税金及附	8200	8300	9800	10200	11000	12000
5	主营业务利润	28300	27900	28200	30000	37500	41000

（1）先选中单元格区域 B5：G5；

（2）输入公式“=B2：G2-B3：G3-B4：G4”；

（3）同时按下组合键 Ctrl+Shift+Enter，即可得到各月的主营业务利润。

2）数组公式的编辑

数组公式与一般的公式不同，其表现之一就是不可以对数组公式所涉及的单元格区域中的某一个单元格进行编辑、清除或移动等操作，否则将会出现“不能更改数组的某一部分”这样的提示。

如果发现输入的数组公式错误，可按下列步骤进行修改：

（1）单击数组区域中的任意一个单元格；

（2）单击公式编辑栏，此时编辑栏被激活，大括号“{ }”在数组公式中消失；

（3）编辑数组公式的内容；

（4）修改完毕后，按组合键 Ctrl+Shift+Enter。

如果要删除数组公式，其方法是先选取数组公式的单元格区域，然后按 Delete 键。

3.1.5　公式中返回的错误信息

Excel 2003 提供了单元格公式错误信息的提示标志。当单元格公式出现错误时，就会在该单元格的左上角出现一个小三角符号，如图 3-1。当用鼠标单击该单元格时，在该单元格旁边会出现错误提示符号，单击此符号，就会弹出该错误的一些提示，如图 3-2。

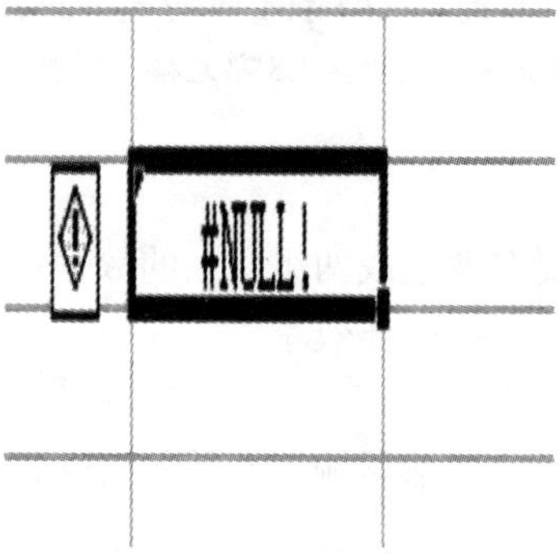

图3-1 错误信息提示

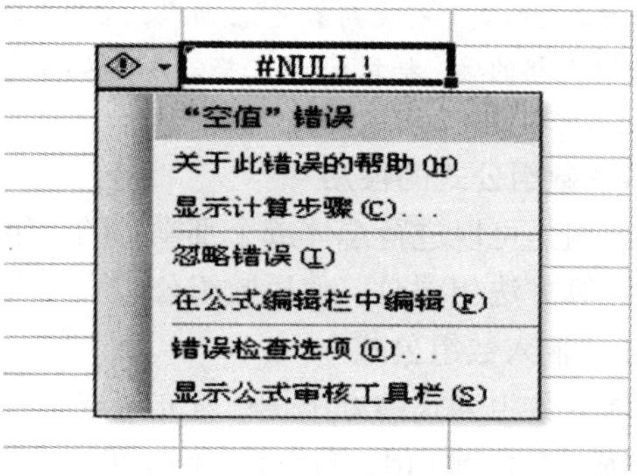

图3-2 错误提示选项

公式中的出错返回值及其含义见表 3-4。

表 3-4 公式中的出错返回值及其含义

出错返回值	含 义
#DIV/0!	公式中的除数为 0
#N/A!	没有可用的或适当的值
#NAME?	不能识别的名字，如公式中使用了错误的名称等
#NUM!	在需要数字参数的函数中使用了不能接受的参数；使用了迭代计算的工作表函数等
#NULL!	指定的两个区域不相交
#RFF!	公式中引用了无效的单元格
#VALUE!	参数或操作数的类型有错误
####!	公式产生的结果太长，单元格容纳不下或单元格的日期、时间公式产生了一个负值

【小技巧 3-1】在默认情况下，输入公式后，在单元格内显示的是计算结果。若要显示公式，有两种设置方法：一种方法是通过按“Ctrl+`”组合键在显示结果与显示公式之间切换；另一种方法是单击【工具】菜单中的【选项】命令，在弹出的【选项】对话框中，选定【窗口选项】框中的【公式】，然后单击【确定】按钮，即可将输入的公式显示出来，若要隐藏公式，显示结果，可取消【窗口选项】框中的【公式】。

● 3.2 函数的使用

Excel 提供了大量的内置函数可供用户使用，这些函数其实是一些预定义的公式，它们使用一些称为参数的特定数值，按特定的顺序或结构进行计算。用户可以直接用它们对某个区域内的数值进行一系列运算，如分析和处理日期值和时间值、确定贷款的支付额、确定单元格中的数据类型、计算平均值、排序显示和运算文本数据等。使用函数可以大大简化公式，提高工作效率。在 Excel 中共有 9 种函数，函数的具体类别及功能，见表 3-5：

表 3-5 Excel 函数的种类与功能

分类	功能简介
数据库工作表函数	分析数据清单中的数值是否符合特定条件
日期与时间函数	在公式中分析和处理日期值和时间值
信息函数	确定存储在单元格中数据的类型
财务函数	进行一般的财务计算
逻辑函数	进行逻辑判断或者进行复合检验
统计函数	对数据区域进行统计分析
查找和引用函数	在数据清单中查找特定数据或者查找一个单元格的引用
文本函数	在公式中处理字符串
数学和三角函数	进行数学计算和三角函数的计算

3.2.1 函数的基本语法

在使用函数时，必须遵循一定的语法规则。函数的基本语法为：

=函数名（参数 1，参数 2，…，参数 n）

其中函数名是函数的名称，每一个函数都有其唯一可被识别的名称。函数中的参数可以是参数也可以是数值、文本、逻辑值、单元格地址或名称、单元格区域地址或名称，也可以是各种表达式或函数等。参数的个数因不同函数而不同，可以不带参数，也可以带有一个参数或多个参数等。

在使用函数时，要注意以下几点：

（1）函数名与其后的括号之间不能有空格；

（2）当有多个参数时，参数之间用逗号“,”分隔；

（3）参数部分总长度不能超过 1 024 个字符；

（4）函数中的逗号“,”、引号“"”等都是半角字符。

3.2.2 函数的输入

在工作表中输入函数有两种常用的方法，一是通过手工来输入函数；二是通过【插入函数】来输入函数。

1）手工输入函数

手工输入函数的方法很简单，与输入公式类似，或者说函数的输入是公式输入的一种特例，在输入函数时可以不区分大小写。

手工输入函数的方法虽然简单，但需要用户能熟练记住函数名称及其所使用的参数，要做到这一点是很困难的，所以这种输入函数的方法并不常用。

2）使用【插入函数】输入函数

Excel 提供了高效的插入函数的方法，具体方法如下：

（1）选定要插入函数的单元格。

（2）单击【插入】菜单中的【函数】命令，或直接单击工具栏上的【插入函数】 fx

按钮，则系统弹出【插入函数】对话框，如图 3-3。

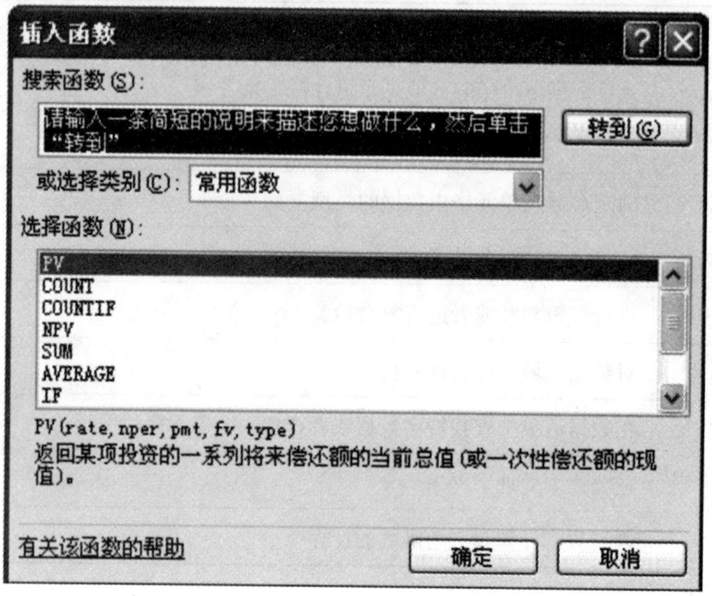

图 3-3 【插入函数】对话框

(3) 在【搜索函数】栏中输入要调用的函数名称，然后单击【转到】按钮，则 Excel 就自动将该函数以及相关的函数列示出来，也可以从【或选择类别】列表中选择要输入的函数的类型。Excel 将最近使用过的 10 个函数作为常用函数，放在【常用函数】列表中，对于一些使用频率较高的函数，可以直接到【常用函数】类别中寻找。

(4) 从【选择函数】列表框中选择所需的函数，然后单击【确定】按钮，系统会弹出所选定的函数的对话框。

(5) 根据函数的具体要求，在函数对话框中输入相应的参数，单击【确定】按钮。

3.2.3 嵌套函数的使用

当一个函数中的参数是另外一个函数时，就是函数的嵌套。例如，在某公司职工工资表中，C 列为各职工职称，基本工资按职称发放，其中，高级 2 000 元，中级 1 500元，初级 1 000 元。现在若想在 D2 单元格中计算职工的基本工资，用 Excel 函数表示为"=IF（C2="高级"，2000，IF（C2="中级"，1500，1000））"，其具体步骤如下：

(1) 单击 D2 单元格，利用插入函数的方法插入函数 IF ( )，出现函数 IF ( )对话框，如图 3-4；

(2) 在对话框中的第一个参数栏【Logical _ test】中输入"C2="高级""，在第二个对话框【Value _ if _ true】中输入"2000"；

(3) 在第三个参数栏【Value _ if _ false】中输入新的函数 IF ( )，方法是单击公式编辑栏左侧的函数下拉按钮，在函数下拉列表中选择函数 IF ( )；

(4) 在新的函数 IF ( )参数对话框中的第一个参数栏（Logical _ test）中输入"C2="中级""，第二个参数栏【Value _ if _ true】中输入"1500"，第三个参数栏【Value _ if _ false】中输入"1000"，然后单击【确定】。

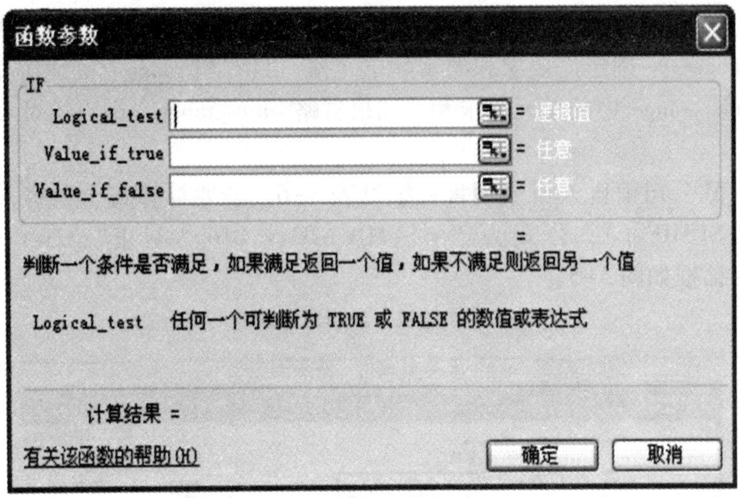

图 3-4 函数 IF ( ) 对话框

注意：函数的嵌套最多不能超过七级。

【小技巧 3-2】Excel 帮你选函数

在用函数处理数据时，常常不知道使用什么函数比较合适。Excel 的“搜索函数”功能可以帮你缩小范围，挑选出合适的函数。执行【插入】/【函数】命令，打开【插入函数】对话框，在【搜索函数】下面的方框中输入要求（如【求和】），然后单击【转到】按钮，系统即刻将与【求和】有关的函数挑选出来，并显示在【选择函数】下面的列表框中。再结合查看相关的帮助文件，即可快速确定所需要的函数。

3.2.4 常用函数介绍

1）函数 SUM ( )、SUMIF ( ) 和 SUMPRODUCT ( )

在财务管理中，应用最多的是求和函数。求和函数主要有三个：无条件求和函数 SUM ( )、条件求和函数 SUMIF ( ) 和多组数据相乘求和函数 SUMPRODUCT ( )。

（1）无条件求和函数 SUM ( )

功能：求 30 个以内参数的和，属于数学函数。

公式：=SUM（number1，number2，…，numberN）

例如，在销售统计表中，在 B3 至 B10 单元格中记录着某公司八名销售人员的销售额数据，若想计算这八名销售人员的销售总额，则可以用此函数，用公式表示为“=SUM (B3：B10)”。

> **说明：** 当对某一行或某一列的连续数据进行求和时，还可以使用工具栏中的自动求和按钮 Σ，方法是选中求和的行或列，按工具栏中的 Σ 即可，此法更快捷。

（2）条件求和函数 SUMIF ( )

功能：根据指定条件对若干单元格求和，属于数学函数，在进行分类汇总时是很有用的。

公式：=SUMIF（range，criteria，sum _ range）

说明：

①range——用于条件判断的单元格区域；

②criteria——确定哪些单元格将被相加求和，其形式可以为数字、表达式或文本；

③sum _ range——确定需要求和的实际单元格。只有当 range 中的相应单元格满足条件时，才对 sum _ range 中的单元格求和。如果省略 sum _ range，则直接对 range 中的单元格求和。

【例 3-2】M 公司销售人员的销售业绩见表 3-6，若要计算每个销售人员的销售额，可以使用函数 SUMIF ()，公式为“ = SUMIF (B3 ： B16 ," 刘正 " , C3 ： C16)”。函数 SUMIF ( )的对话框如图 3-5。

表 3-6　　　　**M 公司销售人员销售业绩表**

F3　　=SUMIF(B3:B16,"刘正",C3:C16)

销售管理

	A	B	C	D	E	F
1	M公司销售清单				M公司销售人员销售统计表	
2	日期	销售人员	金额（元）		姓名	销售额
3	2006-6-1	刘正	24000		刘正	46000
4	2006-6-2	李卫	18000		李卫	
5	2006-6-4	马清	45000		马清	
6	2006-6-5	李卫	41000		章宏	
7	2006-6-6	章宏	28000		郑达	
8	2006-6-10	马清	25000			
9	2006-6-18	章宏	72000			
10	2006-6-19	郑达	44000			
11	2006-6-22	马清	29000			
12	2006-6-24	郑达	32000			
13	2006-6-26	刘正	22000			
14	2006-6-28	章宏	43000			
15	2006-6-29	郑达	69000			
16	2006-6-30	马清	11000			

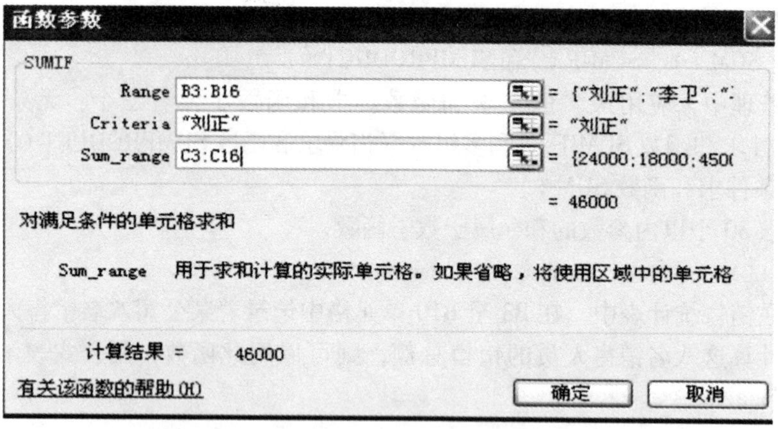

图 3-5　**函数 SUMIF ( ) 对话框**

（3）乘积求和函数 SUMPRODUCT ( )

功能：在给定的几组数组中，将数组间对应的元素相乘，并返回乘积之和，属于数学函数。

公式：= SUMPRODUCT （array1 , array2 , array3 , … , arrayN）

说明：

①array1，array2，array3，…，array30 为 1 至 30 个数组。

②数组参数必须具有相同的维数，否则，函数 SUMPRODUCT ( ) 将返回错误值#

VALUE!。

③对于非数值型的数组元素将作为 0 处理。

例如，在 B2 至 B6 单元格中分别是五种商品的销售量，在 C2 至 C6 单元格中分别是这五种商品的单价，若想在得到这五种商品的销售总额，就可以使用该函数，其公式为“=SUMPRODUCT(B2 : B6,C2 : C6)”。

2）平均数函数 AVERAGE ( )

功能：计算给定参数的算术平均值，属于统计函数。

公式：=AVERAGE（number1,number2,…,numberN）

说明：函数中的参数可以是数字，或者是涉及数字的名称、数组或引用。参数不能超过 30 个。如果数组或单元格引用参数中有文字、逻辑值或空单元格，则忽略其值。但是，如果单元格包含零值则计算在内。

例如，A1 : A5 命名为“基础数据”，其中的数值分别为 7、8、18、15 和 2，那么，AVERAGE（A1 : A5）等于 10；AVERAGE（基础数据）等于 10；AVERAGE（A1 : A5）等于 SUM（A1 : A5）/COUNT（A1 : A5），也等于 10。

3）四舍五入函数 ROUND ( )

功能：返回某个数字按指定位数舍入后的数字，属于数学函数。

公式：=ROUND(number,num _ digits)

说明：number——需要进行舍入的数字；

num _ digits——指定的位数，按此位数进行舍入。

如果 num _ digits 大于 0，则舍入到指定的小数位；如果 num _ digits 等于 0，则舍入到最接近的整数；如果 num _ digits 小于 0，则在小数点左侧进行舍入。

值得注意的是：四舍五入后的数据与通过【格式】菜单（或通过工具栏上的【增加小数位数】或【减少小数位数】）设置小数位的数据是不同的。例如，B2 单元格中的数据是 12. 365，将其四舍五入“=ROUND（B2，2）”得到的结果是 12. 37，如果将其乘以 2 得到的结果是 24. 74；通过【格式】菜单（或通过工具栏上的【增加小数位数】或【减少小数位数】）将其设置成保留两位小数，其结果虽然是 12. 37，但其真正的数值仍是 12. 365，如果将其乘以 2，则得到的结果是 24. 73。

4）乘幂函数 POWER ( ) 和平方根函数 SQRT ( )

（1）函数 POWER ( )

功能：对数字进行乘幂运算，属于数学函数。

公式：=POWER（number,power）

说明：number 是底数，可以为任意实数。power 是指数，底数按该指数次幂乘方。

例如，求 5 的二次方，也就是平方，就可以在单元格内输入“=POWER（5，2）”，即可得出答案 25。

（2）函数 SQRT ( )

功能：返回数值的平方根，属于数学函数。

公式：=SQRT（number）

说明：number 是要计算平方根的数。

例如，求 16 的平方根，就可以在单元格中输入“=SQRT（16）”，即可得出答案 4。

5）最小值函数 MIN ( ) 和最大值函数 MAX ( )

功能：函数 MIN ( ) 的功能是给定参数表中的最小值，函数 MAX ( ) 的功能是给定参数表中的最大值，属于统计函数。

公式：= MIN(参数1,参数2,…,参数N)

　　　= MAX(参数1,参数2,…,参数N)

说明：函数中的参数可以是数字、空白单元格、逻辑值或表示数值的文字串。

例如，MIN(2,5,18,12)=2；MAX(2,5,18,12)=18。

6）无条件计数函数 COUNT ( ) 和条件计数函数 COUNTIF ( )

（1）无条件计数函数 COUNT ( )

功能：计算给定区域内包含数字的单元格以及参数列表中的数字的个数，属于统计函数。

公式：= COUNT(value1,value2,…,valueN)

说明：value1，value2…是1到30个可以包含或引用不同类型数据的参数，但只对数字型数据进行计数。

例如，假设B2至B10单元格中有三个是数字型数据，有七个是文本型数据，则公式“=COUNT（B2：B10）”的结果为“3”。

（2）条件计数函数 COUNTIF ( )

功能：计算给定区域内满足特定条件的单元格的数目，属于统计函数。

公式：=COUNTIF(range,criteria)

说明：range——需要计算其中满足条件的单元格数目的单元格区域；

criteria——确定哪些单元格将被计算在内的条件，其形式可以为数字、表达式或文本。

例如，假设在学生成绩统计表中B2到B41单元格中分别是40名学生的成绩，要统计不及格（<60）学生的人数，则使用该函数“=COUNTIF（B2：B41,"<60"）”即可。

函数 COUNT ( ) 和函数 COUNTIF ( ) 在数据汇总统计分析中是非常有用的。

7）函数 IF ( )

功能：执行真假值判断，也称条件函数，它根据参数条件的真假，返回不同的结果，属于逻辑函数。在实践中，经常使用函数 IF ( ) 对数值和公式进行条件检测。

公式：=IF（logical_test,value_if_true,value_if_false）

说明：logical_test——条件表达式，其结果要么为True，要么为False，它可使用任何比较运算符；

value_if_true——logical_test为True时返回的值；

value_if_false——logical_test为False时返回的值。

函数 IF ( ) 可以嵌套七层，用value_if_false及value_if_true参数可以构造复杂的检测条件，在财务管理中具有非常广泛的应用。

【例3-3】要求：在表3-8的工资表中计算职工的奖金和个人所得税。其中奖金按部门发放，标准为：厂部500元，车间400元，销售部300元。岗位津贴根据所在部门按基础工资的一定比例发放，其发放比例为：厂部6%，车间5%，销售部4%；住房公积金按基础工资的6%发放。个人所得税=应纳税所得额×税率-速算扣除数，应纳税所得额=

应发工资-住房公积金-3 500，个人所得税税率及速算扣除数表见表 3-7，工资计算表见表 3-8。

表 3-7　　**个人所得税税率及速算扣除数表**

级数	应纳税所得额	税率（%）	速算扣除数（元）
1	不超过 1 500 元的	3	0
2	超过 1 500 元至 4 500 元的部分	10	105
3	超过 4 500 元至 9 000 元的部分	20	555
4	超过 9 000 元至 35 000 元的部分	25	1 055
5	超过 35 000 元至 55 000 元的部分	30	2 755
6	超过 55 000 元至 80 000 元的部分	35	5 505
7	超过 80 000 元的部分	45	13 505

表 3-8　　**工资计算表**

	A	B	C	D	E	F	G	H	I	J	K	L	M	N
1	**工资计算表**													
2	基本资料					应发工资项目				计税工资	扣款项			实发工资
3	编号	月份	姓名	性别	部门	基础工资	奖金	岗位津贴	合计		住房基金	个人所得税	扣款合计	
4	101	11月	刘国栋	男	厂部	6880								
5	102	11月	李凯	男	厂部	5230								
6	103	11月	陶颖	女	厂部	4800								
7	104	11月	洪竹梅	女	厂部	4780								
8	105	11月	赵子民	男	车间	2950								
9	106	11月	孙宏伟	男	车间	3140								
10	107	11月	于涛	男	车间	3180								
11	108	11月	姜海涛	男	车间	3240								
12	109	11月	张子豪	男	厂部	4890								
13	110	11月	付华	男	车间	2560								
14	111	11月	陶明清	男	销售部	2670								
15	112	11月	邓玲	女	销售部	2730								

其中奖金的计算方法为:在 G4 单元格中输入“=IF(E4="厂部",500,IF(E4="车间",400,300))”,然后向下复制即可。

岗位津贴的计算方法为:在 H4 单元格输入“=IF(E4="厂部",F4*6%,IF(E4="车间",F4*5%,F4*4%))”,然后向下复制即可。

住房基金的计算方法为:在 K4 单元格输入“=F4*6%”,然后向下复制即可。

计税工资的计算方法为:在 J4 单元格输入“=I4-K4”,然后向下复制即可。

个人所得税的计算方法为:在 L4 单元格中输入公式“=IF(J4<0,0,IF(J4<1500,J4*3%,IF(J4<4500,J4*10%-105)))”,然后向下复制即可,需要说明的是,可以根据最高工资额来判断使用几层 IF 函数嵌套。

8）函数 MATCH ( ) 和函数 INDEX ( )

(1) 函数 MATCH ( )

功能：是返回符合特定值特定顺序的项在数组中的相对位置，属于查找与引用类函数。

公式：=MATCH(lookup_value,lookup_array,match_type)

说明：

lookup_value——需要在数据表中查找的数值，可以是数值（数字、文本或逻辑值）或对数字、文本或逻辑值的单元格引用；

lookup _ array——可能包含所要查找的数值的连续单元格区域,可以是数组或数组引用;

match _ type——数字-1、0或1，它指明Excel如何在lookup _ array中查找lookup _ value。

查找方式如下：当match _ type为-1时，lookup _ array必须按降序排列，函数MATCH ( )查找大于或等于lookup _ value的最小数值；当match _ type为0时，lookup _ array可以按任何顺序排列，函数MATCH ( )查找等于lookup _ value的第一个数值；当match _ type为1时，lookup _ array必须按升序排列，函数MATCH ( )查找小于或等于lookup _ value的最大数值。

【例3-4】在表3-9中，如果从A2：E2单元格区域中查找不超过10的最大值在数组中的相对位置，则需要输入公式"=MATCH（10，A2：E2，1)"，它的返回值是2。

表3-9　查找与引用函数举例

	A	B	C	D	E
1	2	20	13	42	15
2	5	9	14	20	25
3	丹东	大连	上海	重庆	北京

如果要查找"上海"所在的单元格的相对位置，则输入公式"=MATCH（"上海"，A3：E3)"，它的返回值为3。

（2）函数INDEX ( )

功能：返回表格或区域中的数值或对数值的引用，属于查找与引用函数。

函数INDEX ( )有以下两种形式：

①返回数组中指定单元格或单元格数组的数值。

公式：= INDEX(array,row _num,column _ num)

说明：

array——单元格区域或数组常数；

row _ num——数组中某行的行序号，函数从该行返回数值。如果省略row _ num，则必须有column _ num；

column _ num——数组中某列的列序号，函数从该列返回数值。如果省略column _ num，则必须有row _ num。

注意：如果同时使用row _ num和column _ num，函数INDEX ( )返回row _ num和column _ num交叉处的单元格的数值。如果数组只包含一行或一列，则相对应的参数row _ num或column _ num为可选。如果数组有多行和多列，但只使用row _ num或column _ num，函数INDEX ( )返回数组中的整行或整列，且返回值也为数组。如果将row _ num或column _ num设置为0，函数INDEX ( )则分别返回整个列或行的数组数值。如果需要使用以数组形式返回的数值时，请在一个水平单元格区域中将函数INDEX ( )作为数组公式输入。此外，row _ num和column _ num必须指向array中的某一单元格，否则，函数INDEX ( )返回错误值#REF!。

例如，INDEX({1,2;3,4},2,2)= 4。如果作为数组公式输入，则：INDEX({1,2;3,4},0,2)={2;4}。

②返回引用中指定单元格。

公式：=INDEX(reference,row _ num,column _ num,area _ num)

说明：

reference——对一个或多个单元格区域的引用。如果为引用输入一个不连续的选定区域，必须用括号括起来。如果引用中的每个区域只包含一行或一列，则相应的参数 row _ num 或 column _ num 分别为可选项。

例如，对于单行的引用，可以使用函数 INDEX（reference, column _ num）。

row _ num——引用中某行的行序号，函数从该行返回一个引用。

column _ num——引用中某列的列序号，函数从该列返回一个引用。

area _ num——选择引用中的一个区域，并返回该区域中 row _ num 和 column _ num 的交叉区域。选中或输入的第一个区域序号为 1，第二个为 2，以此类推。如果省略 area _ num，函数 INDEX ( ) 使用区域 1。

注意：row _ num、column _ num 和 area _ num 必须指向 reference 中的单元格，否则，函数 INDEX ( ) 返回错误值#REF!。如果省略 row _ num 和 column _ num，函数 INDEX ( ) 返回由 area _ num 所指定的区域。

9）函数 DAY ( )、DATE ( ) 和 TODAY ( )

（1）函数 DAY ( )

功能：返回对应的一个月中第几天的数值，介于 1 至 31 之间，属于日期函数。

公式：=DAY（serial _ number）

说明：serial _ number——进行日期和时间计算时使用的日期—时间代码，不仅可以为日期型数据，还可以为数值型数据等。

例如，=DAY（"2013-7-28"）的结果为 28；

=DAY（"15-March"）的结果为 15；

=DAY（62）的结果为 2。

（2）函数 DATE ( )

功能：返回在 Microsoft Office Excel 日期时间代码中代表日期的数字，属于日期函数。

公式：=DATE(year, month, day)

说明：在 Microsoft Excel for Windows 中，Year 是介于 1 900 到 9 999 的一个数，Month 是代表月份的数字，其值在 1 至 12 之间。如果所输入的月份大于 12，将从下一年份的一月份开始往上加算。例如，“=DATE(2013, 13, 15)”返回的结果为" 2014-01-15"。Day 代表一个月中第几天的数字，其值在 1 至 31 之间。如 Day 的值大于该月份的最大天数时，将从下一月份的第一天开始往上累加。例如“=DATE(2013, 12, 34)”的返回结果为" 2014-01-03"。

（3）函数 TODAY ( )

功能：返回日期格式的当前日期，属于日期函数。

公式：=TODAY ( )

说明：该函数不需要任何参数，它返回的结果是系统当前的日期，是一个动态的值。

10）函数 AND ( )、OR ( ) 和 NOT ( )

AND ( )、OR ( ) 和 NOT ( ) 三个函数均属于逻辑函数，它们的功能是：

AND ( ) 表示逻辑与，当所有条件都满足时（即所有参数的逻辑值都为真时），AND ( ) 返回 True，否则，只要有一个条件不满足即返回 False。

OR ( ) 表示逻辑或，只要有一个条件满足时，OR ( ) 返回 True，只有当所有条件都不满足时才返回 False。

NOT ( ) 只有一个逻辑参数，它可以计算出 True 或 False 的逻辑值或逻辑表达式。如果逻辑值为 False，函数 NOT ( ) 返回 True；如果逻辑值为 True，函数 NOT ( ) 返回 False。

它们的语法公式如下：

= AND(logical1,logical2,…,logicalN)

= OR(logical1,logical2,…,logicalN)

= NOT(logical)

说明：logical1，logical2，…，logicalN——1 至 30 个结果为 True 或 False 的检测条件，检测内容可以是逻辑值、数组或引用。

这 3 个函数经常与函数 IF ( ) 结合使用。

【例 3-5】M 公司根据销售人员的销售额及销售费用确定其奖金，若销售额大于 300 000元且销售费用占销售额的比例不超过 1%，则奖金提取比例为 10%，否则为 5%，其计算过程如下：

（1）在单元格 D3 中输入公式“=IF(AND(B3>300000,C3/B3<1%),10%,5%)”，将其向下填充复制到 D4：D7 单元格中。

（2）选取单元格区域 E3：E7，输入公式“=B3：B7 * D3：D7”，按 Ctrl+Shift+Enter 组合键。

这样各销售人员的奖金额就计算出来了，见表 3-10：

表 3-10　　奖金计算表

D3　　fx =IF(AND(B3>300000,C3/B3<1%),10%,5

	A	B	C	D	E
1	M公司销售人员奖金计算表				
2	姓名	销售额(元)	销售费用(元)	奖金比例	奖金额(元)
3	刘正	230000	4000	5.00%	11500
4	李卫	420000	5400	5.00%	21000
5	马清	680000	5600	10.00%	68000
6	章宏	820000	9600	5.00%	41000
7	郑达	650000	5800	10.00%	65000

【小思考 3-3】如何利用 Excel 制作一张如表 3-11 的乘法口诀表呢？

表 3-11　　九九乘法口诀表

	A	B	C	D	E	F	G	H	I	J
1	九九乘法表									
2		1	2	3	4	5	6	7	8	9
3	1	1×1=1								
4	2	2×1=2	2×2=4							
5	3	3×1=3	3×2=6	3×3=9						
6	4	4×1=4	4×2=8	4×3=12	4×4=16					
7	5	5×1=5	5×2=10	5×3=15	5×4=20	5×5=25				
8	6	6×1=6	6×2=12	6×3=18	6×4=24	6×5=30	6×6=36			
9	7	7×1=7	7×2=14	7×3=21	7×4=28	7×5=35	7×6=42	7×7=49		
10	8	8×1=8	8×2=16	8×3=24	8×4=32	8×5=40	8×6=48	8×7=56	8×8=64	
11	9	9×1=9	9×2=18	9×3=27	9×4=36	9×5=45	9×6=54	9×7=63	9×8=72	9×9=81

这个问题的难点在于如何仅在九九表的左下部分反映数值，具体操作步骤如下：

（1）建立一工作表，在 B2 至 J2 单元格中输入 1 ~ 9，在 A3 至 A11 单元格中输入 1 ~ 9；

（2）在 B3 单元格中输入公式：

=IF(AND($A3<>""B$2<>"",B$2<=$A3),$A3&" * "&B$2&" = "&$A3 * B$2,"")；

（3）拖动 B3 右下角的填充柄向右将其复制到 C3：J3 单元格区域，再选中 B3：J3 单元格区域右下角的填充柄向下拖动，将其复制到 B4：J11 单元格区域，即可得到如图所示的九九乘法口诀表。

● 3.3　Excel 的数据管理和分析

Excel 2003 提供了强大的数据管理与分析功能，利用它们可以实现对数据的排序、筛选、分类汇总及数据的透视等操作。

3.3.1　数据记录单的使用

在 Excel 工作表中，如果其数据可以看成一个数据库，则用户对数据进行增加、修改、删除及查找等操作时，可以使用【数据】菜单中的【记录单】命令来完成。

1）使用记录单输入数据

当数据清单中的数据较多时，使用【记录单】输入数据是很方便的。下面举例说明：

某公司的工资表见表 3-12，现在要添加数据，其具体步骤如下：

表 3-12　　**某公司的工资表**　　金额单位：元

	A	B	C	D	E	F	G	H	I	J	K
1	编号	月份	姓名	部门	基本工资	奖金	应发工资	住房基金	个人所得税	扣款合计	实发工资
2	101	06.08	孙林	厂部	1,860.00	500.00	2,360.00	118.00	51.00	169.00	2,191.00
3	102	06.08	付刚	车间	1,752.00	400.00	2,152.00	107.60	30.20	137.80	2,014.20
4	103	06.08	吴子英	车间	1,600.00	400.00	2,000.00	100.00	20.00	120.00	1,880.00
5	104	06.08	田红	车间	1,680.00	400.00	2,080.00	104.00	24.00	128.00	1,952.00
6	105	06.08	赵子民	车间	1,428.00	400.00	1,828.00	91.40	11.40	102.80	1,725.20
7	106	06.08	林占国	车间	1,830.00	400.00	2,230.00	111.50	38.00	149.50	2,080.50
8	107	06.08	童涛	车间	2,000.00	400.00	2,400.00	120.00	55.00	175.00	2,225.00
9	108	06.08	隋建安	车间	1,780.00	400.00	2,180.00	109.00	33.00	142.00	2,038.00
10	109	06.08	张子仪	厂部	3,000.00	500.00	3,500.00	175.00	165.00	340.00	3,160.00
11	110	06.08	胡安	车间	1,560.00	400.00	1,960.00	98.00	18.00	116.00	1,844.00
12	111	06.08	陶明	销售部	1,760.00	300.00	2,060.00	103.00	23.00	126.00	1,934.00
13	112	06.08	佟玲玲	销售部	1,230.00	300.00	1,530.00	76.50	0.00	76.50	1,453.50
14	113	06.08	李成	销售部	1,532.00	300.00	1,832.00	91.60	11.60	103.20	1,728.80

（1）单击数据清单中的任一单元格；

（2）单击【数据】菜单中的【记录单】命令，打开记录单对话框，如图 3-6；

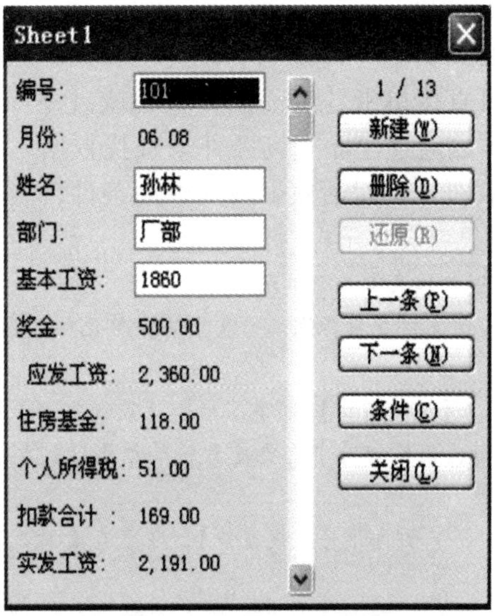

图 3-6　【记录单】对话框

（3）单击【新建】按钮，会出现新的数据输入窗口，在此窗口中输入新的数据，如图 3-7；

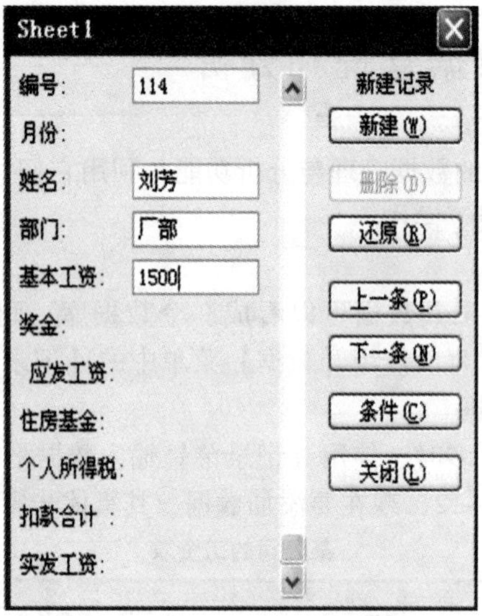

图 3-7　【记录单输入】对话框

（4）按 Enter 键，继续输入下一个记录的数据。

（5）所有记录输入完毕后，单击【关闭】按钮，得到新的数据清单。

2）使用记录单修改数据

使用记录单修改数据的方法与使用记录单输入数据的方法是一样的，即在如图 3-8 的对话框中，通过单击【上一条】按钮或【下一条】按钮寻找需要修改的记录，然后在输入栏中进行修改，最后单击【关闭】按钮。

3）使用记录单删除数据

在图 3-7 对话框中，通过单击【上一条】按钮或【下一条】按钮寻找需要删除的记录，然后单击【删除】按钮即可。

4）使用记录单查找数据

当数据记录较少时，可直接单击【上一条】按钮或【下一条】按钮寻找所需要的数据。当数据记录较多时，可以通过建立查询条件来查找数据，其方法是在如图 3-7 的窗口中单击【条件】按钮，在弹出的对话框中输入查询条件，然后单击【上一条】按钮或【下一条】按钮，查询的结果就会显示在对话框上。

【小技巧 3-3】同时查看不同工作表中多个单元格内的数据

我们编辑某个工作表时，有时需要查看其他工作表中某个单元格的内容，可以利用 Excel 的【监视窗口】功能来实现。

执行【视图】/【工具栏】/【监视窗口】命令，打开【监视窗口】，单击其中的【添加监视】按钮，展开【添加监视点】对话框，用鼠标选中需要查看的单元格后，再单击【添加】按钮。重复前述操作，添加其他“监视点”。

以后，无论在哪个工作表中，只要打开【监视窗口】，即可查看所有监视点单元格内的数据和相关信息。

3.3.2　数据的排序

1）数据排序的规则

Excel 2003 允许对字符、数字等数据按大小顺序进行升序或降序排列，要进行排序的数据称为关键字。不同类型的关键字的排序规则如下：

数值：按数值的大小；

字母：按字母先后顺序；

日期：按日期的先后；

汉字：按汉语拼音的顺序或按笔画顺序；

逻辑值：升序时 False 排在 True 前面，降序时相反；

空格：总是排在最后。

2）数据排序方法与步骤

（1）单击数据区中要进行排序的任意单元格（如果要排序的只是工作表中的部分数据时，应先选中需要排序的数据区域）。

（2）单击【数据】菜单，选择【排序】项，系统将弹出【排序】对话框，如图 3-8。

（3）在【排序】对话框中用下拉列表框选择要排序的关键字，关键字有“主要关键字”、“次要关键字”和“第三关键字”，根据需要分别选择不同的关键字。

（4）单击【确定】按钮，数据就会按要求进行排序。

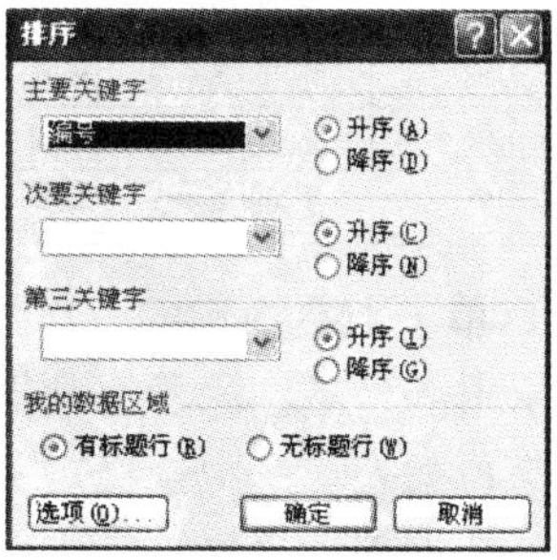

图 3-8　【排序】对话框

> **注意：**当只按某一个关键字段进行排序时，可以单击该字段所在列的任意一个单元格，然后单击工具栏上的升序按钮或降序按钮，进行自动排序。

3）自定义排序

在有些情况下，对数据的排序既不是按数值大小次序、也不是按汉字的拼音顺序或笔画顺序，而是按照指定的特殊次序，如按产品的种类或规格排序等，这时就需要自定义排序。

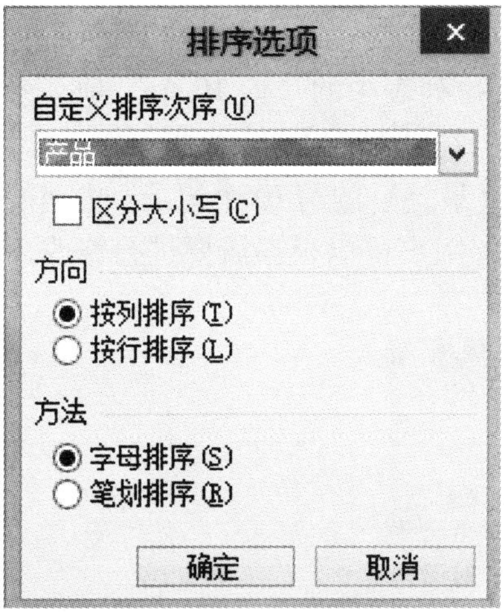

图 3-9　【自定义排序】对话框

自定义排序方法如下：

（1）首先应建立自定义序列。其方法是：在【工具】菜单下选择【选项】，选择自定义序列选项卡，添加新的序列。如果所需的序列已经建立，则可省略此步。

（2）单击数据区中要进行排序的任意单元格，在【数据】菜单下选择【排序】，在弹出的【排序】对话框中单击【选项】按钮，系统弹出【排序选项】对话框，如图 3-9，在【自定义排序次序】的下拉列表中，选择需要的自定义序列，然后单击【确定】按钮，即可对数据进行自定义排序。

3.3.3　数据的筛选

Excel 2003 提供了强大的数据筛选功能，可以帮助使用者快速地从众多的数据中找出所需要的数据。它提供了两种筛选功能：自动筛选和高级筛选。

1）自动筛选

利用自动筛选查找数据的步骤如下：

（1）用鼠标单击数据清单中的任一非空单元格；

（2）单击【数据】菜单，选择【筛选】项，在【筛选】子菜单中选择【自动筛选】，则系统自动在数据清单的每列数据的标题旁边添加一个下拉列表标志，见表 3-13。

表 3-13　　**自动筛选的下拉列表标志**　　单位：元

	A	B	C	D	E	F	G	H	I	J	K
1	编号	月份	姓名	部门	基本工资	奖金	应发工资	住房基	个人所得税	扣款合	实发工资
2	101	06.08	孙林	厂部	1,860.00	500.00	2,360.00	118.00	51.00	169.00	2,191.00
3	102	06.08	付刚	车间	1,752.00	400.00	2,152.00	107.60	30.20	137.80	2,014.20
4	103	06.08	吴子英	车间	1,600.00	400.00	2,000.00	100.00	20.00	120.00	1,880.00
5	104	06.08	田红	车间	1,680.00	400.00	2,080.00	104.00	24.00	128.00	1,952.00
6	105	06.08	赵子民	车间	1,425.00	400.00	1,825.00	91.25	11.25	102.50	1,722.50

（3）单击需要筛选的下拉列表，系统显示出可用的筛选条件，从中选择需要的条件，即可显示出满足条件的所有数据。例如，要查找所有厂部职工的工资记录，单击“部门”右边的下拉列表，从中选择“厂部”项，则所有的“厂部”职工的工资记录就显示出来，而其他的数据则被隐藏，见表 3-14。

表 3-14　　**自动筛选结果显示**　　单位：元

	A	B	C	D	E	F	G	H	I	J	K
1	编号	月份	姓名	部门	基本工资	奖金	应发工资	住房基	个人所得税	扣款合	实发工资
2	101	06.08	孙林	厂部	1,860.00	500.00	2,360.00	118.00	51.00	169.00	2,191.00
10	109	06.08	张子仪	厂部	3,000.00	500.00	3,500.00	175.00	165.00	340.00	3,160.00
15	114	06.08	刘芳	厂部	1,500.00	500.00	2,000.00	100.00	20.00	120.00	1,880.00

如果“厂部”职工的工资记录很多，超过了 10 个，当只需要显示 10 个记录时，可单击“基本工资”、“奖金”、“应发工资”等右边的下拉列表中的“前 10 个”项，系统弹出【自动筛选前 10 个】对话框，如图 3-10。这里，在【显示】下拉列表中“最大”表示最大（最好）的前 10 个记录，“最小”表示最小（最差）的前 10 个记录。中间的编辑框中的数值表示显示的记录行数，系统默认值为 10，用户可以根据需要进行修改，输入相应的数值即可。

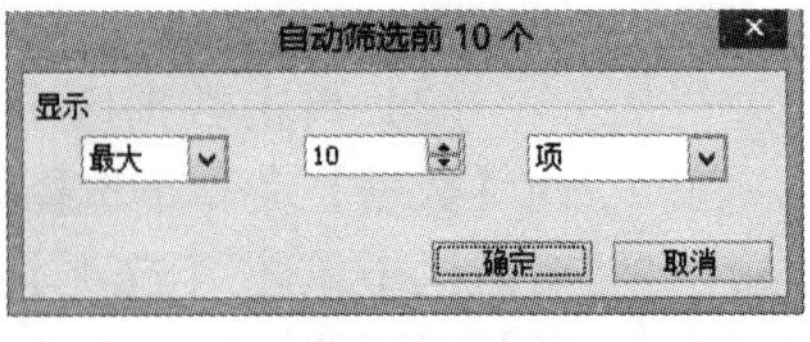

图 3-10　【自动筛选前 10 个】对话框

若要恢复所有的记录，则单击【部门】右边的下拉列表中的【全部】项。

如果用户想要按照某一特殊的条件对数据记录进行筛选，则需要在相应字段旁边的下拉按钮提供的条件列表中，选择【自定义】选项，屏幕会显示出【自定义筛选方式】对话窗口，用户可根据具体条件对各栏进行设置。例如，在如表 3-12 的工资表中，如果要将“实发工资大于 3 000 元或小于 1 500 元”的职工工资记录筛选出来，则具体的输入条件如图 3-11，确定后即可将符合条件的记录显示出来。

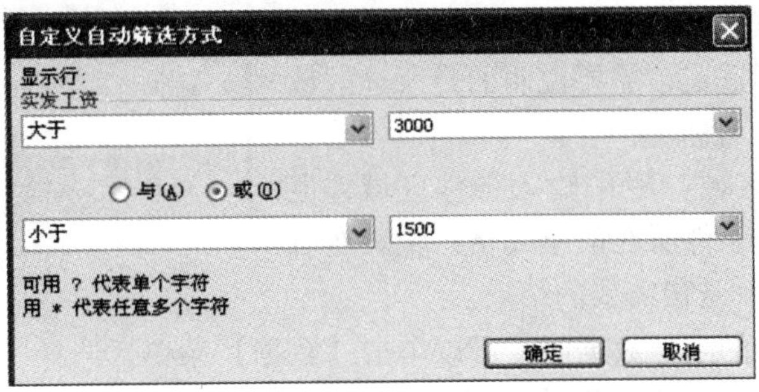

图 3-11 【自定义自动筛选方式】对话框

若要恢复所有的记录，单击【数据】菜单，选择【筛选】项，在【筛选】子菜单中选择【全部显示】。

若要取消【自动筛选】状态，则单击【数据】菜单，选择【筛选】项，在【筛选】子菜单中再次选择【自动筛选】。

2）高级筛选

如果用户需要筛选的条件很复杂，或者希望筛选后的结果不覆盖原来的数据区域，则需要使用 Excel 提供的高级筛选功能。高级筛选的条件既可以是与条件，也可以是或条件，或与条件，与或条件的组合使用，还可以使用计算条件，而且筛选的结果既可以在原来位置显示，也可以复制到其他位置。

高级筛选的操作步骤如下：

（1）首先应建立一个条件区域。在条件区域中，同一行中的条件是与条件，也就是这些条件必须同时满足；不同行中的条件是或条件，也就是这些条件只要满足其一即可。例如，要在如表 3-12 的工资表中筛选出“销售部”和“厂部”的职工工资数据，则筛选条件如图 3-12；如果要筛选出“车间中应发工资大于 2 000 元”的职工工资记录，则筛选条件如图 3-13；如果要筛选出“厂部或应发工资大于 2 000 元”的职工工资记录，则筛选条件如图 3-14。

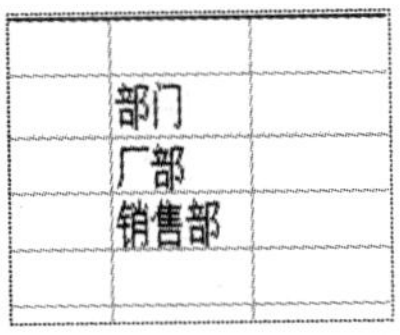

图3-12 建立条件区域（一）

图3-13 建立条件区域（二）

图3-14 建立条件区域（三）

（2）单击数据清单中的任一非空单元格，然后单击【数据】菜单，选择【筛选】子菜单中的【高级筛选】项，则系统弹出如图 3-15 的【高级筛选】对话框。

（3）高级筛选结果可以显示在数据清单的原有区域中，也可以显示在工作表的其他空白单元格区域，系统默认的方式是在数据清单的原有区域中显示结果。若需要在工作表的其他空白单元格区域显示结果，则在【方式】项中选中“将筛选结果复制到其他位置”，并在【复制到】栏中输入需要显示筛选结果的单元格（开头的一个单元格即可）。需要说明的是所选择区域应是空白区域，如果有其他数据，系统将给出错误提示。

(4) 一般情况下，系统将自动给出数据区域，如果系统给出的区域不是用户想要的区域，用户可以自行输入或用鼠标选定，需要说明的是所选区域必须包括各列的字段名称。

(5) 在【条件区域】栏中输入条件区域，也可以用鼠标选取筛选条件所在的单元格区域。然后单击【确定】，即可筛选出需要的结果。

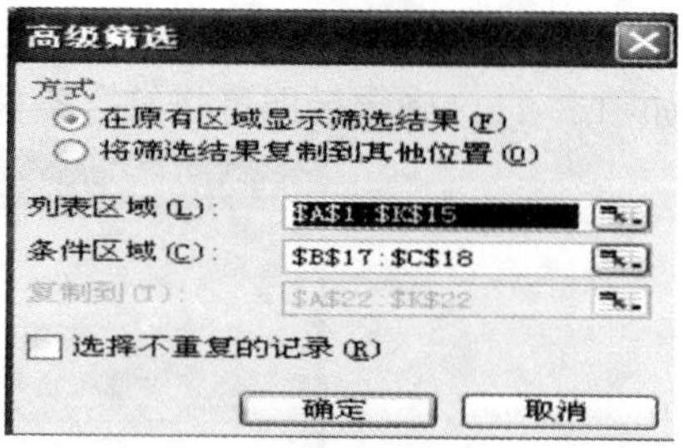

图3-15　【高级筛选】对话框

当需要显示原始的全部数据时，可以单击【数据】菜单，选择【筛选】子菜单中的项目，在【筛选】子菜单中选择【全部显示】即可。

3.3.4　数据的分类汇总

在对数据进行分析时，常常需要将相同类型的数据统计出来，这就是数据的分类与汇总。最常用的汇总方式有：求和（对数值型字段）、计数（对字符型字段），此外，对数值型字段还提供了“平均值”、“最大值”、“最小值”等汇总方式。Excel的分类汇总功能，可以在数据列表的基础上方便地生成分类汇总表，以便于对数据进行分析。

1) 分类汇总的建立

在按某个字段进行分类汇总之前，必须先按该字段排序，以保证分类字段值相同的记录排在一起。通过选择【数据】菜单中的【分类汇总】命令可以对单个字段或多个字段进行分类汇总。

【例3-6】下面我们以工资表为例介绍建立分类汇总的方法和步骤。

四通公司部分职工的工资资料，见表3-15。

表3-15　**四通公司职工工资表**　金额单位：元

编号	月份	姓名	部门	基本工资	奖金	应发工资	住房公积金	个人所得税	扣款合计	实发工资
101	13.08	孙林	厂部	1 860	500	2 360	118	51	169	2 191
102	13.08	付刚	车间	1 752	400	2 152	108	30	138	2 014
103	13.08	吴子英	车间	1 600	400	2 000	100	20	120	1 880
104	13.08	田红	销售部	1 680	300	1 980	99	19	118	1 862
105	13.08	赵子民	车间	1 425	400	1 825	91	11	102	1 723
106	13.08	林占国	车间	1 830	400	2 230	112	38	150	2 080
107	13.08	童涛	车间	2 000	400	2 400	120	55	175	2 225
108	13.08	隋建安	销售部	1 780	400	2 180	109	33	142	2 038
109	13.08	张子仪	厂部	3 000	500	3 500	175	165	340	3 160

要求按部门对数值型工资数据进行分类汇总，其步骤如下：

（1）首先按部门进行排序（其简便的方法是单击部门所在列的任意一个单元格，然后单击工具栏中的升序排列按钮或降序排列按钮）。

（2）单击数据清单或数据库中的任一非空单元格，然后单击【数据】菜单，选择【分类汇总】项，系统弹出如图 3–16 的【分类汇总】对话框。

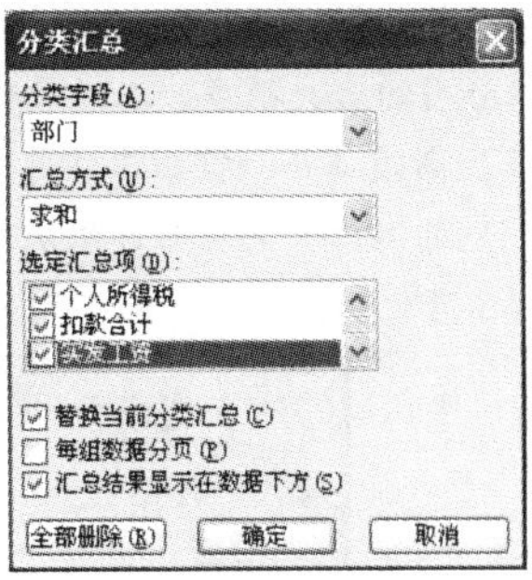

图 3–16　【分类汇总】对话框

（3）在【分类汇总】对话框中的【分类字段】选项下选择“部门”，【汇总方式】选项下选择“求和”，【选定汇总项】选项下选定“基本工资”和“奖金”、“应发工资”、“住房基金”、“个人所得税”、“扣款合计”、“实发工资”，单击【确定】按钮，则分类汇总的结果见表 3–16。

表 3–16　**按部门分类汇总结果**

	A	B	C	D	E	F	G	H	I	J	K
1	编号	月份	姓名	部门	基本工资	奖金	应发工资	住房基金	个人所得税	扣款合计	实发工资
2	101	14.02	孙林	厂部	1,860.00	500.00	2,360.00	118.00	51.00	169.00	2,191.00
3				**厂部 汇总**	1,860.00	500.00	2,360.00	118.00	51.00	169.00	2,191.00
4	102	14.02	付刚	车间	1,752.00	400.00	2,152.00	107.60	30.20	137.80	2,014.20
5	103	14.02	吴子英	车间	1,600.00	400.00	2,000.00	100.00	20.00	120.00	1,880.00
6				**车间 汇总**	3,352.00	800.00	4,152.00	207.60	50.20	257.80	3,894.20
7	104	14.02	田红	销售部	1,680.00	300.00	1,980.00	99.00	19.00	118.00	1,862.00
8				**销售部 汇总**	1,680.00	300.00	1,980.00	99.00	19.00	118.00	1,862.00
9	105	14.02	赵子民	车间	1,428.00	400.00	1,828.00	91.40	11.40	102.80	1,725.20
10	106	14.02	林占国	车间	1,830.00	400.00	2,230.00	111.50	38.00	149.50	2,080.50
11	107	14.02	童涛	车间	2,000.00	400.00	2,400.00	120.00	55.00	175.00	2,225.00
12				**车间 汇总**	5,258.00	1,200.00	6,458.00	322.90	104.40	427.30	6,030.70
13	108	14.02	隋建安	销售部	1,780.00	300.00	2,080.00	104.00	24.00	128.00	1,952.00
14				**销售部 汇总**	1,780.00	300.00	2,080.00	104.00	24.00	128.00	1,952.00
15	109	14.02	张子仪	厂部	3,000.00	500.00	3,500.00	175.00	165.00	340.00	3,160.00
16				**厂部 汇总**	3,000.00	500.00	3,500.00	175.00	165.00	340.00	3,160.00
17				**总计**	16,930.00	3,600.00	20,530.00	1,026.50	413.60	1,440.10	19,089.90

在表 3–16 中，左上角有 3 个按钮，按钮 1 表示 1 级汇总，显示全部职工的工资数据汇总；按钮 2 表示 2 级汇总，显示各部门的职工工资数据汇总；按钮 3 表示 3 级汇总，显示全部职工的工资数据明细及部门汇总额（即表 3–16 的汇总结果）。

在表 3–16 中，左边的滑动按钮为隐藏明细按钮，单击此按钮，则将隐藏本级的明细数据，同时变为显示明细按钮，再单击则将显示本级的全部明细数据，同时变为。

2）分类汇总的清除

如果不再需要分类汇总的结果，应清除分类汇总。其方法是：

（1）单击分类汇总表中的任一单元格；

（2）在数据菜单中单击分类汇总命令，打开如图 3–12 的对话框，单击【分类汇总】对话框中的【全部删除】，即可清除分类汇总。

【观念应用 3-1】　　**用 Excel 管理客户生日**

公司销售经理为建立良好的客户关系，想在每位客户生日之际根据客户级别寄送不同的温馨小礼品。但公司的客户很多，人工管理很麻烦，使用 Excel 可以轻松地管理客户的生日信息。

（1）新建立一个空白工作簿。

（2）输入客户的生日、级别等数据，见表 3-17。

表 3-17　　**客户生日管理表（一）**

	A	B	C	D	E	F	G
1	客户姓名	出生年月	客户级别	客户级别值	年龄	生日月份	
2	孙林	1941-3-28	钻石				
3	付刚	1968-6-18	黄金				
4	吴子英	1979-6-23	白银				
5	田红	1980-6-9	白银				
6	赵子民	1948-11-28	钻石				
7	林占国	1956-11-12	钻石				
8	童涛	1963-11-7	黄金				
9	隋建安	1972-11-1	黄金				
10	张子仪	1958-12-25	黄金				
11	胡安	1974-12-29	白银				

（3）我们在寄小礼品给客户时，通常要算出每名客户的年龄。选中 E2 单元格，在其中输入公式"=YEAR（NOW）-YEAR（B2）"，回车确定后，E2 单元格显示时间格式的结果，我们需将其格式设置成常规的数值格式，见表 3-18。然后拖动 E2 单元格右下角的填充柄向下复制到其他单元格，即可算出客户的年龄。

表 3-18　　**客户生日管理表（二）**

	A	B	C	D	E	F
1	客户姓名	出生年月	客户级别	客户级别值	年龄	生日月份
2	孙林	1941-3-28	钻石	1	65	3
3	付刚	1968-6-18	黄金	2	38	6
4	吴子英	1979-6-23	白银	3	27	6
5	田红	1980-6-9	白银	3	26	6
6	赵子民	1948-11-28	钻石	1	58	11
7	林占国	1956-11-12	钻石	1	50	11
8	童涛	1963-11-7	黄金	2	43	11
9	隋建安	1972-11-1	黄金	2	34	11
10	张子仪	1958-12-25	黄金	2	48	12
11	胡安	1974-12-29	白银	3	32	12

（4）当客户数量较大时，需要计算出客户的"生日月份"，按"生日月份"排序后，生日同月的客户将排在一起，不易产生遗漏。选中 E2 单元格，在其中输入公式"=MONTH（B2）"，然后向下复制到其他单元格。其余客户生日的月份也算出来了。

（5）我们还要把"客户级别"作为次要关键字排序，所以选中 D2 单元格，在其中输入公式"=IF（C2="钻石",1,IF（C2="黄金",2,IF（C2="白银",3）））"，回车确定后，利用公式填充柄向下复制到其他单元格，即可算出客户的级别值。

（6）将光标选定在有数据的任一单元格内，单击菜单【数据】/【排序】，在弹出的【排序】对话框中，设定排序的主要关键字为"生日月份"，次要关键字为"客户级别值"，单击【确定】。数据已经根据指定的排序要求重新排列。

（7）如果不想让"客户级别值"字段显示，可以先选中 D 列单元格，再单击鼠标右键，在弹出的菜单中选择【隐藏】命令。

（8）如果客户数量很大，为了浏览方便，可以通过数据筛选只显示符合条件的数据。将光标选定在任一有数值的单元格，单击菜单【数据】/【筛选】/【自动筛选】命令，各个字段右边出现下拉按钮，如单击"生日月份"下拉按钮，选择需要的月份，则工作表只显示该月份生日客户记录，见表 3-19，可以快速地根据他们的级别准备礼品了。

表 3-19　　　　　　　　　　**客户生日管理表（三）**

	A	B	C	D	E	F
1	客户姓	出生年月	客户级	客户级别值	年龄	生日月
6	赵子民	1948-11-28	钻石	1	58	11
7	林占国	1956-11-12	钻石	1	50	11
8	童涛	1963-11-7	黄金	2	43	11
9	隋建安	1972-11-1	黄金	2	34	11

这个过程中，比较辛苦的工作就是把客户资料输入 Excel，至于计算管理与排序，使用 Excel 操作，极其方便。

3.3.5　数据透视表的使用

数据透视表是用于快速汇总大量数据的交互式表格。用户可以旋转其行或列以查看对源数据的不同汇总，还可以通过显示不同的页来筛选数据，也可以显示所关心区域的明细数据。由于数据透视表是交互式的，因此，用户可以更改数据的视图以查看其他明细数据或计算不同的汇总额。例如，某销售公司下设甲、乙、丙三个销售部，该销售公司欲查询整个公司的销售情况，或查询某种商品的销售资料等，都可以利用数据透视表来实现。

1）建立数据透视表

用户可以使用【数据透视表和图表报告向导】来查找和指定要分析的数据源并创建报表框架，然后就可以通过【数据透视表】工具栏在该报表框架中排列数据。

【例 3-7】下面以表 3-20 的数据为例来介绍建立数据透视表的详细步骤。

表 3-20　　　　　　　　　　**M 公司销售人员销售业绩表**

日期	商品	金额（元）	销售地	销售人员
2013-06-01	彩电	24 000	北京	刘正
2013-06-03	冰箱	32 000	北京	刘正
2013-06-04	电脑	45 000	天津	马清
2013-06-10	空调	25 000	天津	马清
2013-06-17	彩电	78 000	南京	郑达
2013-06-19	空调	44 000	上海	郑达
2013-06-22	彩电	29 000	天津	马清
2013-06-23	冰箱	44 000	天津	刘正
2013-06-24	空调	32 000	上海	郑达
2013-06-27	彩电	18 000	南京	郑达
2013-06-29	电脑	69 000	上海	郑达
2013-06-30	彩电	11 000	南京	马清

（1）单击数据清单或数据库中的任一非空单元格，然后单击【数据】菜单，选择【数据透视表和数据透视图】项，则系统弹出【数据透视表和数据透视图向导—3 步骤之 1】对话框，如图 3-17，根据待分析的数据源及需要创建何种报表类型，进行相应的选择。

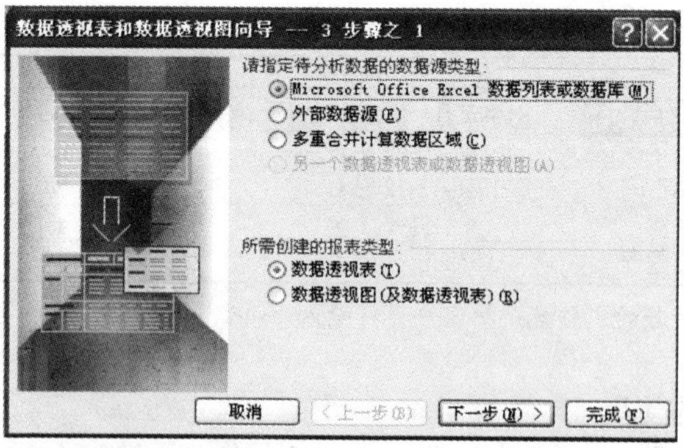

图 3-17 【数据透视表和数据透视图向导—3 步骤之 1】对话框

（2）选择好以后，单击【下一步】按钮，系统弹出【数据透视表和数据透视图向导—3 步骤之 2】对话框，如图 3-18。默认情况下，系统自动将选取整个数据清单作为数据源，如果数据源区域需要修改，则可直接输入“选定区域”，或单击【浏览】按钮，从其他的文件中提取数据源。

图 3-18 【数据透视表和数据透视图向导—3 步骤之 2】对话框

（3）确定数据源后，单击【下一步】按钮，系统弹出【数据透视表和数据透视图向导—3 步骤之 3】对话框，如图 3-19。

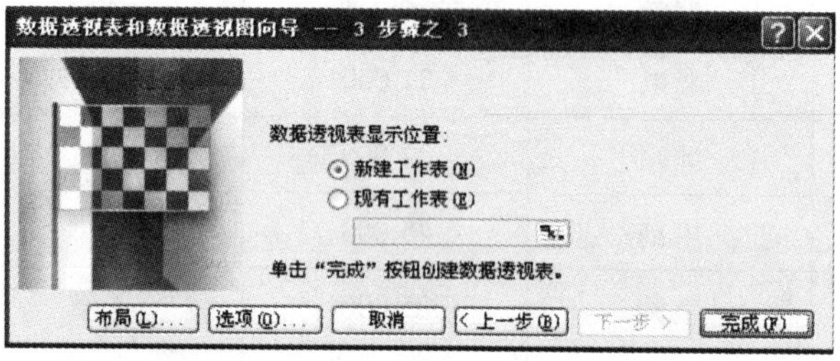

图 3-19 【数据透视表和数据透视图向导—3 步骤之 3】对话框

（4）在【数据透视表和数据透视图向导—3 步骤之 3】对话框中，单击【布局】按钮，出现【数据透视表和数据透视图向导—布局】对话框，如图 3-20。

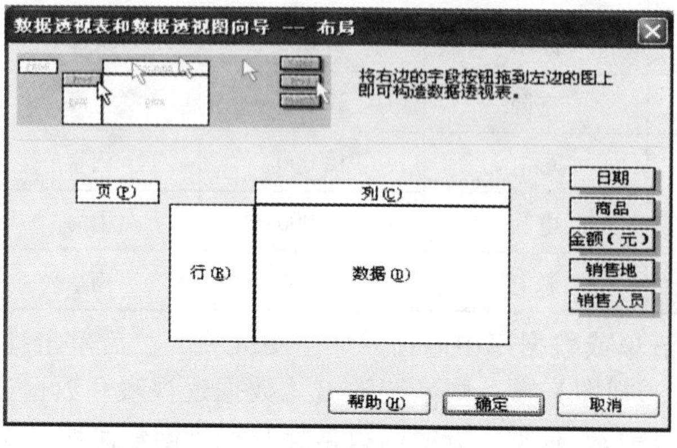

图 3-20 【数据透视表和数据透视图向导—布局】对话框（一）

（5）在【数据透视表和数据透视图向导—布局】对话框中，再根据需要，将右边的字段按钮拖到左边的图上，这里，将“销售人员”拖到“行（R）”图上，将“商品”拖到“列（C）”图上，将“金额（元）”拖到“数据（D）”图上，如图 3-21。

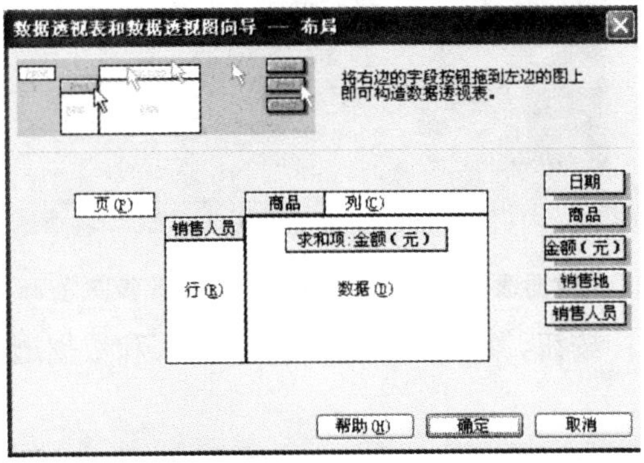

图 3-21　【数据透视表和数据透视图向导—布局】对话框（二）

（6）设置好版式后，单击【确定】按钮，则系统就返回到图 3-20 的【数据透视表和数据透视图向导—3 步骤之 3】对话框，然后单击【完成】按钮，数据透视表就完成了，见表 3-21。

表 3-21　**各个销售人员销售商品的数据透视表**

	A	B	C	D	E	F	G
1							
2							
3	求和项:金额（元）	商品					
4	销售人员	冰箱	彩电	电脑	空调	总计	
5	刘正	76000	24000			100000	
6	马清		40000	45000	25000	110000	
7	郑达		96000	69000	76000	241000	
8	总计	76000	160000	114000	101000	451000	
9							

这样，通过表 3-21 的数据透视表，即可看出每个销售人员所销售商品的种类、销售额及其合计数，从而以此为基础可很方便地对每个销售人员的销售业绩进行评价。

上面介绍的是利用同一工作表中的数据制作数据透视表，制作数据透视表的数据源不仅可以是同一工作表中的数据，也可以是同一工作簿中不同工作表中的数据，还可以来自外部数据源，下面我们介绍根据不同工作表中的数据制作数据透视表。

【例 3-8】某销售公司下设甲、乙、丙三个销售部，各销售部的销售情况资料分别存放在工作簿（销售情况表）三个工作表甲、乙、丙中，该销售公司欲查询整个公司的销售情况，或查询某种商品的销售资料等，应如何操作呢？

通过数据透视表可以方便、快捷地进行查询。建立数据透视表的方法如下：

（1）打开工作簿“销售情况表”，单击“甲销售部”工作表中的任一非空单元格；

（2）单击【数据】菜单，选择【数据透视表和数据透视图】项，则系统弹出【数据透视表和数据透视图向导—3 步骤之 1】对话框，如图 3-17，然后选择“多重合并计算数据区域”；

（3）单击【下一步】按钮，系统弹出【数据透视表和数据透视图向导—3 步骤之 2a】对话框，如图 3-22；

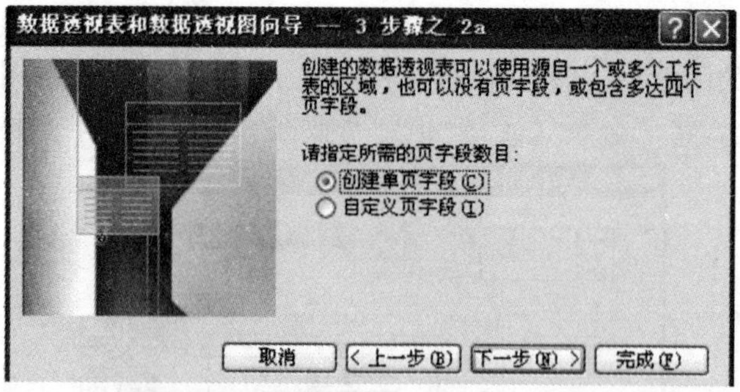

图 3-22　【数据透视表和数据透视图向导—3 步骤之 2a】对话框

（4）单击【下一步】按钮，系统弹出【数据透视表和数据透视图向导—3 步骤之 2b】对话框，如图 3-23；

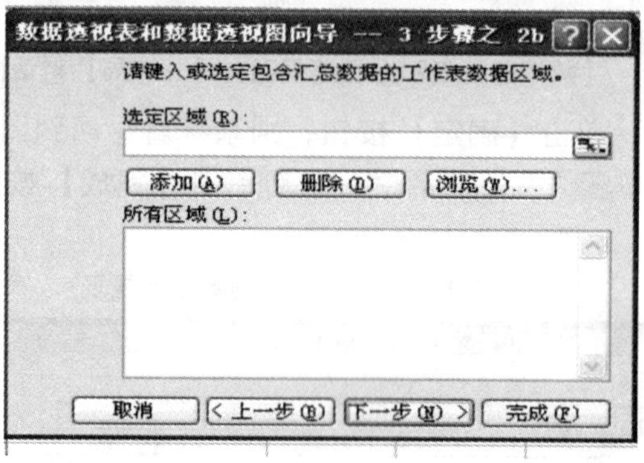

图 3-23　【数据透视表和数据透视图向导—3 步骤之 2b】对话框（一）

（5）单击“选定区域”右侧的折叠按钮，然后选取“甲销售部工作表”中的 \$A \$1：\$G\$13，然后单击【添加】，再选择“乙销售部”工作表中的 \$A\$1：\$G\$13，单击【添加】，再选择“丙销售部”中的 \$A\$1 ：\$G\$13，单击【添加】，如图 3-24；

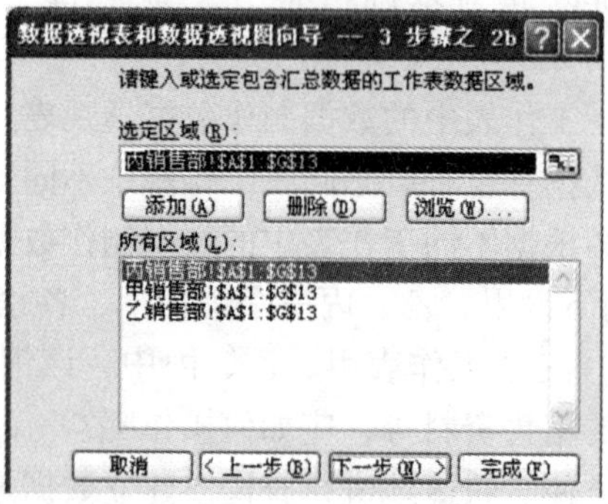

图 3-24　【数据透视表和数据透视图向导—3 步骤之 2b】对话框（二）

（6）此后步骤与【例 3-7】中的（3）、（4）、（5）、（6）类似，不一一列示了，为了数据透视表更清晰，可将“按行”命名为“商品”，将“按列”命名为“月份”，将“项 1”、“项 2”、“项 3”重命名为“甲销售部”、“乙销售部”、“丙销售部”，数据透视表见表 3-22。

表 3-22 **数据透视表** 金额单位：元

	A	B	C	D	E	F	G	H
1	公司	甲销售部						
2								
3	求和项:值	月份						
4	商品	1月	2月	3月	4月	5月	6月	总计
5	笔记本电脑销售额	2250000	1800000	1350000	1400000	1450000	1800000	10050000
6	笔记本电脑销售量	450	360	270	280	290	360	2010
7	冰箱销售额	360000	480000	520000	368000	620000	682000	3030000
8	冰箱销售量	30	42	52	36	45	48	253
9	彩电销售额	202000	250000	230000	402000	380000	500000	1964000
10	彩电销售量	100	105	103	200	210	260	978
11	打印机销售额	102000	127500	178500	256700	178500	136000	979200
12	打印机销售量	120	150	210	302	210	160	1152
13	电脑销售额	92000	140000	230000	260000	220000	270000	1212000
14	电脑销售量	26	35	45	50	42	60	258
15	手机销售额	70000	50400	44800	63000	56000	54600	338800
16	手机销售量	50	36	32	45	40	39	242
17	总计	3076776	2848628	2554012	2750613	2905337	3443527	17578893
18								

有了这个数据透视表，用户可以根据需要选择不同的销售部、不同的月份或不同的商品，查询其相应的汇总数据。

2）数据的透视分析

在表 3-21 所建立的数据透视表上，可以很方便地进行多角度的统计与分析。比如要了解郑达所销售商品的情况，可在“销售人员”下拉列标中只选中“郑达”，然后单击【确定】按钮，则郑达的销售情况，见表 3-23。

表 3-23 **郑达的销售情况表**

	A	B	C	D	E	F	G
1							
2							
3	求和项:金额（元）	商品					
4	销售人员	彩电	电脑	空调	总计		
5	郑达	96000	69000	76000	241000		
6	总计	96000	69000	76000	241000		
7							

同时，可以根据数据透视表建立透视图。其方法是：单击数据透视表中的任一单元格，单击鼠标右键，在快捷菜单中选择【数据透视图】项，则系统自动显示出数据透视图，从而得到每个销售人员的更为直观的销售情况。

3）数据更新

当数据清单中的数据发生变化时，需要对数据透视表进行更新，方法是：单击数据透视表中的任一单元格，单击鼠标右键，在快捷菜单中选择【刷新数据】项；也可在数据透视表的【数据】菜单中选择【刷新数据】项；还可以单击数据透视表中任一单元格，然后在【数据】菜单中选择【刷新数据】项。以上三种方法均可实现对数据透视表中数据的更新。

4）显示数据项的明细数据

要想查看数据透视表中某数据项的明细数据，只需双击该数据项即可。若要查看某一种商品的销售明细，比如要查看彩电的销售明细，可双击数据透视表中的数据项“彩电”，系统弹出【显示明细数据】对话框，选择需要显示的数据字段，假设选择“销售地”，单击【确定】按钮，即可显示出相应的明细数据，见表 3-24。

若要隐藏明细数据，可以右键单击数据透视表，在快捷菜单上选择【组及显示明细数据】的子菜单中的【隐藏明细数据】项，即可将明细数据隐藏。

表 3-24　　显示数据项的明细数据

	A	B	C	D	E	F	G	H	I
1									
2									
3	求和项:金额（元）	商品	销售地						
4		冰箱	彩电			彩电 汇总	电脑	空调	总计
5	销售人员		北京	南京	天津				
6	刘正	76000	24000			24000			100000
7	马清			5000	29000	34000	45000	25000	104000
8	郑达			96000		96000	69000	76000	241000
9	总计	76000	24000	101000	29000	154000	114000	101000	445000
10									

3.3.6 数据的审核与跟踪分析

在 Excel 中，一个公式可能引用多个单元格，使用 Excel 的审核工具可以对引用单元格进行审核及跟踪分析。

1）跟踪引用单元格

表 3-25 为某公司职工的工资数据，其中“实发工资=应发工资-扣款合计”。选中 K2 单元格，单击【工具】菜单中的【公式审核】子菜单中的【追踪引用单元格】，就会出现表 3-25 的追踪箭头，可以看出 K2 单元格引用了 G2 和 J2 单元格，如果 K2 单元格有错误，就可以从单元格 G2 和 J2 中查找错误根源。

表 3-25　　跟踪引用单元格　　金额单位：元

	A	B	C	D	E	F	G	H	I	J	K
1	编号	月份	姓名	部门	基本工资	奖金	应发工资	住房基金	个人所得税	扣款合计	实发工资
2	101	13.08	孙林	厂部	1,860	500	2,360	118	51	169	2,191
3	102	13.08	付刚	车间	1,752	400	2,152	108	30	138	2,014
4	103	13.08	吴子英	车间	1,600	400	2,000	100	20	120	1,880

2）跟踪从属单元格

若某个单元格被其他单元格的公式引用，那么它就是从属单元格，见表 3-26。

表 3-26　　跟踪从属单元格　　金额单位：元

	A	B	C	D	E	F	G	H	I	J	K
1	编号	月份	姓名	部门	基本工资	奖金	应发工资	住房基金	个人所得税	扣款合计	实发工资
2	101	13.08	孙林	厂部	1,860	500	2,360	118	51	169	2,191
3	102	13.08	付刚	车间	1,752	400	2,152	108	30	138	2,014
4	103	13.08	吴子英	车间	1,600	400	2,000	100	20	120	1,880

在表 3-25 中，“基本工资+奖金=应发工资”，选中 E2 单元格，单击【工具】菜单中的【公式审核】子菜单中的【追踪从属单元格】，即出现表 3-25 的箭头，表明 E2 为 G2 的从属单元格，如果 E2 的值发生变化，G2 单元格的值也会随之发生变化。

若要取消追踪箭头，单击【工具】菜单中的【公式审核】子菜单中的【取消所有追踪箭头】即可。

3）数据的有效性

在工作表中的任何一个单元格，其默认的有效数据为任何数据。Excel 提供了数据有效性的功能，利用它可以为一些单元格或单元格区域定义有效数据范围，很方便地检查数据，甚至可以把错误限制在数据输入阶段。

例如，要设定单元格区域 A2：A51 中的数据为 1～50 的整数，要设定输入提示信息

“输入编号为 1～50 的整数”，如果出错，给出“数据错误，编号必须在 1～50 之间”的警告信息。其具体的设置方法如下：

（1）设置数据的有效范围

①选取要定义有效数据范围的单元格或单元格区域 A2：F5。

②单击【数据】菜单中的【有效性】命令，打开【数据有效性】对话框，如图3－25。

图 3－25　【数据有效性】对话框

③单击【设置】选项卡，在允许下拉列表框中选择“整数”，在【数据】下拉列表框中选择“介于”，在最小值框中输入“1”，在最大值框中输入“50”。

（2）设置输入提示信息

①单击【输入信息】选项卡，打开输入信息选项卡对话框，如图 3－26。

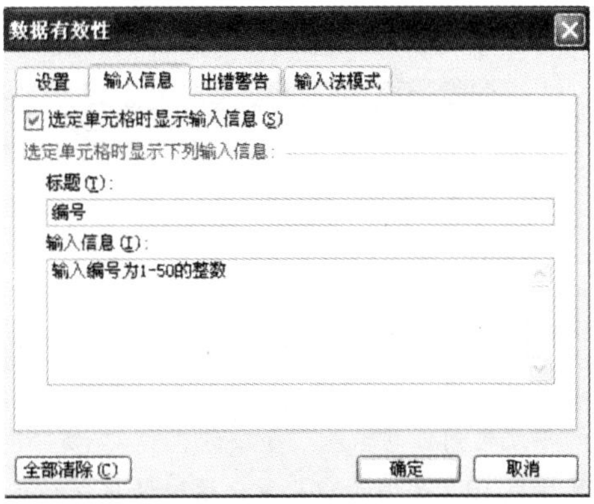

图 3－26　【输入信息】选项卡对话框

②在【标题】框中输入标题，在输入信息框中输入有关的提示信息“输入编号为 1～50的整数”。

（3）设置出错警告信息

①单击【出错警告】选项卡，打开【出错警告】选项卡对话框，如图 3－27。

②在【标题】框中输入标题，在【错误信息】框中输入“编号必须在 1～50 之间”，在【样式】列表框中选择【警告】，然后单击【确定】按钮，完成设置。

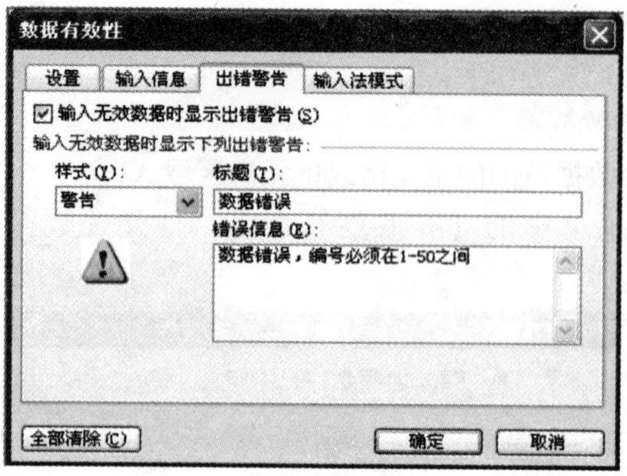

图 3-27　设置出错警告信息对话框

4）圈释无效数据

对于已经输入了数据的单元格或单元格区域，如果再给其设置有效数据范围，则已经输入的数据有可能超出有效数据范围，而这些错误的数据是显示不出来的。Excel 提供了圈释无效数据的功能，可以把无效数据标示出来，以便于进一步处理。圈释无效数据的具体操作方法如下：

（1）设置数据的有效范围；

（2）单击【工具】菜单中的【公式审核】子菜单中的【显示“公式审核”工具栏】，打开【公式审核】工具栏；

（3）单击【圈释无效数据】按钮，则无效数据所在的单元格就被红色的椭圆圈释起来，见表 3-27。更正数据后，圈释就会消失。

表 3-27　圈释无效数据

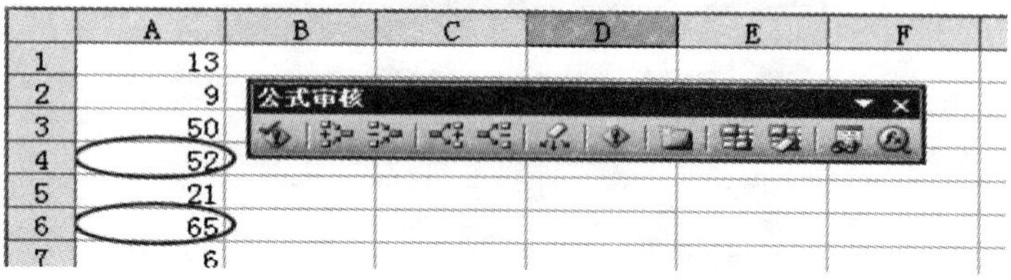

如果要隐藏无效数据的标识圈，可单击【公式审核】工具栏上的【清除无效数据标识圈】按钮。

【小技巧 3-4】在 Excel 中的单元格内任意输入一个公式，如“=5+5”，按下回车键，这时此单元格就不再显示公式，而显示出计算结果 10，如果希望此单元格继续显示公式，如何解决这个问题呢？

方法很简单，在单元格内输入公式之后，依次点击菜单栏中的【工具】/【公式审核】/【公式审核模式】，就可以使公式继续保持原样；而如果想显示出公式计算结果时，再次点击【公式审核模式】即可。

● 3.4　Excel 图表

图表是工作表数据的图形表示，它可以使繁杂的数据变得更加直观、形象，增加了数据的可读性。Excel 具有完整的图表功能，它不仅提供了 14 种标准图表类型，如面积图、柱形图、条形图、折线图、饼图、圆环图、气泡图、雷达图、股价图、曲面图、散点图、锥形图、圆柱图、棱锥图等，每种图表类型又都有几种不同的子类型。此外，Excel 还提供了约 20 种自定义图表类型，用户可根据不同的需要选用适当的图表类型，还可以生成较为复杂的三维立体图表。用户可以利用工作表中的数据建立各种类型的图表，可以更直观地进行财务分析，使得财务管理工作更为有效。

3.4.1 图表的建立

建立图表的方法非常简单，用户可以单击工具栏上的【图表向导】按钮，然后按照【图表向导】的有关说明，一步一步地进行操作，即可完成图表的制作。下面结合实例进行说明。

【例 3-9】某公司部分职工的工资资料见表 3-28，我们以此为例介绍几种常见图表的制作方法。

表 3-28 **某公司部分职工的工资表** 金额单位：元

	A	B	C	D	E	F	G	H	I
1	编号	姓名	基本工资	奖金	应发工资	住房公积金	个人所得税	扣款合计	实发工资
2	101	孙林	1,860	500	2,360	118	51	169	2,191
3	102	付刚	1,752	300	2,052	103	23	125	1,927
4	103	吴子英	1,600	200	1,800	90	10	100	1,700
5	104	田红	1,680	300	1,980	99	19	118	1,862
6	105	赵子民	1,425	300	1,725	86	6	93	1,633
7	106	林占国	1,830	400	2,230	112	38	150	2,081

1）柱形图的制作

（1）选取单元格区域 B1：D7，单击工具栏上的【图表向导】按钮，或单击【插入】菜单，选择【图表】项，出现【图表向导—4 步骤之 1—图表类型】对话框，如图 3-28。

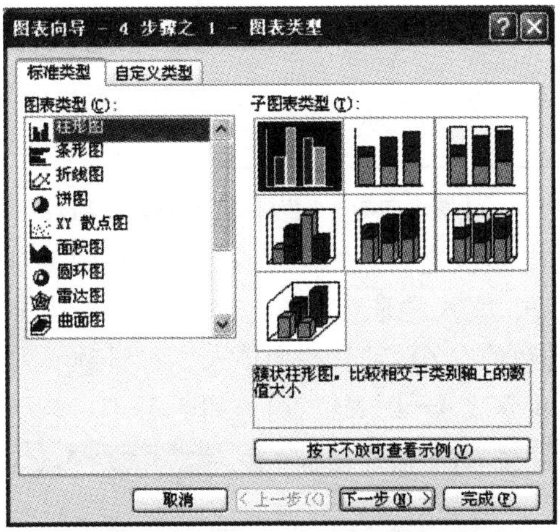

图 3-28 【图表向导—4 步骤之 1—图表类型】对话框

（2）在【图表类型】中选【柱形图】，在【子图表类型】中选【三维簇状柱形图】，单击【下一步】按钮，出现【图表向导—4 步骤之 2—图表数据源】对话框，如图 3-29。

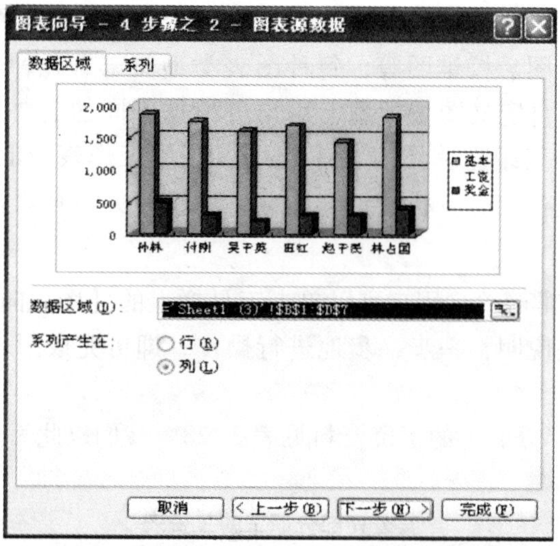

图 3-29 【图表向导—4 步骤之 2—图表源数据】对话框

在【图表向导—4 步骤之 2—图表源数据】对话框中，主要是供用户选择生成柱形图的数据源，如果在第一步中已经选择了数据源，可直接单击【下一步】，否则应单击“数据区域”右侧的折叠按钮，选择数据源，然后再单击【下一步】，进入【图表向导—4 步骤之 3—图表选项】窗口，如图 3-30。

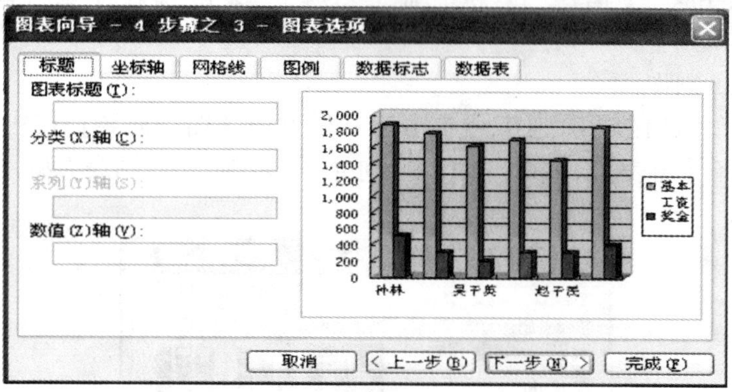

图 3-30 【图表向导—4 步骤之 3—图表选项】对话框

（3）在【图表向导—4 步骤之 3—图表选项】对话框中，对【标题】的各项进行输入，即在【图表标题】栏中填入“职工工资分析图”，在【分类（X）轴】栏中填入“基本工资与奖金”，在【数值（Z）轴】栏中填入“工资额（元）”，单击【下一步】按钮，出现【图表向导—4 步骤之 4—图表位置】，如图 3-31。

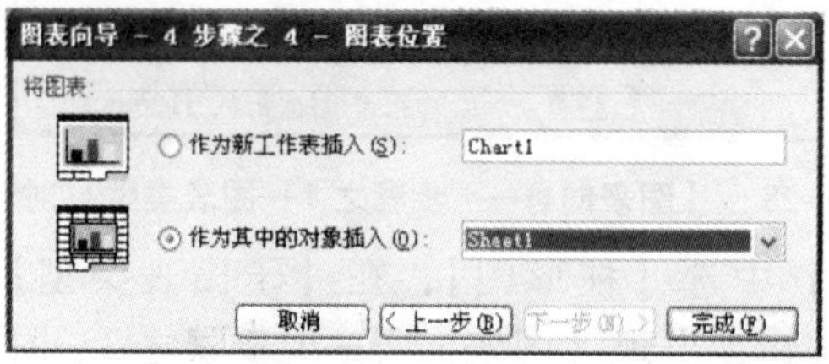

图 3-31 【图表向导—4 步骤之 4—图表位置】对话框

（4）在【图表向导—4 步骤之 4—图表位置】对话框中，若要建立嵌入式图表，即图表嵌入在本工作表中，则选择“作为其中的对象插入”；若要建立工作表图表，则选择“作为新工作表插入”。这里选择“作为其中的对象插入”；然后单击【完成】按钮，即得到需要的图表，如图 3-32。

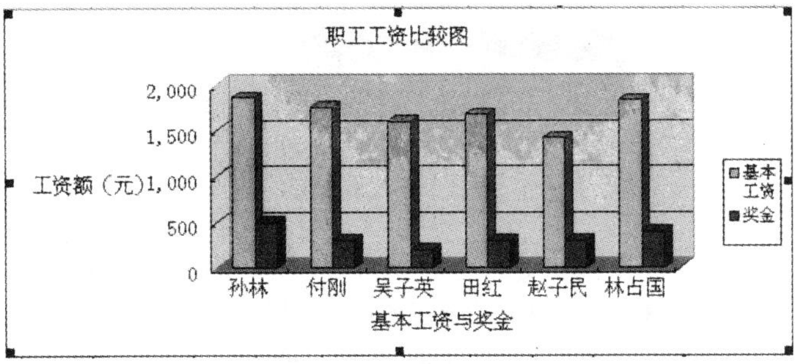

图 3-32　职工工资比较分析图

2）饼图的制作

以表 3-28 的工资表为例，若要比较不同职工的应发工资或者比较各职工的应发工资在应发工资总额中所占的比重，则可以建立饼图。其具体方法是：

（1）单击工具栏上的【图表向导】按钮，或单击【插入】菜单，选择【图表】项，出现如图 3-28 的【图表向导—4 步骤之 1—图表类型】对话框，在此窗口中选择【图表类型】栏中的【饼图】，然后在子图表类型中选择一种类型（假设选择三维饼图），单击【下一步】，进入【图表向导—4 步骤之 2—图表数据源】对话框。

（2）在【图表向导—4 步骤之 2—图表数据源】对话框中，单击数据区域输入栏右侧的折叠按钮，然后选取数据区域。其方法是：用鼠标从 B1 拖到 B7 单元格，然后按住 Ctrl 键，再将鼠标从 E1 拖到 E7，即选定了 B1：B7 及 E1：E7 区域（姓名及应发工资）。然后单击【下一步】，进入【图表向导—4 步骤之 3—图表选项】窗口。

需要说明的是：也可以先选中数据区域，然后再单击【图表向导】按钮，选择图表类型后单击【下一步】，再单击【下一步】，直接进入【图表向导—4 步骤之 3—图表选项】窗口。

（3）在【图表选项】窗口中，单击【数据标志】选项卡，选定【类别名称】及【百分比】等选项，此时在窗口右侧的示例中会显示出每部分图形代表的人名及百分比。

（4）如果需要将制作的饼图插入到当前工作表中，可直接单击【完成】；如果要作为新的工作表插入，应单击【下一步】，然后选择“作为新的工作表插入”选项，同时输入新工作表名称，然后单击【完成】。所生成的图形如图 3-33。

3.4.2　图表的编辑

利用图表向导建立的图表通常不是十分完美的，如标题太小、图例太大、图表尺寸太小、需要添加数据标志等，这时就需要对图表进行编辑。

1）设置坐标、标题、图例等的格式

设置坐标、标题、图例等的格式的方法非常简单，可将鼠标移到坐标、标题、图例上，单击右键，在快捷菜单上选择相应的项目即可。例如，要改变 X 坐标大小，单击右键，出现快捷菜单，选择【坐标轴格式】项，就会弹出【坐标轴格式】对话框，如图 3-34，选择需要修改的项目，进行设置即可。

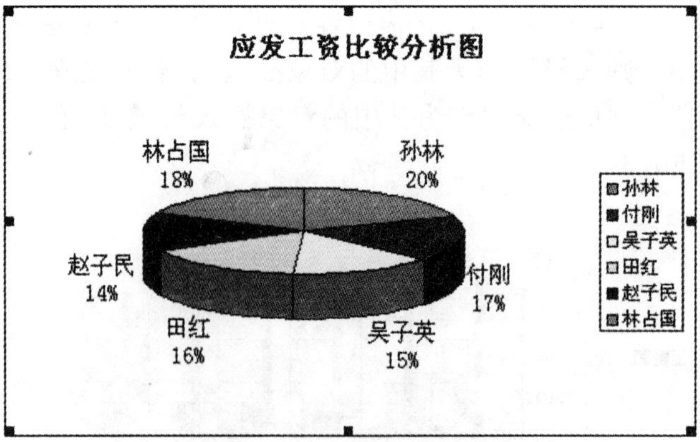

图 3-33 职工应发工资比较分析图（饼图）

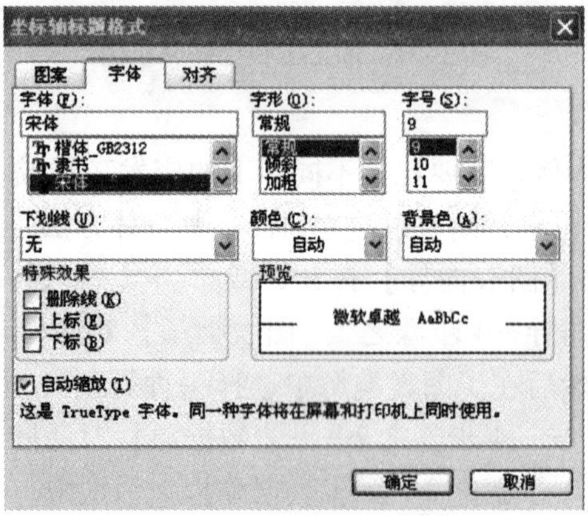

图 3-34 【坐标轴标题格式】对话框

2）改变图表尺寸

（1）单击图表区域，将它激活，此时图表边框出现 8 个操作柄。

（2）用户可以根据需要选择操作柄，用鼠标指向某个操作柄，当鼠标指针呈现双箭头时，按住左键不放，拖动操作柄到需要的位置上，然后放开鼠标左键，即可完成图表某个方向上的尺寸改变。

3）移动图表

（1）单击图表区域，将它激活，图表边框出现 8 个操作柄；

（2）在图表区域按住鼠标左键不放，拖动鼠标将图表移到目标位置；

（3）松开鼠标左键，完成移动操作。

图表的移动与单元格移动相似，也可以利用【剪切】/【粘贴】命令来实现。

4）复制图表

（1）单击图表区域，将它激活，图表边框出现 8 个操作柄。

（2）在图表区域按住鼠标左键不放，拖动鼠标将图表移到需要的地方，按 Ctrl 键，然后放开鼠标。

（3）若需要将图表复制到其他工作表或其他文件中，可选中图表，按工具栏的【复制】按钮，再单击需要安置图表的工作表或其他文件的适当位置，按工具栏的【粘贴】按钮。

图表的复制与单元格复制相似，也可以利用【复制】/【粘贴】命令来实现。

5）删除图表

删除图表时，要先用鼠标单击图表区域，将它激活，然后可用多种方法删除图表，一是按下 Delete 键；二是点击工具栏的【剪切】；三是利用菜单命令【编辑】/【清除】/【全部】，三种方法均可实现图表的删除。

6）添加数据标志

在很多情况下，在图表上添加数据标志，可以更直观地表示相关因素的变化情况。添加数据标志的方法有两种：

（1）单击需要显示数据标志的数据点，然后按鼠标右键，出现快捷菜单，如图 3-35，选择【数据系列格式】对话框，单击【数据标志】选项卡，出现数据系列格式对话框，如图 3-37，在【数据标签包括】中选择【值】。

（2）右键单击图表中的空白区域，出现快捷菜单，如图 3-36，然后选择【图表选项】，在图表选项窗口中选择【数据标志】选项卡，在数据标志窗口中选择【类别名称】、【值】等选项，然后单击【确定】。

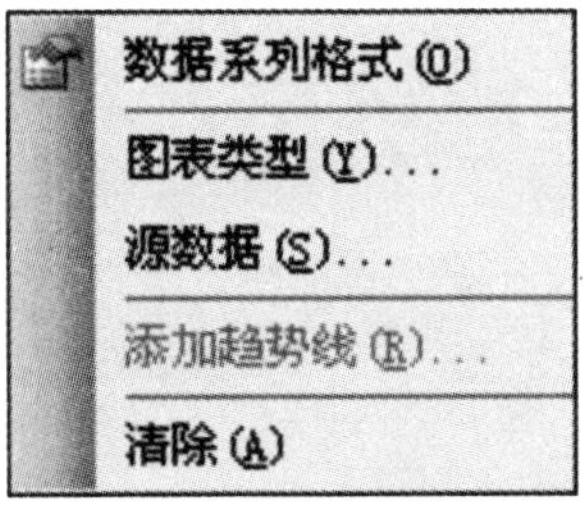

图3—35　快捷菜单（一）

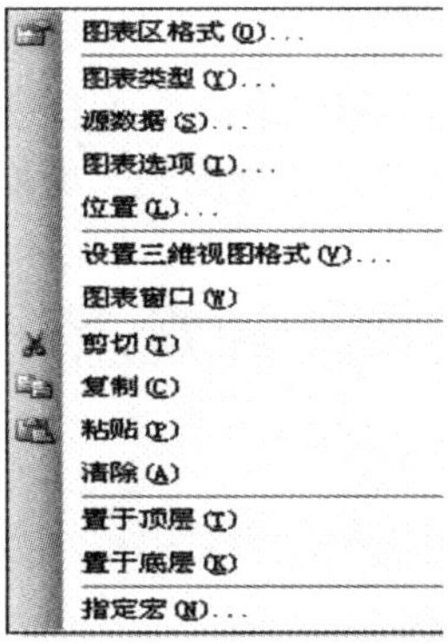

图3—36　快捷菜单（二）

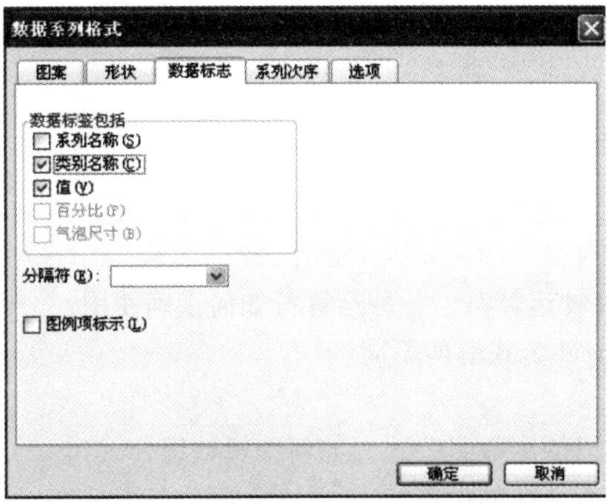

图 3-37　【数据系列格式】对话框

通过【数据系列格式】对话框，还可以进行其他方面的修改或格式化，包括改变颜色、形状、系列次序、系列间距等，有关内容可单击【数据系列格式】对话框的有关选项进行设定。

[本章小结]

Excel 的公式是由数值和运算符组成的一个表达式序列，必须以等号“=”开始，也可包括函数、引用、运算符和常量。单元格的引用有相对引用、绝对引用、半相对引用（半绝对引用）、混合引用和三维引用等。Excel 公式的编辑包括公式的输入与修改、公式的移动与复制、数组公式等。如果公式错误会返回不同的提示信息。

Excel 提供了大量的内置函数可供用户使用，函数的基本语法为：=函数名（参数 1，参数 2，…，参数 n）。函数的调用可以采用手工输入的方法，也可以采用插入函数的方法。函数可以嵌套使用，但最多不能超过七级。

Excel 提供了大量的数据分析处理与管理功能，利用它们可以实现对数据的排序、分类汇总、筛选及数据透视等操作。利用数据记录单可以输入数据、修改数据、删除数据、查找数据等；数据筛选的方法有自动筛选和高级筛选等；数据分类汇总是将相同类型的数据统计出来，在汇总前应先对要汇总的数据按关键字排序；Excel 2003 提供了有效的数据透视表功能，不仅可以生成数据透视表，也可以生成数据透视图。

Excel 2003 提供了强大的图表功能，大约有 14 种图表类型，利用 Excel 的图表功能可以方便地制作各种图表，更加准确地对数据进行分析。

[主要概念和观念]

☐ **主要概念**

绝对引用　相对引用　数据透视表

☐ **主要观念**

Excel 公式的运用　Excel 的数据管理　Excel 图表

[基本训练]

☐ **知识题**

1）阅读理解

（1）绝对引用和相对引用的主要区别是什么？

（2）Excel 中有哪几种运算符，各种运算符如何正确使用？

（3）移动和复制 Excel 公式有何不同？

2）知识应用

（1）什么情况下可以使用数组公式，如何编辑数组公式？

（2）如何进行数据有效性的设置？

（3）什么情况下应使用 Excel 的高级筛选功能，如何进行筛选？

☐ **技能题**

1）规则练习

（1）如何利用 Excel 进行数据的分类汇总？

（2）如何建立数据透视表？

2）操作练习

（1）某公司上半年的利润资料见表 3–29。

表 3–29　**某公司上半年的利润表**　金额单位：元

月份	1 月	2 月	3 月	4 月	5 月	6 月
销售额	59 500	68 200	76 200	85 200	96 500	105 000
销售成本						
销售奖金						
销售利润						

说明：销售成本 = 销售额×30%

销售奖金 = 销售利润×3%

销售利润 = 销售额–销售成本–销售奖金

要求：计算表中所缺数据，对计算结果进行四舍五入，小数点后保留两位。

（2）某地所属各公司税款缴纳情况见表 3–30。

表 3–30　**某地所属各公司税款缴纳情况表**　金额单位：元

企业编号	企业名称	应纳税所得额	应纳税款	纳税日期	滞纳天数	滞纳金	收款总额
101	红星公司	6 150 000		5 月 18 日			
102	四海公司	500 000		5 月 13 日			
103	八达公司	620 000		5 月 10 日			
104	果品公司	86 000		5 月 17 日			
105	天泽公司	3 500 000		5 月 6 日			
106	丝绸公司	780 000		5 月 11 日			
107	印染厂	530 000		5 月 16 日			
108	纺织厂	980 000		5 月 3 日			
109	服装厂	850 000		5 月 18 日			
110	地产公司	7 856 000		5 月 5 日			
平均滞纳金							
滞纳金最高额							

说明：①纳税日期截止到 5 月 10 日，10 日后交税的应按规定交滞纳金。

②滞纳金 = 应纳税款×滞纳天数×2%。

③所得税税率为 25%。

④收款总额 = 应纳税款+滞纳金。

要求：①用公式（函数）填上表中所缺数据（不得直接填数）。

②对滞纳金四舍五入，保留两位小数。

（3）已知银行存款的期限、利率和存款额资料见表3-31。

表3-31　**银行存款利息计算一览表**　金额单位：元

存款年限(年)	年利率(%)	本金				
		10 000	20 000	30 000	40 000	50 000
0.5	2.29					
1	2.68					
2	3.25					
3	3.69					
5	5.25					

要求：根据表3-31资料计算银行存款的利息。

□ 能力题

1）案例分析

六合公司职工工资数据资料见表3-32。

表3-32　**六合公司职工工资表**　金额单位：元

职工编号	姓名	性别	部门	职称	基本工资	奖金	津贴	保健费	应发工资	个人所得税	实发工资
001	孙志勇	男	办公室	高级	6 500						
002	李志军	男	办公室	副高	5 800						
003	吴英	女	财务科	中级	4 300						
004	田宏	男	财务科	初级	3 350						
005	岳洪敏	男	保卫科	中级	2 860						
006	王志强	男	人事处	副高	3 880						
007	邓毅	男	办公室	中级	4 670						
008	谢冬梅	女	财务科	中级	4 880						
009	韩丽丽	女	销售科	中级	3 600						
010	李忠玉	男	技术科	初级	2 800						
011	张强	男	车间	初级	2 600						
012	杜莹莹	女	车间	中级	3 200						
013	李雪成	男	保卫科	初级	2 540						
014	王朝	男	销售科	初级	2 460						
015	李鹏	女	办公室	中级	3 780						
016	刘琴	女	人事处	中级	4 100						
017	张晓	男	保卫科	中级	2 580						
018	宫丽	女	办公室	中级	4 120						
019	付琴	女	技术科	中级	3 980						
020	杨柳	男	车间	副高	4 500						
021	洪涛	男	车间	中级	3 880						
022	刘志军	男	车间	初级	2 850						
023	郝永强	男	车间	中级	3 890						
024	刘佳	女	车间	初级	2 650						

说明：

①奖金按部门发放，车间人员每人150元，保卫科人员每人200元，其他部门人员每

人 300 元。

②津贴按职称发放，高级 800 元，副高 500 元，中级 300 元，初级 100 元。

③女职工每人保健费 50 元，男职工每人 30 元。

④公司代缴个人所得税，所得税起征点为 3 500 元，应纳税所得额＝应发工资−3 500，个人所得税税率及速算扣除数表见表 3−33。

表 3−33　**个人所得税税率及速算扣除数表**

级数	全月应纳税所得额	税率（%）	速算扣除数（元）
1	不超过 1 500 元的	3	0
2	超过 1 500 元至 4 500 元的部分	10	105
3	超过 4 500 元至 9 000 元的部分	20	555
4	超过 9 000 元至 35 000 元的部分	25	1 055
5	超过 35 000 元至 55 000 元的部分	30	2 755
6	超过 55 000 元至 80 000 元的部分	35	5 505
7	超过 80 000 元的部分	45	13 505

要求：①根据所给资料完成工资表，凡是能用公式（函数）计算的一律用公式（函数）计算，保留两位小数。

②对“个人所得税”项目四舍五入，并保留两位小数。

③对工资表中的“应发工资”、“实发工资”项目按部门进行分类汇总。

④将工资表中的办公室女职工工资数据筛选出来并复制到空白区域。

⑤根据各部门的应发工资合计数做出三维簇状柱形图进行对比分析，要求图表标题齐全，比例适当，力求美观。

2）单元实训

（1）海达公司职工工资资料见表 3−34。

表 3−34　**海达公司职工工资表**　金额单位：元

编号	月份	姓名	性别	部门	基本工资	奖金	补贴	应发工资	公积金	实发工资
001	2013.02	孙林	男	厂部	3 500					
002	2013.02	付刚	男	一车间	3 400					
003	2013.02	吴子英	女	一车间	3 300					
004	2013.02	田红	男	一车间	3 250					
005	2013.02	赵子民	男	二车间	2 860					
006	2013.02	林战国	男	二车间	3 280					
007	2013.02	童涛	男	二车间	2 670					
008	2013.02	谢冬梅	女	二车间	2 880					
009	2013.02	韩丽丽	女	厂部	3 400					
010	2013.02	李忠玉	男	三车间	2 800					
011	2013.02	张强	男	三车间	2 600					
012	2013.02	杜莹莹	女	三车间	3 200					
013	2013.02	李雪成	男	三车间	2 840					

说明：

①奖金按基本工资发放，2 月份奖金为基本工资的 30%。

②补贴按性别发放，男职工2月份补贴50元，女职工补贴60元。

③公积金按应发工资的5%由公司代缴。

④实发工资=应发工资-公积金。

要求：①用公式（函数）计算表中所缺数据，对奖金、公积金项目四舍五入，保留两位小数。

②复制此工资表至“sheet2”，重命名为“工资汇总表”。

③对“工资汇总表”中的数值型数据按部门进行分类汇总。

④根据各部门职工工资总额制作一柱形图，要求图表美观大方，主要项目齐全。

（2）大通公司销售资料见表3-35。

表3-35 **大通公司销售情况统计表** 金额单位：元

序号	销售人员	日 期	销售地	商品	金 额
1	刘明亮	2013-06-01	北京	彩电	64 000
2	李卫	2013-06-02	北京	彩电	118 000
3	刘明亮	2013-06-03	北京	冰箱	32 000
4	马清	2013-06-04	天津	电脑	35 000
5	李卫	2013-06-05	上海	冰箱	41 000
6	章宏	2013-06-06	上海	空调	28 000
7	李卫	2013-06-10	北京	彩电	63 000
8	马清	2013-06-10	天津	空调	125 000
9	郑达	2013-06-17	南京	彩电	88 000
10	章宏	2013-06-18	南京	电脑	72 000
11	郑达	2013-06-19	上海	空调	44 000
12	马清	2013-06-22	北京	彩电	12 000
13	刘明亮	2013-06-23	天津	冰箱	44 000
14	郑达	2013-06-24	上海	空调	32 000
15	刘明亮	2013-06-26	上海	冰箱	22 000
16	郑达	2013-06-27	北京	彩电	78 000
17	章宏	2013-06-28	天津	冰箱	43 000
18	郑达	2013-06-29	北京	电脑	169 000
19	马清	2013-06-30	南京	彩电	11 000
20	郑达	2013-06-30	南京	电脑	85 000

要求：根据上表资料完成下列操作：

①将销售到北京地区并且日销售额大于60 000元的记录筛选出来，复制到空白区域。

②计算每个销售人员的当月总销售额，制作本月销售人员销售业绩表。

③利用函数计算每个销售人员的人员的奖金，奖金根据每个销售人员月销售额按比例发放，月销售额在 100 000 元以下的发 1%，在 100 000 ~ 200 000 元的发 2%，在 200 000 ~ 300 000元的发 3%，月销售额超过 300 000 元的发 4%。

④根据每个销售人员的月销售额，制作“销售人员业绩对比”三维簇状柱形图，力求美观大方，结构合理，插入本工作表中。

3）综合应用

康辉公司销售情况见表 3-36。

表 3-36　　**康辉公司销售统计表**

月份	彩电（台）	电冰箱（台）	手机（部）
1	1 120	877	655
2	1 478	692	854
3	1 476	850	635
4	568	360	1 206
5	362	456	985
6	296	782	

要求：根据所给资料自行设计该公司最佳收益情况计算方案，存放在一个工作簿中，具体要求如下：

① 自行设计出三张“工作表”，分别是“销售明细表”、“生产费用明细表”和“收益情况明细表”，要求工作表内容完整，格式合理，工作表名称与内容相符。

② 销售明细表应根据所给基础数据来设计，格式设计应尽量方便计算生产费用明细表和收益情况明细表；其中，在“销售明细表”中对各产品销售量设置有效数据：

数值范围：整数，0 ~ 1 500

提示信息：标题为“请输入产品销售量”

提示内容：输入范围在 0 ~ 1 500

错误警告：标题为“输入数值超出范围”

③ 在生产费用明细表中，各产品的生产费用由直接材料、直接人工和制造费用构成，并全部根据销售明细表计算得出。（计算各数据时要求采用多表链接操作）

具体公式如下：直接材料费用（元）= 每月各产品销售量×450

直接人工费用（小时）= 每月各产品销售量×12（小时/台）

制造费用（元）= 每月各产品销售量×1.5（元/台）

④ 收益情况明细表要反映出各个产品的销售额、生产成本、佣金、利润额、所得税、计提公积金、公益金和净利润等各项的数额。

具体公式如下：销售额 = 销售量×单价，其中彩电单价 1 500 元/台，电冰箱单价2 000 元/台，手机单价 1 800 元/部。要求利用销售明细表和生产费用明细表中的数据计算出收益情况明细表中的销售额数据。

生产成本 = 直接材料+直接人工×小时工资率+制造费用

小时工资率资料见表 3-37。

表3-37 小时工资率资料

直接人工	小时工资率
5 000小时以下（含5 000小时）	20元/小时
5 000～10 000小时（含10 000小时）	15元/小时
10 000～15 000小时（含15 000小时）	12元/小时
15 000小时以上	8元/小时

要求：利用公式计算并采用多表链接操作：

佣金=利润额*2%（保留2位小数）

利润额=销售额-生产成本-佣金

所得税=利润额*25%（保留2位小数）

净利润=利润额-所得税

公积金=净利润*10%（保留2位小数）

公益金=净利润*5%（保留2位小数）

⑤ 在“收益情况明细表”中，按照产品对销售额、利润额和净利润进行分类汇总。

⑥ 在“收益情况明细表”中根据各产品的净利润合计数做出三位簇状柱形图进行对比分析。

具体要求如下：图表标题为“产品盈利情况比较分析图”；横轴标题为“产品名称”；纵轴标题为“净利润额”；要求文字竖排；在各系列上显示数据值；要求尽力美化图表（包括图表大小、标题格式、系列背景墙的填充等）。

⑦ 在收益情况明细表中，把手机的收益情况筛选出来，放到工作表的空白区域。

总体要求：

① 尽量美化工作表，包括字符格式、对齐方式、小数位数、边框和底纹等。

② 各工作表的格式应力求准确（利用公式和函数进行计算）。

③ 建议采用多表操作，建立工作表之间的数据链接。

第 4 章

常用财务函数

[学习目标]

通过本章的学习，学生应该了解常用财务函数的种类，熟悉常用财务函数的使用方法，学会使用财务函数计算货币资金的时间价值、固定资产折旧等财务指标，为以后学习投资分析等内容打下基础。

在 Excel 中有一类非常重要的财务函数，利用财务函数可以进行一般的财务计算，如确定贷款的支付额、投资的未来值或净现值，以及债券或息票的价值等。这些财务函数大体上可分为四类：投资计算函数、折旧计算函数、偿还率计算函数、债券及其他金融函数。使用这些函数不必掌握高级财务知识，只要选择合适的函数，正确填写各参数值就可以得到想要的结果，它们为财务分析提供了极大的便利。下面介绍常用财务函数的使用方法。

> **说明：** 在下文中，凡是投资（或支出）的金额都以负数形式表示，收益（或收入）的金额以正数形式表示。

4.1 终值函数

终值是指现在的一笔资金按给定的利率计算的未来某一时刻的本利和，也称未来值。在 Excel 中提供了终值函数，可以用它计算不同情况下的资金的终值。

终值函数 FV ( )的语法公式为：=FV (rate, nper, pmt, pv, type)

说明：

rate——各期利率，是一固定值；

nper——总投资（或贷款）期，即该项投资（或贷款）的付款期总数；

pmt——各期应付给（或得到）的金额，其数值在整个年金期间（或投资期内）保持不变；

pv——为现值，或一系列未来付款当前值的累积和，也称为本金，如果省略 pv，则假设其值为零；

type——为数字 0 或 1，用以指定各期的付款时间是在期初或是期末，0 表示期末，1 表示期初，如果省略 t，则假设其值为 0。

【例 4-1】某人要为其孩子积攒一笔学费，现将 20 000 元存入银行，以后每年年末定期存入 5 000 元，若按年利率 5% 复利计息，那么 6 年后此人可得到的存款本利和为多少?

FV (5% ,6,-5 000,-20 000)= 60 811(元)

如果上例中，此人每年年初存款 5 000 元，其他条件不变，那么他 6 年后可得到的本利和为:

FV(5% ,6,-5 000,-20 000,1)= 62 512(元)

4.1.1　整收整付款项的复利终值

整收整付款项的复利终值是指现在收入或支付的一笔资金按复利方法计息一定时期以后的本利和，可用函数 FV ( ) 计算。

【例 4-2】某公司向银行借入 100 万元，该项贷款期限 3 年，年利率 6% ，复利计息，到期一次还本付息，则该公司 3 年后应向银行偿还的本利和为多少?

分析：从已知条件中可以看出，这是已知现值计算终值，可以使用函数 FV ( ) 计算，其中参数 rate 为 6% ，nper 为 3，pv 为 100，其余参数可省略。

见表 4-1：在 B5 单元格中输入函数（建议使用插入函数 fx 方式输入）“=FV(B4,B3,-B2)”,即可得到 3 年后应向银行偿还的本利和为 119 万元。

表 4-1　　整收整付款项复利终值的计算

B5　fx　=FV(B4,B3,,-B2)

教材范例

	A	B
1	整收整付款项复利终值计算	
2	现值（万元）	100
3	期限（年）	3
4	年利率	6%
5	复利终值（万元）	119

4.1.2　年金终值

年金终值是某一时期内各期连续发生的一系列相等数额的收付款项的复利终值。由于年金分为普通年金、先付年金、递延年金和永续年金等，所以各种年金终值的计算方法也各不相同，下面分别加以介绍。

1）普通年金终值

普通年金终值是指某一时期内各期期末连续发生的一系列相等数额的收付款项的复利终值之和。可以使用函数 FV ( ) 计算，此时参数 pv=0 或省略，参数 type 应为 0。

【例 4-3】某公司计划从今年开始，每年年末存入银行 20 万元作为科技奖励基金，如果银行存款年利率 8% ，按年复利计息，那么 5 年后该项奖励基金的本利和为多少?

分析：该公司每年等额存入银行 20 万元，应该说是年金，因为发生在每年的年末，所以是普通年金，这是要求计算普通年金的终值，所以可以采用函数 FV ( ) 计算，此时参数 rate 为 8% ，nper 为 5，pmt 为 20，其余参数可省略，取系统默认值。

见表 4-2：在 B5 单元格中输入公式“=FV(B4,B3,-B2)”,即可得到 5 年后该项奖励基金的本利和为 117 万元。

表 4-2　　　　　　　　　　**普通年金终值的计算**

B5　　=FV(B4, B3, -B2)

教材范例

	A	B	C
1	普通年金终值的计算		
2	年金（万元）	20	
3	期限（年）	5	
4	年利率	8%	
5	年金终值（万元）	117	
6			

2）先付年金终值

先付年金终值是指某一时期内各期期初连续发生的一系列相等数额的收付款项的复利终值之和。可以使用函数 FV ( ) 计算，此时参数 pv = 0 或省略，参数 type 应为 1。

【例 4-4】如果上例中该公司每年年初存入银行 20 万元，那么 5 年后的本利和为多少？

分析：该公司每年年初存入银行 20 万元，连续 5 年，这是属于先付年金。要计算它的终值，可以使用函数 FV ( )，其中参数 rate 为 8%，nper 为 5，pmt 为 20，type 为 1，pv 参数省略。

见表 4-3：在 B5 单元格中输入函数"=FV(B4,B3,-B2,1)"，即可得到 5 年后该项奖励基金的本利和为 127 万元。

表 4-3　　　　　　　　　　**先付年金终值的计算**

B5　　=FV(B4, B3, -B2, , 1)

教材范例

	A	B	C
1	先付年金终值的计算		
2	年金（万元）	20	
3	期限（年）	5	
4	年利率	8%	
5	年金终值（万元）	127	
6			

3）递延年金终值

递延年金是一定时期以后才开始有的年金，假设前 M 期（称为递延期）没有年金，从（M+1）期起到（M+N）期止，共有 N 期普通年金，则其（M+N）年末的终值完全可以按照 N 期的普通年金终值公式计算，可以使用函数 FV ( ) 计算。

【例 4-5】张三准备 3 年后每月月末将 500 元存入银行，如果银行存款月利率 0.5%，按月复利计息，那么张三存款 5 年后的本利和为多少元？

分析：从题中可知，这是递延年金计算终值，可以使用函数 FV ( ) 计算，其中参数 rate 为 0.5%，nper 为 60（5×12），pmt 为 500，其余参数可省略，取系统默认值。

输入公式"=FV(0.5%,5*12,-500)"，即可得到张三存款 5 年后可得到的本利和为 34 885 元。

永续年金由于没有到期日，所以没有终值。

【小思考 4-1】李先生准备 5 年后为女儿购买一辆价值 10 万元的汽车，为此他现在将 5 万元存入银行，计划此后的 5 年中，每月末存入银行 500 元，假如银行存款月利率 0.5%，按月复利计息，那么刘先生届时能否积蓄足够的购车款？

分析：此问题应该包括两个部分，一是 5 万元现款的终值，二是每月 500 元年金的终值，可采用函数 FV ( ) 计算。

其计算方法是：=FV(0.5%,5*12,-500,-50 000)

= 102 327.52(元)

【小技巧 4-1】制作复利终值系数表

假如我们要制作一张期限 1～10 年，利率 1%～10% 的整收整付款项的复利终值系数表，其具体步骤如下：

（1）设计复利终值系数表结构。

（2）在单元格区域 B2 ：K2 中输入年利率系列（可采用向下填充的方法，即在 B2 单元格中输入 1，在 C2 单元格中输入 2，然后选中 B2 ：C2，拖动 C2 下的填充柄向下填充至 K2 单元格即可），采用同样的方法在 A3 ：A12 中输入年限系列。

（3）选中单元格区域 B3 ：K12，输入公式“=FV（B2 ：K2/100，A3 ：A12，-1）”，然后按 Ctrl+Shift+Enter 组合键，其结果保留 4 位小数，即得复利终值系数表，见表 4-4。

表 4-4　**复利终值系数表**

G4　=　{=FV(B2:K2/100,A3:A12,,-1)}

	A	B	C	D	E	F	G	H	I	J	K
1	复利终值系数表										
2	年利率i / 年n	1	2	3	4	5	6	7	8	9	10
3	1	1.0100	1.0200	1.0300	1.0400	1.0500	1.0600	1.0700	1.0800	1.0900	1.1000
4	2	1.0201	1.0404	1.0609	1.0816	1.1025	1.1236	1.1449	1.1664	1.1881	1.2100
5	3	1.0303	1.0612	1.0927	1.1249	1.1576	1.1910	1.2250	1.2597	1.2950	1.3310
6	4	1.0406	1.0824	1.1255	1.1699	1.2155	1.2625	1.3108	1.3605	1.4116	1.4641
7	5	1.0510	1.1041	1.1593	1.2167	1.2763	1.3382	1.4026	1.4693	1.5386	1.6105
8	6	1.0615	1.1262	1.1941	1.2653	1.3401	1.4185	1.5007	1.5869	1.6771	1.7716
9	7	1.0721	1.1487	1.2299	1.3159	1.4071	1.5036	1.6058	1.7138	1.8280	1.9487
10	8	1.0829	1.1717	1.2668	1.3686	1.4775	1.5938	1.7182	1.8509	1.9926	2.1436
11	9	1.0937	1.1951	1.3048	1.4233	1.5513	1.6895	1.8385	1.9990	2.1719	2.3579
12	10	1.1046	1.2190	1.3439	1.4802	1.6289	1.7908	1.9672	2.1589	2.3674	2.5937

提示：同样道理，我们可以按照上述方法制作年金终值系数表，只要将公式换成“=FV(B2 ：K2/100,A3 ：A12,-1)”即可，其他与复利终值系数表制作方法相同。

你能自行制作复利现值系数表吗?

● 4.2　现值函数

现值是指未来的一笔资金按给定的利率计算所得到的现在的价值。计算现值可以使用现值函数。

4.2.1　函数 PV ( )

函数 PV ( )用来计算某项投资的一系列将来偿还额的当前总值或一次性偿还额的现值。如果投资回收的当前价值大于投资的价值，则这项投资是有收益的。

函数 PV ( )的语法公式为：=PV(rate,nper,pmt,fv,type)

说明：

rate——各期利率，是一固定值；

nper——总投资（或贷款）期，即该项投资（或贷款）的付款期总数；

pmt——各期所应付给（或得到）的金额，其数值在整个年金期间（或投资期内）保持不变；

fv——终值，或在最后一次支付后希望得到的现金余额，如果省略 fv，则假设其值为 0；

type——数字 0 或 1，用以指定各期的付款时间是在期初还是在期末，0 表示期末，1

表示期初，如果省略 t，则假设其值为 0。

1）整收整付款项的复利现值

计算整收整付款项的复利现值，是指已知现在收入或支出一笔款项在 n 年末的复利终值 fv 和折现率 rate，计算出该笔款项现在时刻的价值，可以使用函数 PV ( ) 进行计算。

【例 4-6】李太太计划 8 年后为孩子购买一套价值 300 000 元的住房，假定银行存款年利率为 5%，按年复利计息，那么李太太现在应至少一次性存入银行多少钱?

分析：从题意可知，这是已知终值计算现值，可以使用函数 PV ( ) 进行计算，其中参数 fv=300 000，rate=5%，nper=8，其余参数可省略，取系统默认值。

见表 4-5：在 B5 单元格中输入公式“=PV(B4,B3,-B2)”，就可以得到李太太现在至少应一次性存入银行 203 052 元。

表 4-5　　　　　　整收整付款项复利现值的计算

B5　=PV(B4,B3,,-B2)

教材范例

	A	B	C
1	整收整付款项复利现值的计算		
2	终值（元）	300000	
3	期限（年）	8	
4	年利率	5%	
5	现值（元）	203,052	

2）年金现值

年金现值是指某一时期内发生的一系列相等数额的年金的复利现值之和。根据年金发生的情况不同，年金现值分为普通年金现值、先付年金现值、递延年金现值和永续年金现值。

（1）普通年金现值

可以使用函数 PV( ) 计算普通年金现值，因为普通年金发生在每期的期末，所以在使用函数 PV ( ) 计算普通年金时，只需要输入参数 rate、nper 和 pmt，其他参数省略，取系统默认值，即“=PV(rate,nper,pmt)”，便可以得到普通年金现值。

【例 4-7】假定有一项保险，购买成本为 20 000 元，投保后可以每年年末从保险公司领取 1 600 元，连续领取 20 年，投资回报率为 5%，判断是否应该购买此项保险?

分析：从题意可知，要决定是否应该购买该项保险，关键是要计算出该项保险投资回报的现值，然后与投资成本进行比较，如果投资回报率大于 20 000 元，就可以购买，否则不合算，不应购买。要计算该保险投资回报的现值可使用函数 PV ( )，其中 rate=5%，nper=20，pmt=1 600，其余参数省略。

见表 4-6：在 B5 单元格中输入公式“=PV(B4,B3,B2)”，即可得到该项保险投资回报的现值为 19 940 元，小于该项保险买价 20 000 元，所以不应购买该项保险。

表 4-6　　　　　　普通年金现值的计算

B5　=PV(B4,B3,B2)

教材范例

	A	B
1	普通年金现值的计算	
2	年金（元）	1600
3	期限（年）	20
4	年利率	5%
5	现值（元）	-19,940
6		

（2）先付年金现值

先付年金发生在每期的期初，若用公式计算比较复杂，采用函数 PV（）计算，则非常简单。与普通年金计算不同的是将参数 type 设为 1 即可。

【例 4-8】如果上例中投保后每年年初可以从保险公司取得 1 600 元，其他条件不变，是否可以购买该项保险呢？

分析：与上例一样，要决定是否可以购买该项保险，关键是要计算出该项保险投资回报的现值，看它是不是大于 20 000 元。所不同的是年金发生在年初，属于先付年金，采用函数 PV（）计算时，只要把上例中的参数 type 设为 1 即可。

见表 4-7：在 B5 单元格中输入公式“=PV(B4,B3,B2,1)”，即可得到该项保险投资回报的现值为 20 937 元，大于投资成本的 20 000 元，所以可以购买该项保险。

表 4-7　　先付年金现值的计算

B5　　=PV(B4,B3,B2,,1)

教材范例

	A	B	C
1	先付年金现值的计算		
2	年金（元）	1600	
3	期限（年）	20	
4	年利率	5%	
5	现值（元）	-20,937	
6			

（3）递延年金现值

递延年金是一定时期以后才开始有的年金，其现值的计算有下面两种不同的方法：

①先假设递延期（M 期）也有普通年金，计算出 M+N 期普通年金现值，然后再减去递延期（M 期）的普通年金现值，即可得到所要计算的递延年金现值。

②假设前 M 期没有年金，M+1 期至 M+N 期有 N 期普通年金，先将 N 期的普通年金折算为第 M 年年末的价值，然后以此为终值再向前折算 M 期，即可得到所要计算的递延年金现值。

在采用这两种方法进行计算时，均可使用函数 PV（）。

【例 4-9】某公司计划设立一项科技奖励基金，以便在 5 年后的连续 10 年中，每年年末可以取出 20 万元，用于奖励有贡献的科技人员，假定银行存款利率 5%，按年复利计息，那么该公司现在应一次性存入银行多少钱？

分析：从题意可知，这是要计算递延年金的现值，其中递延期 M 为 5 年，年金为 20 万元，利率为 5%，有 10 年（N=10）普通年金，我们可以按上面的两种方法进行计算。

方法一：见表 4-8，在 B6 单元格中输入公式“=PV(B5,B3+B4,B2)”，计算出 15 年的普通年金现值是 208 万元。在 B7 单元格中输入公式“=PV(B5,B4,B2)”；计算出递延期 5 年的年金现值是 87 万元，最后在 B8 单元格中输入公式“=B6-B7”，即可计算出该公司现在应一次性存入银行 121 万元。（也可以将三个步骤合并，直接输入公式“=PV(B5,B3+B4,B2)-PV(B5,B4,B2)”，即可得到相同的结果）

方法二：先输入公式“=PV(B5,B3,B2)”，计算出到第 5 年年末时的普通年金现值，然后以此结果作为终值，计算出它的现值。计算时，可将两步骤合并，使用函数嵌套，见表 4-9，其公式为“=PV(B5,B4,PV(B5,B3,B2))”，即可计算出该公司现在应一次性存入银行 121 万元。

表 4-8　　　　　　　　　　**递延年金现值的计算（一）**

B8　　=B6-B7

教材范例

	A	B
1	递延年金现值的计算	
2	年金（万元）	20
3	年金期数N（年）	10
4	递延期数M（年）	5
5	年利率	5%
6	（M+N）期的年金现值（万元）	-208
7	M期的年金现值（万元）	-87
8	递延年金现值（万元）	-121

表 4-9　　　　　　　　　　**递延年金现值的计算（二）**

B6　　=PV(B5,B4,,PV(B5,B3,B2))

教材范例

	A	B	C
1	递延年金现值的计算		
2	年金（万元）	20	
3	年金期数（年）	10	
4	递延期数（年）	5	
5	年利率	5%	
6	递延年金现值（万元）	121	

（4）永续年金现值

永续年金是指从第一期期末开始无限期发生的年金。永续年金现值的计算很简单，其公式为：

永续年金现值=年金/利率

在计算永续年金时，只需要在某一单元格中直接输入计算公式即可。

【例 4-10】某公司欲设立一项职工教育基金，用于职工培训，预计每年的培训费用需要 20 000 元，如果复利年利率为 4%，则企业现在应一次性存入银行多少钱？

分析：这是永续年金计算现值。在某个单元格中输入公式“=20 000/4%”，即可得到永续年金的现值为 500 000 元，即该企业现在应一次性存入银行500 000 元。

4.2.2　函数 NPV ( )

函数 NPV ( )的功能是基于一系列现金流和固定的各期折现率，计算一组定期现金流的净现值，又称净现值函数。

函数 NPV ( )的语法公式为：=NPV(rate,value1,value2,…,value N)

说明：

rate ——各期折现率，是一固定值；

value1，value2，…，value N——1 ~ 29 笔支出及收入的参数值，函数 NPV ( )按次序使用 value1，value2，…，value N 来注释现金流的次序，支出为负值，收入为正值。

需要强调的是 value1，value2，…，value N，所属各期间的长度必须相等，而且支付及收入的时间都发生在期末。

【例 4-11】某公司有一个投资方案，假定第一年末年投资 100 000 元，在投资后的四年中每年可获得的收益分别为：20 000 元、28 000 元、42 000 元、38 000 元，假定年折现率为 5%，那么该投资方案的净现值为：

NPV(5%,-100 000,20 000,28 000,42 000,38 000)= 11 417.45(元)

【例 4-12】假如某公司有一投资方案，此方案为第一年年初投资 100 000 元，投资当年可获得收益 10 000 元，以后四年中每年可获得收益 30 000 元，假定年折现率为 5%，则该方案的净现值是多少呢？

分析：从题意可知，要计算投资方案的净现值应使用函数 NPV ( )，此例与例 4-10 不同的是投资时间为第一期的期初，而函数 NPV ( )要求各现金流的发生时间是每期期末，所以不能将第一期期初的投资额作为函数 NPV ( )的第一个现金流，而应将其直接计入到函数 NPV ( )的结果中。

那么该方案的净现值为：

NPV(5%,10 000,30 000,30 000,30 000,30 000)-100 000=10 837(元)

【小思考 4-2】函数 PV ( )与 NPV ( )都可以用来计算一组现金流的现值，它们有什么区别呢？

两个函数都要求各现金流的间隔期必须是相等的，但它们是有区别的。它们的主要区别在于以下两个方面：

一是函数 NPV ( )要求现金流发生在各期的期末，如果各现金流发生在每期的期初，则将第二期期初的现金流作为第一期期末的现金流，后面以此类推，使用函数 NPV ( )计算出其现值，最后将第一期期初的现金流直接计入函数 NPV ( )的结果中；而函数 PV ( )无此要求，如果现金流发生在期初，只需将参数 type 设为 1 即可。

二是函数 PV ( )要求各期的现金流相等，属于年金现值函数；而函数 NPV ( )则无此项要求，所以要计算一组不等额现金流的现值时，应使用函数 NPV ( )计算。

● 4.3 年金、本金和利息函数

4.3.1 年金函数 PMT ( )

PMT ( )是年金函数，该函数的功能是基于固定利率及等额分期付款方式，计算投资或贷款的每期付款额。

函数 PMT ( )的语法公式为：=PMT(rate,nper,pv,fv,type)

说明：

rate——各期利率，是一固定值；

nper——总投资（或贷款）期，即该项投资（或贷款）的付款期总数；

pv——现值，或一系列未来付款当前值的累积和，也称为本金；

fv——未来值，或在最后一次付款后希望得到的现金余额，如果省略 fv，则假设其值为 0；

type——其值为 0 或 1，用以指定各期的付款时间是在期末还是期初。如果省略 type，则假设其值为 0。

【例 4-13】张先生欲采用按月分期付款方式购买一套住房，该住房总售价 36 万元，首付 12 万元，偿还期为 10 年，如果银行贷款利率为月息 0.5%，那么张先生每月末应偿还的贷款额为多少元？

分析：要计算张先生的每月还款额可以使用函数 PMT ( )，其中的参数 rate=0.5%，nper=10×12，pv=360 000-120 000，其余参数可以省略，取系统默认值。

见表 4-10，在各单元格中输入相应的已知数据，在 B5 单元格中输入公式"=PMT(B3,B4*12,B1-B2)"，即可得到张先生每月应偿还住房贷款 2 664 元。

如果张先生将每月的还款时间改为月初，那么只需要将 type 参数设为 1 即可。也就是将公式写成"=PMT(B3,B4*12,B1-B2)"，其结果为张先生应每月初偿还贷款 2 651元。

表 4-10　　　　　　　　　　　**年金计算（一）**

B5　　=PMT(B3,B4*12,B1-B2)

教材范例

	A	B	C
1	总价（元）	360000	
2	首付（元）	120000	
3	贷款月利率	0.50%	
4	期限（年）	10	
5	每月还款额（元）	-2,664	

【例 4-14】李小姐准备 5 年后购买一辆价值 20 万元的小汽车，现在银行存款年利率为 3.5%，那么李小姐每月应至少存入银行多少钱？

见表 4-11，这个问题可以用函数 PMT ( ) 计算，如果李小姐每月月末存款的话，则其每个月应至少存入银行的金额为：

PMT(3.5%/12,5*12,200 000,1)= 3 055(元)

表 4-11　　　　　　　　　　　**年金计算（二）**

B5　　=PMT(3.5%/12,5*12,,200000,1)

教材范例

	A	B	C	D
1	利率	3.50%		
2	终值（元）	200000		
3	期数（年）	5		
4	每月末应存款额（元）	-3,055		
5	每月初应存款额（元）	-3,046		

如果李小姐每个月月初存款的话，则其每个月应至少存入银行的金额为：

PMT(3.5%/12,5*12,200 000,1)= 3 046(元)

4.3.2　年金中的本金函数 PPMT ( )

函数 PPMT ( ) 的功能是返回在定期偿还、固定利率条件下给定期限内某项投资回报（或贷款偿还）的本金部分。

其语法公式为：=PPMT(rate,per,nper,pv,fv,type)

其中参数 per 是用于计算其本金数额的期次，它必须介于 1 和付款总次数 nper 之间，其他参数的含义与函数 PMT ( ) 的参数含义相同。

【例 4-15】在例 4-13 中，张先生第一个月偿还的贷款的本金部分是多少？

如果张先生每月月末偿还住房贷款，则其第一个月还款中的本金部分为：

=PPMT(0.5%,1,10*12,360 000-120 000)= 1 464(元)

如果张先生每月月初偿还贷款，则其第一个月还款中的本金部分为：

=PPMT(0.5%,1,10*12,360 000-120 000,1)= 2 651(元)

4.3.3　年金中的利息函数 IPMT ( )

函数 IPMT ( ) 的功能是返回在定期偿还、固定利率条件下给定期次内某项投资回报（或贷款偿还）的利息部分。

其语法公式为：=IPMT(rate,per,nper,pv,fv,type)

其参数的含义与函数 PPMT ( ) 的参数含义相同。

【例 4-16】在【例 4-13】中张先生第一个月月末偿还的贷款的利息部分是多少呢？

要计算等额偿还贷款中的利息应使用函数 IPMT ( )。如果张先生月月末偿还贷款，则他第一个月偿还的贷款利息部分为：

IPMT(0.5%,1,10*12,360 000-120 000)= 1 200(元)

如果张先生每月月初偿还贷款，则他第二个月应偿还的贷款利息部分为：

IPMT(0.5%,2,10 * 12,360 000-120 000,1)= 1 187(元)

【观念应用 4-1】 **用 Excel 计算银行还贷**

现如今，从银行贷款购车买房，已经是很多人实现自己梦想的一种流行做法，特别是有相对稳定收入的工薪一族，只要交了首期，每月定期等额付银行一定的款项，就可以拥有自己的私家车和房子。

购买者每月等额付款，都知道这个款项里包含了部分本金和利息，从付款的第一个月起到最后一个月，这个数字都相同，我们利用函数 PMT ( )、IPMT ( ) 和 PPMT ( )，可以很容易计算出自己的还贷额，即每月还给银行的利息以及本金等内容。

假如你购一套200 000元的房子，首付30%后，你的贷款本金是140 000元，10年按揭付清（至0)，按目前银行商业贷款利率，10年期月利率是4.2‰。那么每月偿还额是多少？其中本金和利息又各是多少呢？

使用函数 PMT ( ) 计算每期的还款额，包括本金和利息，但不包括税款、保留支付或某些与贷款有关的费用；利用函数 PPMT( ) 计算各月偿还的本金额；利用函数 IPMT ( ) 可以计算各月偿还的利息额。具体操作方法是：

见表4-12，在B4单元格中输入公式“=PMT($D $2, $F $2 * 12, $B $2)”，可得到第一个月应偿还的金额，包括本金和利息。在C4单元格中输入公式“=PPMT($D $2,A4, $F $2 * 12, $B $2)”，可得到第一个月应偿还的本金额；在D4单元格中输入公式“=IPMT($D $2,A4, $F $2 * 12, $B $2)”，可得到第一个月应偿还的利息额，然后选中B4 :D4单元格区域，拖动D4右下角的填充柄向下复制到最后一期，即可得到全部偿还期各月应偿款额、本金和利息。

如果贷款额、利率、期限发生变化，只是更改相应的数据，各期的还款额、本金和利息会自动计算出来。

另外，从表4-12中很容易看出，从第1个月至第120个月每月要偿还的利息和本金之和都等于每月等额还贷的1 487.66元，但各个月的利息支出和本金支出是不一样的，如第1个月利息支出588元，本金只有899.66元，而最后一个月的利息支出只有6.22元，而本金增加到1 481.43元，即在偿还银行贷款时，虽然每个月偿还额都是一样的，但其实偿还的本金是不同的，在准备提前还清银行贷款的时候这是一定要注意的。

表4-12 **银行还贷计算表** 金额单位：元

	A	B	C	D	E	F
1	银行贷款本金利息计算表					
2	贷款额（元）	140000	月利率	0.42%	期限（年）	10
3	第N个月	每月的偿款额	各月偿还的本金	各月偿还的利息（元）		
4	1	-1487.66	-899.66	-588.00		
5	2	-1487.66	-903.43	-584.22		
6	3	-1487.66	-907.23	-580.43		
7	4	-1487.66	-911.04	-576.62		
8	5	-1487.66	-914.87	-572.79		
9	6	-1487.66	-918.71	-568.95		
10	7	-1487.66	-922.57	-565.09		
117	114	-1487.66	-1444.64	-43.01		
118	115	-1487.66	-1450.71	-36.94		
119	116	-1487.66	-1456.80	-30.85		
120	117	-1487.66	-1462.92	-24.73		
121	118	-1487.66	-1469.07	-18.59		
122	119	-1487.66	-1475.24	-12.42		
123	120	-1487.66	-1481.43	-6.22		

● 4.4 期数函数 NPER ( )

函数 NPER ( ) 的功能是基于固定利率和等额分期付款方式返回某项投资（或贷款）的总期数。

其语法公式为：=NPER(rate,pmt,pv,fv,type)

其中各参数的含义与函数 PMT ( ) 的参数含义相同。

【例 4-17】某公司向银行贷款 360 万元，贷款年利率为 6%，如果该公司采取每年年末等额还款方式，每年末还款 60 万元，那么该公司需要多少年才能全部偿还该笔贷款？

见表 4-13，在 B4 单元格中输入函数 NPER ( ) 的公式"=NPER(B1,-B2,B3)"，或者直接输入公式"=NPER (6%,-60,360)"，均可得到全部贷款的偿还期为 7.66 年。

表 4-13　**期数确定**

B4　=NPER(B1, -B2, B3)

教材范例

	A	B	C
1	利率	6%	
2	年金（万元）	60	
3	贷款额（万元）	360	
4	偿还期数（年）	7.66	
5			

如果该公司每年年初偿还贷款 60 万元，则偿还全部贷款需要的年数为：

NPER (6%,-60,360,1) = 7.12(年)

说明：贷款如果输入正数，则还款额必须输入负数，反之亦然，否则会得出错误的结果。

● 4.5　折现率函数

4.5.1　利率函数 RATE ( )

函数 RATE ( ) 的功能是返回投资（或贷款）每期的实际利率。函数 RATE ( ) 通过迭代法计算得出，并且可能无解或有多个解。

其语法公式为：=RATE(nper,pmt,pv,fv,type,guess)

其中参数 guess 为给定利率的猜测值，如果省略，猜测值为 0.1（或 10%），其余参数的含义与函数 NPER ( ) 的参数含义相同。如果函数 RATE ( ) 是不收敛的，则需要改变 guess 值再试，通常 guess 值位于 0 ~ 1 之间时函数 RATE ( ) 是收敛的。

【例 4-18】某公司向一金融机构申请一项贷款，该金融机构同意给该公司贷款 100 万元，要求该公司按年等额偿还，每年年末偿还 30 万元，期限 4 年，那么该项贷款的年利率是多少呢？

见表 4-14，在 B4 单元格中输入公式"=RATE(B1,-B3,B2)"，或者输入公式"=RATE(4,-30,100)"，均可得到该项贷款的年利率为 7.71%。

表 4-14　**利率的计算**

B4　=RATE(B1, -B3, B2)

教材范例

	A	B	C
1	偿还期数（年）	4	
2	贷款额（万元）	100	
3	每期还款额（万元）	30	
4	贷款利率	7.71%	

如果该公司每年初偿还贷款，其他条件不变，则其贷款的年利率为：

RATE（4，-30，100，1）= 13.7%

> **说明**：贷款额与偿还额必须一正一负，否则会得出错误的结果。

4.5.2 内含报酬率函数 IRR ( )

函数 IRR ( )的功能是计算由数值代表的一组现金流的内部收益率。

其语法公式为：=IRR(values, guess)

说明：

values——数组或单元格引用，包含用来计算内部收益率的现金流数值。这些现金流不一定必须是均衡的，但作为年金，它们必须按固定的间隔发生。values 必须包含至少一个正值和一个负值，以计算内部收益率，函数 IRR ( )根据数值的顺序来解释现金流的顺序。故应确定按需要的顺序输入了支付和收入的数值；

guess——为对函数 IRR ( )结果的估计值，Excel 使用迭代法计算函数 IRR ( )，函数 IRR ( )修正收益率，直至结果的精度达到 0.00001%，如果函数 IRR ( )20 次迭代，仍未找到结果，则返回错误值“#NUM!”，在大多数情况下，并不需要为函数 IRR ( )算提供 guess 值，如果省略 guess，假设它为 0.1（10%）。如果函数 IRR ( )错误值“#NUM!”，或结果没有靠近期望值，可以给 guess 换一个值再试一下。

【例 4-19】如果要开办一家酒店，预计投资为 100 000 元，并预期今后五年的净收益为：10 000 元、20 000 元、25 000 元、35 000 元和 45 000 元，那么各年的预计内部收益率为多少？

见表 4-15：计算第一年的内部收益率时，输入公式：

=IRR(B1 :B2,-60%)= -80%

表 4-15　　　　**内含报酬率的计算**

E2　fx =IRR(B1:B2,-60%)

教材范例

	A	B	C	D	E	F
1	投资额（元）	-100000		预计各年的内部收益率		
2	预计第一年净收益（元）	20000		第一年	-80.00%	
3	预计第二年净收益（元）	30000		第二年	-34.32%	
4	预计第三年净收益（元）	45000		第三年	-2.23%	
5	预计第四年净收益（元）	55000		第四年	15.46%	
6	预计第五年净收益（元）	60000		第五年	25.17%	
7						

> **说明**：由于内部收益率的值远远小于系统默认的 guess 值 10%，所以必须输入一个 guess 值，此处的 guess 值为-60%。

第二年内部收益率=IRR(B1 : B3)= -34.32%

第三年内部收益率=IRR(B1 : B4)= -2.23%

第四年内部收益率=IRR(B1 : B5)= 15.46%

第五年内部收益率=IRR(B1 : B6)= 25.17%

4.5.3　修正内含报酬率函数 MIRR ( )

修正内含报酬率函数 MIRR ( ) 的功能是计算某一连续期间内的现金流的修正内部收益率，即返回在考虑投资成本以及现金再投资利率下一系列分期现金流的内部收益率。

其语法公式为：=MIRR(values,finace _ rate,reinvest _ rate)

说明：

values——一个数组或对数字单元格区域的引用，代表固定期间内一系列支出（负值）及收入（正值）；

finace _ rate——现金流中投入资金的融资利率；

reinvest _ rate——将各期收入净额再投资的报酬率。

【例 4-20】某公司 5 年前以 8% 的年利率向银行贷款 200 000 元投资一项目，这 5 年中分别获得净收益 35 000 元、48 000 元、60 000 元、55 000 元、52 000 元，其间又将所获得的收益用于再投资，每年投资报酬率为 10%，那么该公司 5 年的投资报酬率和修正报酬率各为多少？

见表 4-16，在 E3 单元格中输入公式“=IRR（B1 :B6)”,即可得到该公司 5 年后的内含报酬率为 7.46%。在 E4 单元格中输入公式“=MIRR(B1 :B6,1,2)”,即可得到该公司 5 年的修正报酬率为 8.46%。

表 4-16　　修正内含报酬率的计算　　金额单位：元

E4　=MIRR(B1:B6,E1,E2)

	A	B	C	D	E	F
1	投资额	-200000		资金成本率	8%	
2	第一年收益	35000		再投资报酬率	10%	
3	第二年收益	48000		五年的内含报酬率	7.46%	
4	第三年收益	60000		五年的修正报酬率	8.46%	
5	第四年收益	55000				
6	第五年收益	52000				
7						

【小思考 4-3】M 公司准备从甲公司购买一台设备，甲公司有两种销货方式供 M 公司选择：一是现在一次全额支付货款 90 万元；二是分若干年每年初付款 16 万元。假设资金成本为 10%，如果 M 公司选择第二种付款方式，甲公司的收款次数至少为多少次，其收入才不低于一次性全额收款？

根据题意，NPER(10%,160 000,-900 000,0,1)=7.51(次)。因为要求的是收款次数，其结果应为正整数，则还要使用取整函数 INT ( )，所以最符合题意的收款次数至少为 INT(NPER(10%,-160 000,900 000,1)+0.5)=8(次)。

● 4.6　折旧计算函数

固定资产折旧是指固定资产在使用过程中逐渐损耗而减少的那部分价值。可以采用不同的方法计算出固定资产折旧额，以便在固定资产的有效年限内进行分摊，计入各期的成本费用。常用的固定资产折旧计算方法有平均年限法、年数总和法和双倍余额递减法等，对此，Excel 提供了相应的折旧计算函数，使用这些函数可以方便、快速地计算出固定资产折旧，下面分别介绍这些函数的使用方法。

4.6.1 函数 SLN ( )

函数 SLN ( )的功能是返回某项固定资产在一个期间中的线性折旧额。其语法公式为：=SLN (cost, salvage, life)

说明：

cost——固定资产原值；

salvage——固定资产预计净残值；

life——折旧期限。

【例 4-21】某公司有一办公楼，其原值 500 万元，预计使用 50 年，预计净残值 10 万元，该公司采用平均年限法计提折旧，则该办公楼每年的折旧额为多少万元？

使用函数 SLN ( )计算，其各参数的输入如图 4-1。

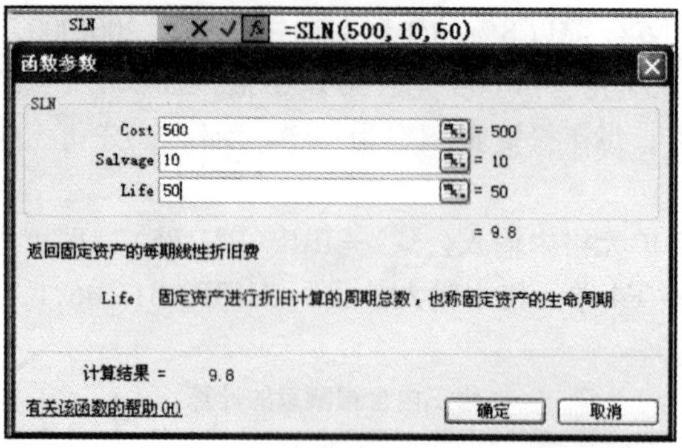

图 4-1 SLN ( ) 函数计算折旧

其公式为：SLN (500,10,50) = 9.8(万元)

4.6.2 函数 DB ( )

函数 DB ( )的功能是使用固定余额法，计算一项固定资产在给定期间内的折旧值。

其语法公式为：=DB(cost,salvage,life,period,month)

说明：month——第一年的月份数，如果省略，则假设为 12，其余各参数的含义与函数 SLN ( )的参数含义相同。

【例 4-22】某公司有一台设备，原值 100 万元，预计净残值 4 万元，预计使用 8 年，按余额递减法计提折旧，那么它每年的折旧额是多少？

如表 4-17，在 B7 单元格中输入公式"=DB($B $1, $B $3, $B $2,B6)",然后向右复制到 C7 : I7 单元格区域，即可得到该项固定资产各年的折旧额。由于各年的折旧额计算方法相同，也可以采用数组公式方法一次性计算出各年折旧额。

表 4-17 函数 DB ( ) 计算折旧

B7 =DB($B$1, $B$3, $B$2, B6)

	A	B	C	D	E	F	G	H	I
1	设备原值（万元）	100							
2	预计使用年限（年）	8							
3	预计净残值（万元）	4							
4									
5					余额递减法计算折旧				
6	年份	1	2	3	4	5	6	7	8
7	折旧额（万元）	33.10	22.14	14.81	9.91	6.63	4.44	2.97	1.99

4.6.3　函数 DDB ( )

函数 DDB ( )的功能是用双倍余额递减法或其他指定方法，返回指定期间内某项固定资产的折旧额。

其语法公式为：=DDB(cost,salvage,life,period,factor)

说明：

period ——进行折旧计算的期次，它必须与折旧期限 life 使用相同的单位；

factor——余额递减速率，若省略，采用系统默认值 2（双倍余额递减法）；

其余各参数的含义与函数 SLN ( )的参数含义相同。

需要说明的是：按照双倍余额递减法计算折旧的要求，固定资产使用的最后两年应采用直线法，所以最后两年的折旧计算不能使用函数 DDB ( )。

【例 4-23】某公司有一台设备，其原值为 50 万元，预计使用 5 年，预计净残值为 2 万元，采用双倍余额递减法计提折旧，该设备每年的折旧额各为多少万元?

该设备前三年应采用函数 DDB ( )计算折旧，后两年采用直线法计算折旧，其中第一年参数的输入如图 4-2。

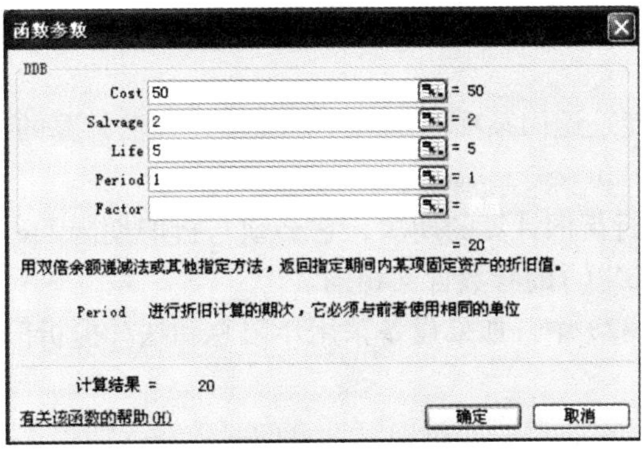

图 4-2　函数 DDB ( )计算折旧

各年的折旧额计算公式如下：

第一年：DDB(50,2,5,1)= 20(万元)

第二年：DDB(50,2,5,2)= 12(万元)

第三年：DDB(50,2,5,3)= 7.2(万元)

第四年：(50-20-12-7.2-2)÷2=4.4(万元)

第五年：(50-20-12-7.2-2)÷2=4.4(万元)

4.6.4　函数 VDB ( )

函数 VDB ( )的功能是返回某项固定资产用余额递减法或其他指定方法计算的或特定时期的折旧额，即采用不同倍率的余额递减法计算一个时期内固定资产折旧额。其语法公式为：

=VDB(cost,salvage,life,start_period,end_period,factor,no_switch)

说明：

factor——余额递减速率（折旧因子），如果省略 factor，则默认值为 2（双倍余额递减法）；

start_period——进行折旧计算的起始时间；

end _ period——进行折旧计算的终止时间；

no _ switch——一逻辑值，指定当折旧值大于递减计算值时，是否转用直线法折旧，如果 no _ switch 为 True，即使折旧值大于余额递减计算值，Excel 也不转用直线法，如果 no _ switch 为 False 或被忽略，且折旧值大于余额递减计算值，Excel 将转用直线折旧法；其他参数的含义与前面介绍的函数参数相同。

【例 4-24】某公司有一台设备，其原值为 20 万元，预计使用 8 年，预计净残值为 1 500元，用双倍余额递减法计算折旧，则第 1 个月的折旧额是多少？第 1 年的折旧额是多少？第 6 个月与第 18 个月之间的折旧额又是多少？

要计算不同时期的折旧额，所以应采用函数 VDB ( )，其计算公式与结果见表 4-18。

表 4-18 函数 VDB ( ) 计算固定资产折旧

	A	B	C	D	E
1	已知条件		计算项目	计算公式	计算结果
2	固定资产原值（元）	200000	第一个月的折旧额	=VDB(B2, B3, B4*12, 0, 1)	=4166.67
3	预计净残值（元）	1500	第一年的折旧额	=VDB(B2, B3, B4, 0, 1)	=50000
4	使用寿命（年）	8	第六至十八个月的折旧额	=VDB(B2, B3, B4*12, 6, 18)	=39352.06

4.6.5 函数 SYD ( )

函数 SYD ( ) 的功能是返回某项固定资产按年限总和法计算的指定期间的折旧金额。

其语法公式为：=SYD(cost,salvage,life,per)

其中参数 per 为进行折旧计算的期次，它必须与折旧期限 life 使用相同的单位，其余各参数的含义与函数 SLN ( ) 的参数含义相同。

【例 4-25】在例 4-23 中，如果设备采用年限总和法计提折旧，那么每年的折旧额为多少万元？

采用函数 SYD ( ) 计算，第一年折旧额计算的参数输入如图 4-3。

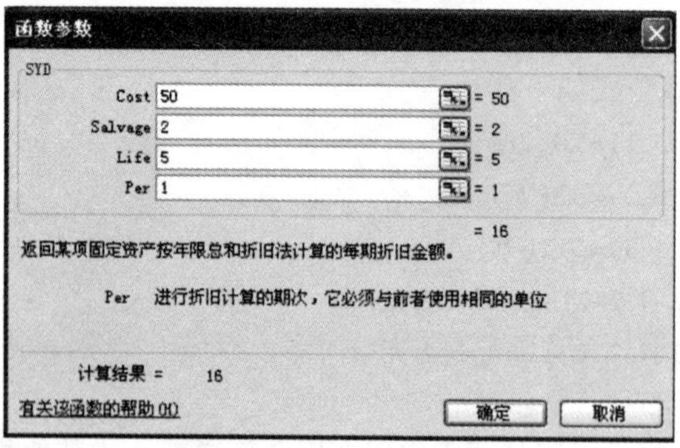

图 4-3 年限总和法计算折旧

按照年限总和法，各年的折旧额计算如下：

第一年：SYD(50,2,5,1)=16(万元)

第二年：SYD(50,2,5,2)=12.8(万元)

第三年：SYD(50,2,5,3)=9.6(万元)

第四年：SYD(50,2,5,4)=6.4(万元)

第五年：SYD(50,2,5,5)=3.2(万元)

【补充阅读材料】

上面介绍了部分常用函数的使用方法，因为篇幅有限，不能对所有的财务函数一一介绍，下面给出所有财务函数名称和功能对照表，读者需要时可查阅表 4-19、表 4-20、表 4-21、表 4-22。

表 4-19　**投资计算函数**

函数名称	函数功能
EFFECT ( )	计算实际年利息率
FV ( )	计算投资的未来值
FVSCHEDULE ( )	计算原始本金经一系列复利率计算之后的未来值
IPMT ( )	计算某投资在给定期间内的支付利息
NOMINAL ( )	计算名义年利率
NPER ( )	计算投资的周期数
NPV ( )	在已知定期现金流量和贴现率的条件下计算某项投资的净现值
PMT ( )	计算某项年金每期支付金额
PPMT ( )	计算某项投资在给定期间里应支付的本金金额
PV ( )	计算某项投资的净现值
XIRR ( )	计算某一组不定期现金流量的内部报酬率
XNPV ( )	计算某一组不定期现金流量的净现值

表 4-20　**折旧计算函数**

函数名称	函数功能
AMORDEGRC ( )	计算每个会计期间的折旧值
DB ( )	计算用固定余额递减法得出的指定期间内固定资产折旧值
DDB ( )	计算用双倍余额递减法或其他方法得出的指定期间内资产折旧值
SLN ( )	计算一个期间内某项资产的直线折旧值
SYD ( )	计算一个指定期间内某项资产按年数总和法计算的折旧值
VDB ( )	计算用余额递减法得出的指定或部分期间内的固定资产折旧值

表 4-21　**偿还率计算函数**

函数名称	函数功能
IRR ( )	计算某一连续现金流量的内部报酬率
MIRR ( )	计算内部报酬率，此外正、负现金流量以不同利率供给资金计算
RATE ( )	计算某项年金每个期间的利率

表 4-22 **债券及其他金融函数**

函数名称	函数功能
ACCRINTM ( )	计算到期付息证券的应计利息
COUPDAYB ( )	计算从付息期间开始到结算日期的天数
COUPDAYS ( )	计算包括结算日期的付息期间的天数
COUPDAYSNC ( )	计算从结算日期到下一个付息日期的天数
COUPNCD ( )	计算结算日期后的下一个付息日期
COUPNUM ( )	计算从结算日期至到期日期之间的可支付息票数
COUPPCD ( )	计算结算日期前的上一个付息日期
CUMIPMT ( )	计算两期之间所支付的累计利息
CUMPRINC ( )	计算两期之间偿还的累计本金
DISC ( )	计算证券的贴现率
DOLLARDE ( )	转换分数形式表示的货币为十进制表示的数值
DOLLARFR ( )	转换十进制形式表示的货币分数表示的数值
DURATION ( )	计算定期付息证券的收现平均期间
INTRATE ( )	计算定期付息证券的利率
ODDFPRICE ( )	计算第一个不完整期间面值 $100 的证券价格
ODDFYIELD ( )	计算第一个不完整期间证券的收益率
ODDLPRICE ( )	计算最后一个不完整期间面值 $100 的证券价格
ODDLYIELD ( )	计算最后一个不完整期间证券的收益率
PRICE ( )	计算面值 $100 定期付息证券的单价
PRICEDISC ( )	计算面值 $100 的贴现证券的单价
PRICEMAT ( )	计算面值 $100 的到期付息证券的单价
PECEIVED ( )	计算全投资证券到期时可收回的金额
TBILLPRICE ( )	计算面值 $100 的国库债券的单价
TBILLYIELD ( )	计算国库债券的收益率
YIELD ( )	计算定期付息证券的收益率
YIELDDISC ( )	计算贴现证券的年收益额
YIELDMAT ( )	计算到期付息证券的年收益率

[本章小结]

在 Excel 中有一些非常重要的财务函数，大体上可分为四类：投资计算函数、折旧计算函数、偿还率计算函数、债券及其他金融函数。利用财务函数可以进行一般的财务计算。本章主要介绍一些常用的财务函数的功能和使用方法。

终值函数 FV ( ) 可以用于计算整收整付款项的终值，也可用于计算年金终值，其语法公式为：=FV(rate,nper,pmt,pv,type)。

现值函数 PV ( ) 可以用于计算整收整付款项的现值，也可用于计算年金的现值，其语法公式为：=PV(rate,nper,pmt,fv,type)。

净现值函数 NPV ( ) 主要是基于一系列现金流和固定的各期折现率，计算一组定期现金流的净现值，它的语法公式为：=NPV(rate,value1,value2,…,value N)。

净现值函数 NPV ( ) 与年金现值函数 FV ( ) 虽然都可以用于计算现值，但其使用方法是有区别的。

年金函数 PMT ( ) 主要是基于固定利率及等额分期付款方式，计算投资或贷款的每期付款额。其语法公式为：= PMT（rate，nper，pv，fv，type）。

内含报酬率函数 IRR ( ) 是计算由数值代表的一组现金流的内部收益率。它的语法公式为：=IRR（values，guess）。

常用的固定资产折旧函数函数 SLN ( )、函数 SYD ( ) 和函数 DDB ( )，分别采用平均年限法、年数总和法和双倍余额递减法计算固定资产的折旧额。

此外还有利率函数和期数确定函数等，学会这些财务函数的使用方法，可以为以后学习财务决策的其他知识打下基础。

[主要概念和观念]

□ **主要概念**

现值函数　终值函数　内含报酬率函数

□ **主要观念**

年金终值的计算　年金现值的计算　固定资产折旧的计算

[基本训练]

□ **知识题**

（1）常用财务函数中常见的参数有哪些，它们的含义是什么？

（2）函数 PV ( ) 与函数 NPV ( ) 的主要区别是什么？

（3）常用的固定资产折旧函数有哪些？

□ **技能题**

（1）某居民为购买一套住房向银行贷款 10 万元，期限为 5 年，贷款的年利率为 6%，按年复利计息，到期一次还本付息。计算该居民在第 5 年年底应一次性偿还的本利和。

（2）某企业每年年末从税后利润中提留 20 万元作为职工的培训基金，若银行的存款年利率为 6%，以复利计息。第 5 年末该企业的职工培训基金将达到多少万元？

（3）某公司计划今后 10 年中每年年末从银行中提取 10 万元用于人才培训，如果银行存款年利率为 4%，现在应一次性存入银行多少钱？

（4）某人计划在 5 年后出售自己现在住的房屋，预计出售额为 8 万元，现行市场利率为 6%。此人现在的住房价值最低是多少？

（5）某家庭欲为其子女建立教育基金，现决定每月月初存入银行 300 元，按月息 0.8%（保持不变）计算，问 18 年后该教育基金的本利和是多少？

（6）某公司欲租用一厂房，租期 30 年，年租金 15 万元，要求每年年初支付。现假设年折现率为 7%，问该公司为租用厂房实际支付的租金现值是多少？

（7）有一投资方案，第一年年初投资 40 000 元，当年年末的净现金流量为 6 000 元，以后 5 年的净现金流量均为 10 000 元，假定折现率为 5%。该投资方案的净现值是多少？

（8）张先生欲投资一项目，如果第一年年初投入 10 000 元，第一年可得净收益 2 000 元，以后 3 年每年可获净收益 5 000 元，假如每年折现率为 5%。分别计算该投资项目的净现值和 4 年后的内含报酬率。

（9）某公司新购进一设备，原值 250 000 元，预计净残值为 10 000 元，预计使用 5 年，按双倍余额递减法提折旧，利用函数计算每年应提折旧额。计算结果四舍五入，保留两位小数。

□ **能力题**

1）案例分析

刘先生准备 5 年后为女儿购买一套价值 200 000 元的住房，为此他现在将50 000元存入银行，计划此后的 3 年中，每月末存入银行 2 000 元，第 4 年与第 5 年每月末存入银行 3 000 元，假如银行存款月利率 0.5%，按月复利计息，那么刘先生届时能否积蓄足够的购房款？

2）单元实训

（1）某公司欲投资一项目，一次性投入资金 30 万元，如果要求在 10 年投资回收期中使资本增值为 100 万元，则年投资回收率应该不低于多少？如果假定投资回收率为 20%，在投资资金不发生变化的条件下，该公司投资回收期为多少年？

（2）某公司正在考虑购买一台新设备以扩大生产能力。某设备供应商出售的设备能够满足该公司的需要。设备供应商出售的设备标价 200 000 元，对于任何购买设备的客户提供以下两种付款方式：

①特别筹资方式：设备供应商以 5% 的优惠年利率提供 200 000 元贷款，要求在今后 5 年内按月等额还款；

②现金折扣方式：客户立即付款可以享受 20 000 元的现金折扣，即支付180 000元现款，就可以购买该设备。目前该公司可以按 8% 的年利率从银行取得借款180 000元。

请选择该公司购买该设备的付款方式。

（3）某公司准备为其将在 10 年后退休的一批员工制订养老金计划，计划在 10 年后退休的每位员工可以每年末从银行领取 20 000 元，连续领取 20 年。若银行存款的复利年利率为 5%，那么该公司从今年开始应为这批员工的每位每年存入银行多少钱？

（4）制作一套年利率为 1% ~10%，期限 1 ~10 年的货币时间价值系数表，包括复利终值系数、复利现值系数、年金终值系数、年金现值系数。

（5）某企业制订员工培训资金筹集计划。计划 6 年后为部分员工进行培训，完成培训需要 4 年，每年的培训费用需要在年初支付。已知现在培训一年的费用为 10 000 元，预计年通货膨胀率为 5%，在考虑通货膨胀的条件下复利年利率为 8%。若该企业计划在今后的 6 年中每年年初存入银行等额资金，那么每年应存入银行多少钱？若该企业计划在今后的 6 年中每年年末存入银行等额资金，则每年应存入银行多少钱？

第 5 章

投资分析与决策

[学习目标]

通过本章的学习，学生应该在掌握货币时间价值和投资风险价值的基础上，熟练运用 Excel 各种财务函数对投资项目做出效益评估和风险评判，进而做出科学有效的投资决策。

● 5.1 投资决策概述

正确的投资决策是有效地投入和运用资金的关键，直接影响企业未来的经营状况，对提高企业利润、降低企业风险具有重要意义。企业要做出投资决策，就需要合理地预计投资方案的收益与风险，做好可行性分析，通过对投资方案的比较选优，确定最佳投资方案。

由于长期投资往往具有投资数额大、投资回收期长的特点，因此，企业在进行投资分析与决策时应特别重视和运用货币时间价值和投资风险价值的概念，并在此基础上，比较投资方案的现金流量，对投资方案的效益进行评估，从中选出最佳方案。投资决策一般可以分为以下步骤：

1）估计投资方案的预期现金流量

投资项目的现金流量一般包括初始现金流量、营业现金流量和终结现金流量三部分。其中：

初始现金流量=旧固定资产变价净收入-（固定资产投资+流动资产投资+其他投资费用）

营业现金流量=营业收入-付现经营成本-所得税=净利润+折旧终结净现金流量

终结现金流量=终结年份固定资产残值回收+该年流动资产回收+该年其他收入

2）估计投资方案风险大小

由于各种长期投资方案通常都会受到一些不能确定的因素的影响，导致企业的投资不可避免地存在着风险，所以进行投资决策必须考虑各种风险因素，预测风险对投资收益的影响程度，以判断投资项目的可行性。

3）确定企业资金成本的一般水平

资金成本在企业评价投资项目的可行性、选择投资方案时具有重要作用。在计算投资项目评价指标时，常以资金成本作为折现率计算净现值和现值指数；同时，在利用内部收益率指标进行决策时，一般以资金成本作为基准收益率或投资项目要求的最低报酬率，是比较、选择投资方案的主要标准。

4）确定投资方案的收入现值

一个投资项目投入生产经营后所产生的收入是在投资以后的不同年份逐渐发生的，为了判断投资项目是否可行，需要把项目的收入额与投资额加以比较，而资金在不同的时点具有不同的价值，这就需要把收入额与投资额归结到同一时点进行比较才具有可比性，因此确定投资方案的收入现值是至关重要的。

5）比较收入现值与所需资本支出，从而决定放弃或采用投资方案。一个投资方案是否可行，最终取决于该方案是否有利可图。如果投资方案的收入现值大于所投入资本，我们说方案可行，否则为不可行。

投资决策一般是通过比较投资决策指标进行的。按所使用指标是否考虑货币的时间价值，投资决策可以分为非贴现现金流量指标方法和贴现现金流量指标方法。前者主要包括回收期法、平均收益率法等。后者主要有净现值法、现值指数法和内含报酬率法等。一方面，一般情况下，为了克服净现值法等在投资项目指标的评估与分析中容易产生放弃初始投资不大，但回报却很丰厚的投资项目的缺陷，为了更好地反映出投资的效率，对投资项目进行决策应采用现值指数法和动态投资回收期法。另一方面，投资的目的是为在将来获得更大的收益。由于投资过程受到外部环境和内部条件变动的影响，以及主观预测能力的局限，使其具有不确定性，因此将来的收益具有风险性，需要进行投资风险分析。

● 5.2　投资决策分析的一般方法

进行投资决策分析时使用的指标，按照其是否考虑资金的时间价值可分为两大类，一类是非贴现指标，即没有考虑时间价值因素的指标（主要包括投资回收期、会计收益率等），采用这类指标对投资项目进行分析评价的方法称为非贴现法；另一类指标是贴现指标，即考虑了时间价值因素的指标（主要包括净现值、现值指数、内含报酬率等），采用这类指标对投资项目进行分析评价的方法称为贴现法。下面我们分别介绍两类投资分析方法。

5.2.1　非贴现方法

1）投资回收期法

所谓投资回收期是指用投资项目经营期的净现金流量回收初始投资所用的时间。投资回收期法是指根据回收全部初始投资资金的时间长短来判断方案是否可行的方法。一般说来，回收年限越短，方案越可行。

根据每年的现金净流量是否相等，投资回收期通常有两种不同的计算方法：

（1）当每年的现金净流量相等时：

$$\text{投资回收期} = \text{初始投资额} \div \text{年净现金流量}$$

（2）当每年的现金净流量不等时：

采用逐年测试，直到每年的现金净流量合计数达到初始投资金额。其公式为：

$$\text{投资回收期} = \left(\frac{\text{累计净现金流量}}{\text{首次出现正值的年份}} - 1\right) + \frac{\text{该年尚未回收的投资的绝对值}}{\text{该年净现金流量}}$$

用投资回收期法对投资项目进行评价时，需要将项目的投资回收期与事先选定的标准投资回收期进行比较，投资回收期小于或等于标准投资回收期的项目为可行项目。

投资回收期法的优点是计算简单、容易理解。缺点是只考虑了投资回收期以内的净现金流量，没有考虑投资回收期以后各年的现金流量，也没有考虑资金的时间价值因素，且评价项目的比较标准有较强的主观性，所以，如果单独使用这种方法对项目进行评估有时可能会得出不正确的结论。

【小思考 5-1】假如有一个投资项目，一次性投资 36 万元，年资金成本率为 8%，每年的净现金流量为 9 万元，那么需要多少年可以收回全部投资？

要计算投资回收期，而且每年的净现金流量均为 9 万元，则可以采用公式直接计算出来。

投资回收期：36÷9=4（年）

此外，我们还可以采用另一种方法计算，那就是使用函数 NPER（）计算，其公式为：

投资回收期：=NPER(8%,9,-36)=5.01(年)

两种计算方法的计算结果是不相同的，原因是什么呢？其原因就是前者没有考虑资金的时间价值，而后者考虑了资金的时间价值，所计算结果是不同的。而事实上，资金是有时间价值的。

2）会计收益率法

会计收益率是指投资项目经营期各年平均利润与初始投资额的百分比。会计收益率法是根据投资方案预期平均盈利率大小选择最优方案的方法。

会计收益率=年平均利润÷初始投资额

使用会计收益率法对投资项目进行评估时，需要将项目的会计收益率与投资者要求的投资报酬率进行对比，如果会计收益率大于或等于投资者要求的投资报酬率，则项目为可行的项目。

会计收益率法的优点是简便、易懂，能促使企业尽快回收资金；其缺点是没有考虑资金的时间价值。所以这种方法适用于资金少、决策人员追求较快回收投资、管理水平较低的企业。

上面介绍的投资回收期法与会计收益率法均属于非贴现法，由于这类方法没有考虑资金的时间价值，有其固有的缺陷，单独采用这类方法有时不能做出正确的决策，所以一般将其作为辅助方法。

3）非贴现法决策模型设计

上面我们介绍了两种投资决策方法。下面我们介绍如何利用 Excel 制作这两种方法的投资决策模型。

【例 5-1】某企业现有三项投资方案，资金成本率为 8%，有关数据见表 5-1。

用投资回收期法和会计收益率法建立投资决策模型，就是要建立投资回收期表结构和计算投资回收期公式及会计收益率公式，将具体示例的数据填入表中，利用 Excel 的计算功能和函数功能计算出各方案的投资回收期和会计收益率，依据投资回收期的长短和会计收益率的高低，选定最优方案。具体步骤如下：

（1）创建一个新的工作簿，将其命名为“投资决策分析”，在工作簿中创建新工作表“投资回收期与会计收益率的计算表”。

（2）在新建的工作表中设计表格，设计好的表格见表 5-2。

表 5-1　　**投资方案资料**　　金额单位：元

	A	B	C	D	E	F	G
1	投资方案资料						
2	期间（年）	A方案		B方案		C方案	
3		净收益	现金净流量	净收益	现金净流量	净收益	现金净流量
4	0		-30000		-12000		-15000
5	1	1000	16000	-1800	2200	600	5600
6	2	3000	18000	2000	6000	600	5600
7	3			4000	8000	600	5600

表 5-2　　**投资决策分析模型——非贴现法**　　金额单位：元

	A	B	C	D	E	F	G
1	投资方案资料						
2	期间（年）	A方案		B方案		C方案	
3		净收益	现金净流量	净收益	现金净流量	净收益	现金净流量
4	0		-30000		-12000		-15000
5	1	1000	16000	-1800	2200	600	5600
6	2	3000	18000	2000	6000	600	5600
7	3			4000	8000	600	5600
8	计算投资回收期	累计金额	未收金额	累计金额	未收金额	累计金额	未收金额
9	0		30000		12000		15000
10	1	16000	14000	2200	9800	5600	9400
11	2	34000	-4000	8200	3800	11200	3800
12	3	34000	-4000	16200	-4200	16800	-1800
13	投资年（整数）		1		2		2
14	投资回收期修正值		0.78		0.48		0.68
15	投资回收期		1.78		2.48		2.68
16	会计收益率		6.67%		11.67%		4.00%

（3）明确勾稽关系：

第 t 年的累计金额 = $\sum$ 净流量 t　　　　（t = 1，2，…，t）

第 t 年的未收金额 = 投资额 − 第 t 年的累计金额

　　　　　　　　= 投资额 − $\sum$ 净流量 t　（t = 1，2，…，t）

投资年（整数）是指：从第一年开始计算，未收金额大于零的年数。

投资期修正值是指收回剩余投资（即全部投资扣除投资整数年收回的投资）所需要的时间。

投资回收期 = 投资年（整数）+ 投资期修正值

会计收益率 = 年平均利润 ÷ 原始投资额

（4）输入公式，完成分析模型，其具体操作方法如下：

①计算各方案的各年累计金额，具体方法是先用公式计算出 A 方案的各年的累计金额，然后将这三个公式复制到 B 方案和 C 方案的相应单元格区域。

选择工作表“投资回收期与会计收益率的计算表”；

选择 B10 单元格，输入公式“=C5”；

选择 B11 单元格，输入公式“=C5+C6”；

选择 B12 单元格，输入公式“=C5+C6+C7”；

选择 B10、B11、B12 单元格区域；

单击工具栏中的【复制】按钮，该矩形区域呈闪烁状；

选择目标单元格区域 D10：D13，单击工具栏中的【粘贴】按钮，然后选中F10：F13，再单击工具栏中的【粘贴】按钮，即完成图表中三个方案的累计金额的计算。

②计算出各方案各年的未收金额。具体做法是先用公式计算出 A 方案的各年未收金额，然后将这三个公式复制到 B 方案和 C 方案的相应单元格区域。

选择 C10 单元格，输入公式“=C9-B10”；

选择 C11 单元格，输入公式“=C9-B11”；

选择 C12 单元格，输入公式“=C9-B12”；

将上述三个公式分别复制到 E10：E12 与 G10：G12 单元格中，即完成了三个方案未收金额的计算。

③建立投资年（整数）公式，计算出投资年（整数）。

选择 C13 单元格，输入公式“=COUNTIF（C10：C12，>=0）”，将此公式复制到 B 方案和 C 方案的相应单元格区域（方法同上）。

④计算投资期修正值。

选择 C14 单元格，输入公式“=C10/(B11-B10)”，将此公式复制到 B 方案和 C 方案的相应单元格区域（方法同上）。

⑤计算整个方案的投资回收期。

选择 C15 单元格，输入公式“=SUM（C13：C14）”或者“=C13+C14”，将此公式复制到 B 方案和 C 方案的相应单元格区域（方法同上）。

⑥计算各方案的会计收益率。

选择 C16 单元格，输入公式“=AVERAGE（B5：B7)/C4”，将此公式复制到 B 方案和 C 方案的相应单元格区域（方法同上）。

（说明：在具体操作时，也可先完成 A 方案的相应操作，然后复制到 B 方案和 C 方案）

结论：从计算结果可以看出，A 方案投资回收期最短，但如果该企业的资金成本率是 8%，则 A 方案的会计收益率只有 6.67%，小于资金成本率，C 方案也是如此，因此在三个方案中，只有 B 方案是可以接受的。

5.2.2　贴现法

1）净现值法

按照净现值法，所有未来现金流入和流出都按预定折现率折算为它们的现值，然后再计算它们的差额。净现值可采用函数 NPV（）计算，有关函数 NPV（）的使用方法请参阅第 4 章的有关内容。

用净现值指标评价投资项目的基本准则是：净现值大于或等于零的项目为可行项目，反之则为不可行项目。

净现值法不仅考虑了资金的时间价值因素，计算科学准确，而且还考虑了投资项目的最低盈利水平，可以单方案决定取舍，所以净现值成为评价投资项目的重要指标之一，净现值法在投资决策分析中被广泛应用。

下面我们以实例介绍用 Excel 建立净现值法投资分析模型的方法。

【例 5-2】某企业现有 A、B 两个投资项目，有关数据见表 5-3。假定资金成本率为 14%，用净现值法计算并选择最优方案。

表 5-3　　**投资分析数据**

	A	B	C	D	E
1	期间（年）	A项目		B项目	
2		现金流入量（元）	现金流出（元）	现金流入（元）	现金流出（元）
3	0		10000		8000
4	1		8000		5000
5	2	10000	2000	6000	1000
6	3	10000	2000	8000	1000
7	4	10000	2000	10000	2000
8	5	10000	2000	8000	1500
9	6	10000	2000	6000	1000

利用 Excel 建立净现值法投资决策模型，就是将具体示例的数据填入工作表中，利用 Excel 的计算功能和函数功能直接计算出各方案的净现值，依据净现值的大小，选定最优方案。表 5-4 给出了具体模型。

表 5-4　　**净现值法模型**

	A	B	C	D	E	F	G	H	I
1	净现值法								
2								资金成本率	14%
3	期间（年）	A项目				B项目			
4		流入	流出	净流量	现值	流入	流出	净流量	现值
5	0		10000	-10000	-10,000.00		8000	-8000	-8,000.00
6	1		8000	-8000	-7,017.54		5000	-5000	-4,385.96
7	合计		18000	-18000	-17,017.54		13000	-13000	-12,385.96
8	2	10000	2000	8000		6000	1000	5000	
9	3	10000	2000	8000		8000	1000	7000	
10	4	10000	2000	8000		10000	2000	8000	
11	5	10000	2000	8000		8000	1500	6500	
12	6	10000	2000	8000		6000	1000	5000	
13	合计	50000	10000	40000	24,091.80	38000	7000	31000	18,962.61
14	净现值				7,074.25				6,576.64

下面介绍建立净现值法投资分析模型的具体方法。

打开工作簿“投资决策分析”，再插入一个工作表，命名为“净现值法”；

（1）建立净流量公式，计算出各年的现金净流量

选择工作表“净现值法”，选择 D5 单元格，输入公式“=B5-C5”；单击工具栏的【复制】按钮，该单元格呈闪烁状；分别选择目标单元格区域 D6：D13 和H5：H13；单击工具栏的【粘贴】按钮，即完成图表中各相应指标的计算。

（2）建立净现值公式，计算出净现值

选择 E5 单元格,输入公式“=NPV（0,D5）”；

选择 E6 单元格,输入公式“=NPV（$I $2,D6）”；

选择 E7 单元格,输入公式“=SUM（E5：E6）”；

选择 E13 单元格,输入公式“=NPV（$I $2,0,D9：D12）”；

选择 E14 单元格，输入公式“=E7+E13”；

将这 5 个公式一次性复制到 B 项目的相应单元格区域（复制方法同上）；

计算可知，A 项目净现值为 7 074. 25 元，B 项目净现值为 6 576. 64 元。单就投资项目净现值分析，两项目的净现值都大于 0，都可行，且 A 项目优于 B 项目。

在该例中，A 项目的净现值大，但其投资总额也大。当投资金额不等时，净现值的大小比较就失去了基础。因此，净现值大小的简单比较不能准确说明问题，这就需要用现值指数法。

【小知识 5-1】折现率的确定

计算净现值时需要折现率，折现率可以按照以下几种方法确定：

（1）完全人为主观确定折现率，此法适用于逐次测试法；

（2）以投资项目的资金成本作为折现率，此法适用于资金来源单一的项目；

（3）以投资的机会成本作为折现率，此法适用于资金来源复杂的项目；

（4）以社会平均资金收益率作为折现率，此法适用于可行性研究和项目评估。

2）现值指数法

现值指数又称获利指数，是指投资项目经营期各年的净现金流量的总现值与原始投资现值总和之比，它反映了项目的投入与产出之间的关系。其计算公式为：

现值指数=经营期净现金流量现值之和÷原始投资的现值之和

采用现值指数评价投资项目的基本准则是：现值指数大于或等于 1 的项目为可行项目，否则为不可行项目。如果将原始投资看做投资的成本，则该指标反映了每一元投资所创造的净现值。因此，现值指数是一个反映投资项目获利能力的相对指标。在多项目比较中，现值指数使得原始投资额不同、投资项目有效使用期数不同的投资项目具有可比性。因此，现值指数在公司的投资决策分析中具有广泛的适用性。

现值指数的计算只需要在表 5-4 的基础上，选择 E15 单元格，输入公式“=ABS（E13/E7）”,并复制到 I15 单元格中即可，见表 5-5。

表 5-5　**现值指数法模型**

	A	B	C	D	E	F	G	H	I
1	净现值法								
2								资金成本率	14%
3		A项目				B项目			
4	期间（年）	流入	流出	净流量	现值	流入	流出	净流量	现值
5	0		10000	-10000	-10,000.00		8000	-8000	-8,000.00
6	1		8000	-8000	-7,017.54		5000	-5000	-4,385.96
7	合计		18000	-18000	-17,017.54		13000	-13000	-12,385.96
8	2	10000	2000	8000		6000	1000	5000	
9	3	10000	2000	8000		8000	1000	7000	
10	4	10000	2000	8000		10000	2000	8000	
11	5	10000	2000	8000		8000	1500	6500	
12	6	10000	2000	8000		6000	1000	5000	
13	合计	50000	10000	40000	24,091.80	38000	7000	31000	18,962.61
14	净现值				7,074.25				6,576.64
15	现值指数				1.4157				1.5310

从计算结果中可以看到，A 项目的现值指数为 1. 4157，B 方案的现值指数为 1. 531，都大于 1，说明两个项目都是可取的，且 B 项目优于 A 项目。

现值指数法的主要优点在于考虑了货币时间价值，计算科学准确。同时以相对值表示各投资方案经济效益，便于在不同方案中选优。其主要缺点是根据期望投资回收报酬率计算项目经济效益，而未能计算投资项目本身的投资回收报酬率。

3）内含报酬率法

内含报酬率又称内部收益率，是指投资项目的净现值等于零时的折现率，即用该折现率对投资项目未来的现金流入量、流出量进行贴现，使流入量现值恰好等于流出量现值。

内含报酬率的计算方法是根据估计的报酬率分别计算出现金流入和现金流出两项现值，并用现金流入现值减去现金流出现值，如果现值额是正数，说明回收报酬率过低，应调高再行测试；相反，如果净现值额为负数，说明回收报酬率过高，应调低重新测算，直到算出的现值净额是零为止，或者使用“内插法”来求出实际的内含报酬率，在手工情况下，内含报酬率的计算方法比较繁琐，计算量大，准确性程度不高。但采用 Excel 中的内含报酬率函数 IRR ( )可以比较便捷地解决这个问题，函数 IRR ( )的使用方法可参看第 4 章的有关内容。

内含报酬率法是以内含报酬率作为评价投资项目的指标，因为内含报酬率反映了投资项目实际的年投资报酬率，所以采用内含报酬率评价投资项目的标准是：内含报酬率大于或等于投资者要求的收益率的项目为可行项目，投资者要求的收益率即为企业的资金成本率或企业设定的基准收益率。

内含报酬率法的主要优点在于考虑了货币的时间价值，计算科学准确。而且根据投资方案自身的报酬率来评价方案的优劣，能反映投资方案本身的收益能力和内在的获利水平。其主要缺点是，在内含报酬率的计算过程中，把各年现金净流量按各自的内含报酬率进行再投资而形成增值，而不是将各投资方案的净现金流量按统一的资本市场上可能达到的报酬率进行再投资而形成增值。用该处理方法处理，如果资金市场上的报酬率有较大变动，且与计算所得内含报酬率有较大差异时，该方法的计算结果会有很大的不客观性。

下面以实例介绍建立内含报酬率模型的方法。

【例 5-3】某企业现有 A、B 两个投资项目，用内含报酬率法比较两个投资项目。

用内含报酬率法建立投资决策模型，就是要建立内含报酬率法的计算公式，将具体事例的数据填入表中，利用 Excel 的计算功能和函数功能直接计算出各方案的内含报酬率。表 5-6 给出了其具体模型。

表 5-6 内含报酬率分析模型

	A	B	C
1	投资项目现金流量		
2	年份	A项目现金净流量（元）	B项目现金净流量（元）
3	0	-200000	-300000
4	1	5000	60000
5	2	75000	70000
6	3	80000	90000
7	4	65000	85000
8	5	70000	88000
9	6	40000	80000
10	7	50000	70000
11	分析评价（IRR）		
12	年份	IRR（A）	IRR（B）
13	2	-37.50%	-40.67%
14	3	-8.60%	-13.24%
15	4	4.15%	0.63%
16	5	12.38%	9.10%
17	6	15.48%	13.97%
18	7	18.23%	16.85%

下面介绍具体的操作方法：

（1）打开工作簿“投资决策分析”，插入一个工作表，命名为“内含报酬率法”；

（2）选择 B13 单元格，输入公式“=IRR(B3 : B5,-10%)”,即得到 2 年内回收时的 A 项目的内含报酬率；

(3) 选择 B14 单元格，输入公式“=IRR（B3：B6)”，即得到 3 年内回收时的 A 项目的内含报酬率；

(4) 拖动单元格 B14 右下角填充柄，将公式复制到单元格区域 B15：B18，即分别得到 4~7 年内回收时 A 项目的内含报酬率；

(5) 选择单元格区 B13：B20，拖动右下方的填充柄，将公式复制到单元格区域 C13：C18,即得到 B 项目的各年回收的内含报酬率。

从内含报酬率指标看，A 项目优于 B 项目。

4）净年值法

净年值又称为等值年金，是指通过等值计算将投资项目各年的净现金流量分摊到每年年末的等额年金，它等于项目的净现值除以年金现值系数，即：

净年值=净现值÷年金现值系数

如果互斥投资方案的寿命期不同，则不能直接使用上述介绍的净现值法、现值指数法和内含报酬率法进行决策，因为不同寿命周期的互斥方案的这些评价指标不具有可比性，此时就可以采用净年值法进行决策。使用净年值法评价投资项目的基本准则是：净年值大于或等于 0 的项目为可行项目。这种方法的优点与净现值法相同。

【例 5-4】某公司有三个互斥的投资方案，三个方案的受益期不同，有关资料见表 5-7，如何选择最优方案呢?

表 5-7　　**净年值法决策模型**

	A	B	C	D	E
1	方案	A方案	B方案	C方案	贴现率
2	初始投资额（万元）	300	400	600	12%
3	年净现金流量（万元）	125	180	200	
4	寿命期（年）	5	8	10	
5	净年值（万元）	41.78	99.48	93.81	

见表 5-7，在单元格 B5 中输入公式“=(PV($E $2,B4,-B3)-B2)/(PV($E $2, B4,-1))”,可计算出 A 方案的净年值，然后将其向右复制到 C5：D5 单元格，即可得到 B 方案和 C 方案的净年值，通过比较可以看出，B 方案净年值最大，所以 B 方案为最优方案。

【小思考 5-2】某公司有两个投资方案：甲方案需在第一年年初和年末分别投资 10 000 元，第 2 年年末、第 3 年年末现金流入量分别为 11 800 元、13 240 元；乙方案第 1 年年初需投资 9 000 元，第 1 年至第 3 年年末的现金流入量分别为 1 200 元、6 000 元、6 000 元。假设折现率为 10%，试评价两个方案的优劣。

可以通过计算两个方案的净现值进行评价。

甲方案的净现值为：

NPV(10%,-10 000,11 800,13 240)-10 000=608.56(元)

乙方案的净现值为：

NPV(10%,1 200,6 000,6 000)-9 000=1 557.48(元)

由于两个方案的净现值都大于零，均为可行方案，但乙方案的净现值最大，所以是最优方案。

5）不同投资决策方法的比较

上面我们分别介绍了投资决策的几种一般方法，每一种投资决策方法各有其优缺点。贴现法比非贴现法更为科学合理，因此在实际工作中应用比较广泛。在贴现法中，净现值法、现值指数法和内含报酬率法在评价独立的投资方案的可行性时的决策结论总是一致的，但在利用三种方法对互斥方案进行选择时，有时会得出一致的结论，有时则由于互斥方案的投资规模、现金流量分布等方面的差异而得出不一致的结论。

(1) 净现值法与现值指数法的比较

从前面介绍的净现值法和现值指数法中我们可以看出，计算净现值与计算现值指数使用的信息是相同的，因此得出的结论往往是一致的。但是当互斥方案的初始投资不相等时，两种方法可能会得出不同的结论。两种决策方法结论不一致的主要原因是：净现值是绝对数指标，一般来说，方案的投资额大，其净现值也会大，所以使用净现值法可能会选中单位投资报酬低但总投资报酬大的方案；而现值指数是相对指标，采用现值指数法可能会选中单位投资报酬高但总投资报酬少的方案。在这种情况下，应如何选择最优方案呢？

一般来说，此时选择最优方案的方法有下面两种：一种方法是按净现值法的决策结论选择最优方案，因为净现值最大符合企业利益最大化的原则。另一种方法是用投资额大的方案与投资额小的方案进行对比，构建一个差量方案，然后计算差量方案的净现值与现值指数，对差量方案进行评价。如果差量方案的净现值大于0，现值指数大于1，则表明差量方案可行，应该选择投资额大的方案；否则，则差量方案不可行，说明投资额大的方案比投资额小的方案追加的投资是不值得的，应选择投资额小的方案。下面我们通过实例来说明这个问题。

【例 5-5】假如某公司有 A、B 两个互斥的投资方案，其有关资料见表 5-8，要求计算两个方案的净现值和现值指数，并做出决策。

表 5-8 **净现值法与现值指数法的比较模型**

	A	B	C	D
1	年份	净现金流量（万元）		
2		A方案	B方案	差量方案（A-B）
3	0	-1000	-500	-500
4	1	480	250	230
5	2	680	300	380
6	3	560	360	200
7	4	500	400	100
8	贴现率	8%		
9	净现值	839.50	568.47	271.02
10	现值指数	1.84	2.14	1.54

计算与分析的具体步骤如下：

①单击 D3 单元格，输入公式“=B3-C3”，然后拖动 D3 单元格右下角的填充柄向下复制到 D4：D7 单元格区域中，得到差量方案的现金流量；

②单击 B9 单元格，输入公式“=NPV（$B $8，B4：B7）+B3”，然后拖动 B9 单元格右下角的填充柄向右复制到 C9 和 D9 单元格中，得到两个方案及差量方案的净现值；

③单击 B10 单元格，输入公式“=NPV（$B $8，B4：B7）/ABS（B3）”，然后拖动 B10 单元格右下角的填充柄向右复制到 C10 和 D10 单元格中，即可得到两个方案及差量方案的现值指数；

由计算结果可以看出，两个方案中 A 方案净现值最大，但 B 方案现值指数最高，按净现值法决策应选择 A 方案，按现值指数法决策应选择 B 方案，决策结论出现矛盾。在没有其他条件限制的情况下，净现值最大的 A 方案能给企业增加最多的财富，因此应作为最优方案。

再从差量方案的分析来看，A 方案与 B 方案相比较的差量方案净现值大于 0，获利指数大于 1，表明差量方案可行，因此，投资额大的 A 方案比投资额小的 B 方案更有价值，应选择投资额大的 A 方案作为最优方案。

(2) 净现值法与内含报酬率法比较

净现值法与内含报酬率法都是考虑资金时间价值因素的动态评价方法，净现值法反映的是投资项目实际获得的财富的多少，内含报酬率法反映投资报酬率的高低。在运用这两种方法评价某个独立的投资项目的可行性时会得出相同的结论。但是，如果要从几个互斥的备选方案中选择最优方案时运用上述两种方法得出的结论则不一定相同，有时会出现相反的结论。

两种决策方法可能得出矛盾的结论的原因是二者的再投资假设不同，净现值法假定投资项目前期收回的现金流量在以后各期再投资的利率等于折现率；而内含报酬率法假定投资项目前期收回的现金流量在以后各期再投资的利率等于内部收益率。

当两种决策方法得出不一致的结论时，有两种处理方法：一是由于净现值最大符合企业利益最大化的原则，所以以净现值法的结论为准；二是可以构造差量方案，然后对差量方案进行评价，如果差量方案可行，说明投资额大的方案比投资额小的方案追加的投资更有价值，应选择投资额大的方案，否则，就应该选择投资额小的方案作为最优方案。

下面我们以实例来进行说明。

【例 5-6】假如某公司有 X 和 Y 两个互斥的投资方案，其有关资料见表 5-9。

表 5-9 净现值法与内含报酬率法比较（一）

	A	B	C	D	E	F	G	H	I
1	年份	0	1	2	3	4	5	净现值	内含报酬率
2	方案X的现金流量（元）	-50000	15000	20000	22000	18000	16000	18923.20	23.73%
3	方案Y的现金流量（元）	-25000	8000	10000	12000	10000	8000	11350.47	26.26%

假如折现率为 10%，分别计算两种方案的净现值法和内含报酬率，并进行分析。

见表 5-9，计算步骤如下：

①在 H2 单元格中输入公式"=NPV(10%,C2:G2)+B2"，然后将其复制到 H3 单元格中，即可得到两个方案的净现值；

②在 I2 单元格输入公式"=IRR（B2:G2)"，然后将其复制到 I3 单元格中，即可得到两个方案的内含报酬率。

从表 5-9 的计算结果中可以看到，X 方案的净现值为 18 923.2 元，大于 Y 方案的净现值；而 Y 方案的内含报酬率为 26.26%，大于 X 方案的内含报酬率，两种决策方法得出了相反的结论。

此时，我们可以采用上面介绍的两种方法来处理，一是按净现值法的结论为准，选择净现值大的 X 方案，因为净现值最大符合企业利益最大化的原则。

二是构造差量方案，然后对差量方案进行分析评价，来决定最优方案。

见表 5-10，其具体操作方法如下：

表 5-10　　　　净现值法与内含报酬率法比较（二）

	A	B	C	D	E	F	G	H	I
1	年份	0	1	2	3	4	5	净现值	内含报酬率
2	方案X的现金流量（元）	-50000	15000	20000	22000	18000	16000	18923.20	23.73%
3	方案Y的现金流量（元）	-25000	8000	10000	12000	10000	8000	11350.47	26.26%
4	差量方案								
5	年份	0	1	2	3	4	5		
6	方案X-方案Y	-25000	7000	10000	10000	8000	8000		
7	差量方案的净现值（10%的贴现率）		7572.73	差量方案的内含报酬率			21.14%		

①在 B6 单元格中输入公式“=B2-B3”，然后向右复制到 C6：G6 单元格，即可得到差量方案各年的现金流量；

②在 C7 单元格中输入公式“=NPV(10%,C6：G6)+B6”,即可得到差量方案的净现值为 7 572.73 元；

③在 G7 单元格中输入公式“=IRR(B6：G6)”,即可得到差量方案的内含报酬率 21.14%。

从差量分析中我们可以看到,差量方案的净现值为 7 572.73 元,大于 0,内含报酬率为 21.14%,大于折现率 10%,所以说差量方案是可行的,也就是说应选择投资额大的 X 方案。

【例 5-7】假设某公司有 X、Y 两个互斥方案,各年的现金流量见表 5-11。

根据两方案的数据,构造差量方案,并计算出差量方案的净现值和内含报酬率,如图所示,差量方案的净现值为-374.94,内含报酬率为 8.58%,小于折现率 10%,所以差量方案为不可行,也就是说 X 方案比 Y 方案多投资是不值得的,所以应选择投资额少的 Y 方案。

表 5-11　　　　净现值法与内含报酬率法比较(三)

	A	B	C	D	E	F	G
1	年份	0	1	2	3	4	5
2	方案X的现金流量（元）	-25000	8000	9000	7000	10000	12000
3	方案Y的现金流量（元）	-20000	11000	8000	6000	7000	6000
4	差量方案						
5	年份	0	1	2	3	4	5
6	方案X-方案Y	-5000	-3000	1000	1000	3000	6000
7	差量方案的净现值（10%的贴现率）		-374.94	差量方案的内含报酬率			8.58%

【小知识 5-2】差额投资内含报酬率法

所谓差额投资内含报酬率法是指在两个原始投资额不同的方案的差量现金流量的基础上,计算出差额内含报酬率,并与行业基准折现率进行比较,来判断两个方案优劣的方法。这个方法适用于原始投资额不同,但项目计算期相同的多个方案的比较决策。

从以上利用 Excel 建立各种投资模型进行计算分析和决策的过程可以看出,由于净现值、内含报酬率等与投资额、每期的现金流量之间建立了链接关系。当投资方案改变时,财务人员只需改变方案中的基本数据,直接应用 Excel 提供的 NPV ( )、IRR ( )等函数，便可自动计算出新方案的净现值和内含报酬率等，与手工计算相比，减少了工作量，简化了工作过程，为及时、正确、有效地计算和评价投资项目的经济效益及做出正确的决策提供有了力的支持。

5.3 固定资产更新决策

固定资产更新决策主要研究两个问题：一个是决定是否更新，即继续使用旧资产还是更新资产；另一个是决定选择什么样的资产进行更新。实际上，这两个问题是结合在一起考虑的，如果市场上没有比现有设备更为适用的设备，那么继续使用旧设备。由于旧设备总可以修理使用，所以更新决策是对继续使用旧设备和购置新设备的选择。

5.3.1 固定资产折旧分析

固定资产在生产和经营过程中，会发生有形和无形的损耗，并以折旧的形式表现出来。尽管折旧费用不是现金流量，但所得税是企业的一种现金流出，它的大小取决于利润的大小和所得税税率的高低，而折旧费用的高低会影响利润的大小，也就是说固定资产折旧会间接产生抵税的效果，因此在固定资产投资分析中必须考虑折旧因素的影响。

计算固定资产折旧可以采用不同的方法，如平均年限法、双倍余额递减法、年数总和法等。不同的折旧方法的折旧速度是不同，即按照不同的折旧方法所计算出来的各期的折旧额不同。Excel 提供了多种折旧计算函数，各种折旧函数的使用方法详见第 4 章的有关内容。下面我们以实例比较一项固定资产采用不同的方法计提折旧的差异，进行固定资产折旧的比较分析。

【例 5-8】某公司有一台设备，其原值为 50 万元，预计使用 5 年，预计净残值为 2 万元。分别采用平均年限法、双倍余额递减法和年数总和法计提折旧，其计算结果见表5-12。

表 5-12　　固定资产折旧方法比较分析

B8　=SLN($B$2, $B$3, $B$4)

	A	B	C	D	E
1	固定资产原始数据				
2	固定资产原值（万元）	50			
3	预计净残值（万元）	2			
4	预计使用年限（年）	5			
5					
6	固定资产折旧方法比较				
7	折旧方法 / 折旧年份	平均年限法	双倍余额递减法	年数总和法	
8	1	9.60	20.00	16.00	
9	2	9.60	12.00	12.80	
10	3	9.60	7.20	9.60	
11	4	9.60	4.40	6.40	
12	5	9.60	4.40	3.20	
13	合计	48.00	48.00	48.00	

具体的操作方法如下：

①在 B8 单元格中输入公式“=SLN($B $2, $B $3, $B $4)”,然后向下复制到 B12 单元格，即可得到采用平均年限法各年应计提的折旧额。

②在 C8 单元格中输入公式“=DDB($B $2, $B $3, $B $4, A8)”,然后向下复制到

C10 单元格；在 C11 单元格中输入公式“=(B2-B3-C8-C9-C10)/2”,在 C12 单元格中输入公式“=C11”，即可得到按双倍余额递减法计算的各年的折旧额。需要注意的是“折旧年份”使用相对地址，其余各项使用绝对地址。

③在 D8 单元格中输入公式“=SYD($B $2, $B $3, $B $4,A8)”,然后向下复制到 D12 单元格，即可得到按年数总和法计算的各年的折旧额。需要注意的是折旧年份采用相对地址，其余各项采用绝对地址。

从表 5-12 中可以看出，采用平均年限法计算出的每年的折旧额都是完全相同的，而采用双倍余额递减法和年数总和法计算出的各期折旧额则呈现出先多后少的规律，即各年折旧额逐渐递减。但是不管采用何种折旧方法，固定资产折旧总额都是一样的，都等于固定资产原值减去预计净残值。

为了更清楚地看出各种折旧方法得出的年折旧额的差异，我们还可以使用 Excel 的图表功能，通过绘制折线图来进行比较。其具体做法是：

①单击工具栏上的【图表向导】按钮，然后在图表类型中选择【折线图】，单击【下一步】；

②单击【数据区域】右侧的折叠按钮，然后选择数据区域“B7 : D12”，然后单击【下一步】；

③在【图表标题】框中输入“固定资产折旧方法比较分析图”，在“分类（X）轴”中输入“年份”，在“数值（Y）轴”中输入“折旧额（万元)”；

④单击【完成】按钮，即可得到一张折线图；

⑤对折线图的有关项目进行调整，如调整图表大小，将图例字号变小些，将图表标题字号设大些，将数值轴标题“竖排”等，以便使图表更加美观。

完成的结果如图 5-1，从图中我们可以更清楚地看出三种不同折旧方法的差异，各企业可以根据自身的实际情况采用合适的折旧方法。

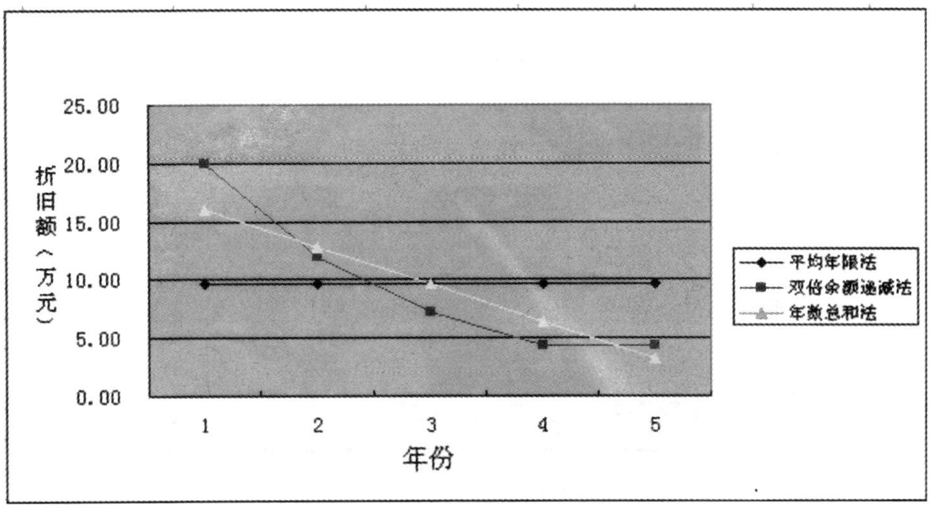

图 5-1　固定资产折旧方法比较分析图

5.3.2　固定资产更新决策

固定资产更新决策主要有两方面内容：一是确定是否更新，二是确定选择什么样的资产进行更新。同时，在更新设备时还需要考虑，新设备的经济寿命与旧设备的剩余寿命相等或不等的两种情况。前者可采用差额分析法，通过计算两种现金流量差额，以计算增减的净现值或内含报酬率，并根据计算结果来判断是否更新；后者可采用平均年成本，选出较低者作为方案。其中，固定资产平均年成本是以使用年限内现金流出总现值与年金现值因素的比重，即平均年现金流出作为量度的变量。

1）现金流量分析

由于折旧具有“抵税”的作用，在加入所得税因素后，税后的现金流量可以有三种计算方法：一是根据现金流量定义，所得税作为一种现金支付，应当作为每年营业现金流量的一个减项。二是根据年末营业结果来计算，企业年现金增减主要来自两个方面，即当年增减的净得和计提的折旧，以现金形式从销售收入中扣回，留在企业中。三是根据所得税对收入和折旧的影响，计算税后成本、税后收入和折旧抵税的结果。

常用的税后现金流量计算公式为：

税前净利=销售收入-付现成本-折旧额

所得税=税前净利×所得税税率

税后净利=税前净利-所得税

营业现金流量=税后净利+折旧=销售收入-付现成本-所得税

现金流量=营业现金流量+终结现金流量

根据税后现金流量的计算公式，首先，建立现金流量表结构与框架，表示与现金流量计算有关变量之间的勾稽关系。其次，采用不同的方法进行分析计算。

2）固定资产更新决策模型

【例5-9】某公司有一个设备更新方案，新旧设备的原始资料见表5-13。如果购买新设备的话，现在处置旧设备可得净收益30 000元，要求做出固定资产更新决策模型。

表5-13 新旧设备的原始资料

	A	B	C
1	新旧设备原始资料		
2	项目	旧设备	新设备
3	原始价值（元）	64000	85000
4	预计使用年限（年）	8	5
5	已使用年限	3	0
6	年销售收入（元）	70000	110000
7	每年付现成本（元）	44000	48000
8	预计净残值（元）	10000	10000
9	折旧方法	直线法	年数总和法
10	资金成本率	10%	
11	所得税税率	25%	

（1）先计算新旧设备的现金净流量

根据上面的公式和原始资料，可以计算出新旧设备的现金净流量（不考虑其他现金流量因素），见表5-14。具体计算步骤如下：

表 5-14　　固定资产更新决策模型

	A	B	C	D	E	F
12	固定资产更新决策模型					
13		资金成本率	10%	所得税率	33%	
14	一、旧设备					
15	剩余使用年限（年）	1	2	3	4	5
16	年销售收入（元）	70000	70000	70000	70000	70000
17	年付现成本（元）	44000	44000	44000	44000	44000
18	年折旧额（元）	6750	6750	6750	6750	6750
19	年利润总额（元）	19250	19250	19250	19250	19250
20	所得税（元）	6352.5	6352.5	6352.5	6352.5	6352.5
21	税后净利润（元）	12897.5	12897.5	12897.5	12897.5	12897.5
22	现金净流量（元）	19647.5	19647.5	19647.5	19647.5	19647.5
23	净现值（元）	¥74,479.48				
24	二、新设备					
25	剩余使用年限（年）	1	2	3	4	5
26	销售收入（元）	110000	110000	110000	110000	110000
27	付现成本（元）	48000	48000	48000	48000	48000
28	年折旧额（元）	25000	20000	15000	10000	5000
29	利润总额（元）	37000	42000	47000	52000	57000
30	所得税（元）	12210	13860	15510	17160	18810
31	税后净利润（元）	24790	28140	31490	34840	38190
32	现金净流量（元）	49790	48140	46490	44840	43190
33	净现值（元）	¥92,421.30				

① 年折旧额的计算：

旧设备：在 B18 单元格中输入公式"=SLN(64000,10000,8)"，然后复制到C18：F18单元格区域，可得到旧设备各年的折旧额；

新设备：在 B28 单元格中输入公式"=SYD(85000,10000,5,B25)"，然后复制到C28：F28单元格区域，可计算出新设备各年的折旧额。

② 设备利润总额的计算：

旧设备：在单元格 B19 中输入公式"=B16-B17-B18"，再将该公式复制到单元格区域C19：F19，可得到旧设备各年的利润总额；

新设备：单元格 B29 中输入公式"=B26-B27-B28"，再将该公式复制到单元格区域C29：F29，可得到新设备各年的利润总额。

③ 设备所得税的计算：

旧设备：在单元格 B20 中输入公式"=B19 * $E $13"，再将该公式复制到单元格区域C20：F20；

新设备：在单元格 B30 中输入公式"=B29 * $E $13"，再将该公式复制到单元格区域C30：F30；

④ 税后净利润的计算：

旧设备：在单元格 B21 中输入公式"=B19-B20"，再将该公式复制到单元格区域C21：F21；

新设备：在单元格 B31 中输入公式"=B29-B30"，再将该公式复制到单元格区域C31：F31。

⑤ 现金净流量的计算：

旧设备：在单元格 B22 处输入公式"=B18+B21"，再将该公式复制到单元格区域C22：F22；

新设备：在单元格 B32 处输入公式“=B28+B31”，再将该公式复制到单元格区域 C32：F32。

（2）计算各方案的净现值及其差额

净现值的计算公式如下：

采用旧设备的净现值=NPV（资金成本率，旧设备的现金流量）

采用新设备的净现值=NPV（资金成本率，新设备的现金流量）-初始投资

新旧设备净现值差额=新设备 NPV-旧设备 NPV+变现收入

当新旧设备净现值差额≥0 时，可更新；新旧设备净现值差额<0，不可更新。

在本例中，如果我们直接在工作表“更新决策模型”中计算净现值，那么，新旧设备的现金流量可以用单元格来表示，即净现值的公式可以表示为：

旧设备净现值=NPV（C13，B22：F22）

新设备净现值=NPV（C13，B32：F32）-85 000

计算结果为：旧设备净现值=74 479.48（元），新设备净现值=92 421.30（元）。

新旧设备的净现值差额=92 421.30-74 479.48+30 000

=47 941.82（元）

根据上述结果，新旧设备净现值差额明显大于零，即应当使用新设备。

● 5.4 投资的风险分析

资金的时间价值是在无风险条件下进行投资所要求的最低报酬率，没有考虑投资的风险问题。但事实上企业的任何投资，都不可避免地存在着不确定因素，包括投资费用的不确定性、投资收益的不确定性，以及投资期间的购买力风险、利率风险、政治风险和自然灾害等，因而必然存在着投资风险。当企业未来现金流量面临的不确定程度大，足以影响投资方案的选择时，就必须考虑投资风险。

5.4.1 投资风险的衡量

投资风险的衡量通常采用两个指标：一个是期望平均值 E，它反映随机变量预期达到的标准结果；另一个是标准离差值，它反映随机变量实际达到的标准与期望平均值的差距。对于预期收益额不同的投资项目的风险程度的衡量要使用标准离差率指标，即用方案的标准离差除以期望平均值。

其中：期望平均值 $E=\sum(E_i \times P_i)$　　(i=1，2，…，n)

标准离差 $\sigma=SQRT(\sum(E_i-E)^2 \times P_i)$　　(i=1，2，…，n)

方差 $=\sum(E_i-E)^2 \times P_i$

标准离差率 $Q=\sigma/E$

【例 5-10】某公司明年有 A、B 两个投资方案，假设未来市场情况有繁荣、正常、衰退三种情况，相应的概率分布及其报酬率见表 5-15，要求进行两个投资方案的投资风险分析。

计算分析的具体步骤如下：

（1）计算预期报酬率

在单元格 B9 中输入公式“=SUMPRODUCT(B4：D4,B3：D3)”,即得到方案 A 的预期报酬率。

表5-15　　投资风险分析（一）

	A	B	C	D
1	投资方案资料			
2	经济情况	繁荣	正常	衰退
3	发生概率	0.3	0.4	0.3
4	A方案报酬率	45%	25%	-20%
5	B方案报酬率	15%	25%	10%
6				
7	投资风险分析			
8	方案	预期报酬率	方差	标准差
9	A方案	17.50%	6.71%	25.91%
10	B方案	17.50%	0.41%	6.42%

在单元格B10中输入公式“=SUMPRODUCT（B5：D5，B3：D3）”，即得到方案B的预期报酬率。函数SUMPROCUCT( )的使用方法可参见第3章的有关内容。

（2）计算方差

在单元格C9中输入公式“=SUM(B3*(B4-B9)^2,C3*(C4-B9)^2,D3*(D4-B9)^2)”,即得到A方案的方差;

在单元格C10中输入公式“=SUM(B3*(B5-B10)^2,C3*(C5-B10)^2,D3*(D5-B10)^2)”,即得到B方案的方差。

（3）计算标准差

在单元格D9中输入公式“=SQRT（C9）”，即得到了方案A的标准差；

在单元格D10中输入公式“=SQRT（C10）”，即得到了方案B的标准差。

见表5-15，A方案与B方案的预期报酬率相同，均为17.5%，由于B方案的标准差小于A方案的标准差，所以说B方案的投资风险小于A方案，应当选择B方案作为最佳方案。

如果两个投资方案的预期报酬率不相同，那么需要分别计算每个投资方案的标准差率，然后确定投资风险大小。

【例5-11】某公司的投资方案资料见表5-16，要求比较两个投资方案的风险。

表5-16　　投资风险分析（二）

	A	B	C	D	E
1	投资方案资料				
2	经济情况	繁荣	正常	衰退	
3	发生概率	0.3	0.4	0.3	
4	A方案报酬率	45%	35%	-10%	
5	B方案报酬率	15%	10%	-5%	
6	投资风险分析				
7	方案	预期报酬率	方差	标准差	标准差率
8	A方案	24.50%	5.27%	22.96%	93.72%
9	B方案	7.00%	0.66%	8.12%	116.06%

分别计算两个方案的预期报酬率、方差和标准差，具体计算方法同上。由于两个方案的预期报酬率不同，所以不能直接根据标准差判断两个方案风险的大小，而需要分别计算两个投资方案的标准差率。

标准差率的计算方法是：在E8单元格中输入公式“=D8/B8”，然后复制到E9单元格即可。从计算结果可以看出，虽然A方案的标准差大于B方案，但由于A方案的预期报酬远远高于B方案，所以A方案的标准差率小于B方案，由此可以说A方案的投资风险小于B方案，应当选择A方案作为最优方案。

5.4.2 投资风险决策分析

投资活动往往面临着各种各样的不确定因素，导致其不可避免地面临着风险。如果不确定因素较多，则在进行投资决策时就应当考虑风险。投资风险分析的常用方法有风险调整折现率法和风险调整现金流量法，下面分别介绍这两种方法。

1）风险调整折现率法

风险调整折现率分析方法的基本思路是：对于高风险的项目，采用较高的折现率计算净现值，对于低风险的项目，采用较低的折现率计算净现值。即在原贴现指标的基础上，加上一个反映风险因素的折现率，形成风险调整折现率，再以此计算出方案的净现值作为选择方案的依据。具体决策程序如下：

①确定无风险折现率的大小。可以考虑以政府的长期债券利率为参照依据确定无风险折现率，因为政府债券在一般情况下的偿付信用是无风险的；

②根据公司设定的风险斜率和变化，确定风险报酬率，并以此调整预先确定的收益率。其计算公式为：

$$k=i+bQ$$

式中：k——风险调整折现率；

i——无风险折现率；

b——风险报酬率；

Q——风险程度。

从上式可知，在 i 已知时，为了确定 k，需要先确定 Q 和 b。

③计算投资方案的净现值的期望值；

④按净现值法评价方案的优劣，调整后的期望净现值为正值，投资项目具有可行性，否则项目不具有可行性。

【例 5-12】某公司现有两个投资方案可供选择，有关资料见表 5-17，试建立相应的投资风险分析模型。

表 5-17　**按风险调整折现率法建立的投资风险分析模型**

	A	B	C	D	E
1		方案A		方案B	
2	T	现金流量（元）	概率Pi	现金流量（元）	概率Pi
3	0	-60000		-35000	
4		30000	0.3		
5	1	25000	0.5		
6		20000	0.2		
7		45000	0.2	30000	0.2
8	2	30000	0.6	40000	0.3
9		25000	0.2	50000	0.5
10		30000	0.3	20000	0.3
11	3	25000	0.4	40000	0.5
12		15000	0.3	60000	0.2
13	无风险报酬率	8%		风险报酬率	12%
14		投资风险分析			
15		方案A		方案B	
16	T	现金流量期望值E	标准差D	现金流量期望值E	标准差D
17	1	25500	3500	0	0
18	2	32000	6782.33	43000	7810.25
19	3	23500	5937.17	38000	14000.00
20			A方案		B方案
21		期望现值	69701.01		67031.19
22		综合标准差	8156.42		12974.98
23		风险程度	0.12		19.356627%
24		调整风险贴现率	9.40%		10.32%
25		净现值	7989.05		28629.63

投资风险分析模型的建立步骤如下：

（1）计算各方案在各期间的“现金流量期望值”

在 B17 单元格中输入公式“=SUMPRODUCT(B4：B6,C4：C6)”；

在 B18 单元格中输入公式“=SUMPRODUCT(B7：B9,C7：C9)”；

在 B19 单元格中输入公式“=SUMPRODUCT(B10：B12,C10：C12)”；

将上述公式（即单元格区域 B17：B19)复制到单元格区域 D17：D19,即可得到两个方案的现金流量期望值。

（2）计算各方案在各期间的标准差

在 C17 单元格中输入公式“=SQRT(SUMPRODUCT((B4：B6-B17)^2,C4：C6))”；

在 C18 单元格中输入公式“=SQRT(SUMPRODUCT((B7：B9-B18)^2,C7：C9))”；

在 C19 单元格中输入公式“= SQRT (SUMPRODUCT ((B10：B12 - B19) ^ 2,C10：C12))”；

将上述公式(即单元格区域 C17：C19)复制到单元格区域 E17：E19,即可得到两个方案的在各期间的标准差。

（3）计算各方案的“期望现值”、“综合标准差”、“风险程度”、“调整风险折现率”和“净现值”

在 C21 单元格中输入公式“=NPV($ B $ 13,B17：B19)”,得到 A 方案的期望现值；

在 C22 单元格中输入公式：

“=SQRT((C17^2/(1+ $B $13)^(2 * $A $17)+C18^2/(1+ $B $13)^(2 * $A $18)+C19^2/(1+ $B $13)^(2 * $A $19)))”,即可得到 A 方案的综合标准差；

在 C23 单元格中输入公式“=C22/C21”,即可得到 A 方案的风险程度；

在 C24 单元格中输入公式“= $B $13+ $E $13 * C23”,即可得到 A 方案的调整风险折现率；

在 C25 单元格中输入公式“=NPV(C24,B17：B19)+B3”,即可得到 A 方案的净现值；

将上述公式（即 C21：C25 单元格区域）复制到 E21：E25 单元格区域，可得到 B 方案的各个相应指标数值。

根据上述结果，公司财务人员就可以选择净现值大的方案（B 方案）。同时，财务人员可以通过调整改变原始数据，例如，无风险报酬率和风险报酬斜率，以及各方案的现金流量和相应的概率。由于我们已经在模型与原始数据之间建立好了勾稽关系，系统会自动得出不同的投资风险分析模型，以满足财务人员的需要。

2）风险调整现金流量法

风险调整现金流量法又称为肯定当量法，它是首先按照一定的肯定当量系数将不确定的现金流量折算为确定的当量现金流量，再利用无风险利率对投资项目进行评价的方法。

肯定当量系数是指肯定的现金流量和与之相当的不确定的现金流量的比值。肯定当量系数可以根据变差系数来确定。

【例 5-13】某公司有两个投资方案，有关资料见表 5-18，试建立投资风险分析模型。

表 5-18 **按风险调整现金流量法建立的模型**

	A	B	C	D	E	F	G
1			已知条件				
2	最低要求收益率	8%			金额单位：万元		
3	变差系数判断值	0.07	0.23	0.42	0.73		
4	肯定当量系数	1	0.85	0.6	0.4		
5	年份	A方案		B方案			
6		概率	年净现金流量	概率	年净现金流量		
7	0	1	-900	1	-500		
8		0.25	800	0.3	450		
9	1	0.5	600	0.4	380		
10		0.25	400	0.3	260		
11		0.2	700	0.1	310		
12	2	0.6	500	0.8	240		
13		0.2	300	0.1	190		
14		0.3	600	0.2	220		
15	3	0.4	200	0.6	150		
16		0.3	100	0.2	100		
17			A方案净现值的计算				
18	年份	现金流的期望值	标准差	变差系数	肯定当量系数	肯定当量现金流	净现值
19	1	600	141.42	0.24	0.6	360	
20	2	500	126.49	0.25	0.6	300	-217.38
21	3	290	207.12	0.71	0.4	116	
22			B方案净现值的计算				
23	年份	现金流的期望值	标准差	变差系数	肯定当量系数	肯定当量现金流	净现值
24	1	365	74.60	0.20	0.85	310.25	
25	2	242	27.13	0.11	0.85	205.7	37
26	3	154	38.26	0.25	0.6	92.4	

如表 5-18，具体计算步骤如下：

（1）分别计算两个方案的现金流量期望值

在 B19 单元格中输入公式"=SUMPRODUCT(C8：C10,B8：B10)"；

在 B20 中输入公式"=SUMPRODUCT(C11：C13,B11：B13)"；

在 B21 中输入公式"=SUMPRODUCT(C14：C16,B14：B16)"；可得到 A 方案的各年的现金流量的期望值；

在 B24 单元格中输入公式"=SUMPRODUCT(E8：E10,D8：D10)"；

在 B25 单元格中输入公式"=SUMPRODUCT(E11：E13,D11：D13)"；

在 B26 单元格中输入公式"=SUMPRODUCT(E14：E16,D14：D16)"，可得到 B 方案各年的现金流量的期望值。

（2）分别计算两个方案的标准差

在 C19 单元格中输入公式"=SQRT(SUMPRODUCT((C8：C10-B19)^2,B8：B10))"；

在 C20 单元格中输入公式"=SQRT(SUMPRODUCT((C11：C13-B20)^2,B11：B13))"；

在 C21 单元格中输入公式"=SQRT(SUMPRODUCT((C14：C16-B21)^2,B14：B16))"，可得到 A 方案的各年现金流量的标准差；

在 C24 单元格中输入公式"=SQRT(SUMPRODUCT((E8：E10-B24)^2,D8：D10))"；

在 C25 单元格中输入公式"=SQRT(SUMPRODUCT((E11：E13-B25)^2,D11：D13))"；

在 C26 单元格中输入公式"=SQRT(SUMPRODUCT((E14：E16-B26)^2,

D14：D16))",可得到 B 方案各年的现金流量的标准差。

(3) 计算两个方案的变差系数

在 D19 单元格中输入公式"=C19/B19"，然后向下复制到 D20：D21 单元格区域，再复制到 D24：D26 单元格区域，可得到 A 方案和 B 方案的变差系数。

(4) 计算两个方案的肯定当量系数

在 E19 单元格中输入公式"=IF(D19>$D $3，$E $4,IF(D19>$C $3，$D $4，IF(D19>$B $3,$C $4，$B $4)))",然后分别复制到 E20：E21 单元格区域和 E24：E26 单元格区域，即可得到 A、B 两个方案的肯定当量系数。

(5) 计算两个方案的肯定当量现金流量

在 F19 单元格中输入公式"=B19 * E19"，然后分别复制到 F20：F21 单元格区域和 F24：F26 单元格区域，可得到 A 方案和 B 方案的肯定当量现金流量。

(6) 分别按肯定当量现金流量计算 A、B 方案的净现值

在 G19 单元格中输入公式"=NPV(B2,F19：F21)+C7",可得到 A 方案的净现值为-217.38万元，在 G24 单元格中输入公式"=NPV(B2,F24：F26)+E7",可得到 B 方案的净现值为 37 万元。

由计算结果可以看出，由于 A 方案各年的现金流的变差系数比较高，其肯定当量的现金流就比较低，最终导致其净现值为负数，A 方案是不可行的。

风险调整折现率法和风险调整现金流量法各有利弊，风险调整折现率法比较符合逻辑，但把时间价值与风险价值混在一起，并据此对现金流量贴现，就会有夸大远期风险的缺点。风险调整现金流量法通过对现金流量的调整来反映各年投资风险，并将风险因素与时间因素分开讨论，克服了前者夸大远期风险的缺点。它还可以与内含报酬率法结合使用，这在理论上是可行的。但是，肯定当量系数很难确定，每个人都会有不同的估算，数值差别很大。

[本章小结]

投资决策是企业财务管理的一项重要内容。企业要制定投资决策，就需要合理地预计投资方案的收益与风险，做好可行性分析，通过对投资方案的比较选优，以确定最佳的投资方案。投资决策一般是通过比较投资决策指标而进行的。

投资决策的分析方法按其是否考虑货币时间价值可分为非贴现方法和贴现方法。非贴现方法没有考虑货币时间价值因素，主要包括投资回收期法和会计收益率法；贴现方法考虑了货币的时间价值因素，主要包括净现值法、净现值指数法、内含报酬率法等。

固定资产是企业从事生产经营活动的基础。固定资产投资分析中必须考虑折旧因素。固定资产投资决策通常要解决两个问题，一是是否更新，二是选择什么样的资产更新。一般可以采用现金流量分析，建立固定资产更新决策模型。

投资活动中充满了不确定性，在进行投资决策时应充分考虑到风险因素。投资风险的衡量通常采用两个指标，一个指标是期望平均值，另一个指标是标准离差值。投资风险决策分析常用的方法有风险调整折现率法等。

[主要概念和观念]

□ **主要概念**

投资回收期法　净现值法　内含报酬率法

□ **主要观念**

非贴现法模型　净现值法模型　固定资产更新决策模型

[基本训练]

□ **知识题**

1）阅读理解

（1）投资分析的方法一般分为哪两大类，各包括哪些主要方法？

（2）内含报酬率法有哪些优点和缺点？

（3）为什么净现值法在投资决策分析中被广泛应用？

2）知识应用

（1）投资决策一般分为哪几步？

（2）如何运用净现值法进行投资决策分析？

（3）投资风险分析的常用方法有哪几种？

□ **技能题**

1）规则练习

（1）如何建立“按风险调整折现率法”投资风险分析模型？

（2）如何建立固定资产更新决策模型？

（3）如何计算投资回收期？

2）操作练习

（1）某公司现有 A、B 两个投资额不同的投资项目，A 项目需要投资 200 000 元，B 项目投资 50 000 元，该公司的资金成本率为 10%，两个项目经营期各年的现金净流量资料见表 5-19：

表 5-19　**A、B 项目的现金流量**　金额单位：元

投资项目	第一年	第二年	第三年	第四年
A 项目	65 000	65 000	65 000	65 000
B 项目	10 000	20 000	30 000	15 000

要求：分别计算两个投资项目的净现值、内含报酬率、投资回收期，并比较选择投资项目。

（2）某公司新购入一台设备，原值 50 万元，预计使用 10 年，预计净残值为 2 万元。

要求：①分别采用直线折旧法、双倍余额递减法和年限总和法，计算各年应提的折旧额；

②绘制折旧曲线图。

（3）某公司有 A、B 两个投资项目，两个项目在 4 种经济情况下的投资收益率及分布概率的有关资料见表 5-20。

表 5-20　　A、B 项目的投资收益率及分布概率

经济情况	概率	年投资收益率	
		A 项目	B 项目
严重萧条	0.1	15%	15%
衰退	0.2	18%	5%
正常	0.4	32%	25%
繁荣	0.3	35%	55%

要求：计算两个项目年投资收益率分布的期望值、标准差和标准离差率。

□ 能力题

1）案例分析

某企业计划投资某项目，固定资产投资 350 万元，寿命期为 10 年，期末残值 10 万元，预计第 1-10 年中每年的销售收入为 220 万元，年付现经营成本为 90 万元，按平均年限法计提折旧。所得税税率为 25%，基准收益率为 10%。问该项目是否可行？

2）单元实训

（1）某公司欲进行一项投资，有 A、B 两个互斥的投资方案，其有关资料见表 5-21。

表 5-21　　A、B 投资方案相关资料　　金额单位：元

年份	0	1	2	3	4	5
方案 A 的现金流量	-100 000	30 000	35 000	28 000	40 000	45 000
方案 B 的现金流量	-40 000	22 000	16 000	12 000	14 000	12 000

要求：①分别计算两个方案的净现值和内含报酬率。

②假定折现率为 10%，请选择最优方案。

（2）某公司有一项付款业务，有甲、乙、丙三种付款方案可供选择。

甲方案：现在一次支付 20 万元；

乙方案：两年后一次性支付 21.5 万元；

丙方案：分 5 年付款，1—5 年各年年初的付款分别为 4 万元、4 万元、5 万元、5 万元、6 万元。

假定年利率为 5%，要求按净现值选择最优方案。

（3）某企业于 3 年前购入一台机床，原价 10 万元，预计使用 10 年，10 年末预计残值 0.5 万元，使用该机床每年销售收入可达到 15 万元。目前市场上具有一种性能更好的同类机床，价值 15 万元，预计使用 7 年，7 年末预计残值 1 万元。经测算，新型机床投入使用后每年可增加销售收入 3 万元，降低付现经营成本 1 万元，购入新型机床时，旧机床可以作价 6 万元出售，企业的资本成本率为 10%，所得税税率为 25%，该企业是否该对机床进行更新？

（4）某投资项目需要一次性固定资产投资 200 万元，建设期 1 年，发生资本化利息 20 万元。该固定资产可使用 8 年，按平均年限法计提折旧，期满有净残值 20 万元，该项目需要在第一年年末垫支流动资产 30 万元，并于项目终结时将其收回，项目投产后，可

使经营期第 1—4 年每年产品销售收入增加 110 万元，每年付现经营成本增加 55 万元，第 5—8 年每年产品销售收入增加 100 万元，同时每年付现经营成本增加 60 万元，该企业的所得税税率为 25%。

要求：①计算各年的净现金流量。

②分别计算 NPV、IRR、投资回收期。

第 6 章

筹资分析与决策

[学习目标]

通过本章的学习，学生应该在回顾企业筹资目的与各种筹资渠道和方式的基础上，能熟练运用 Excel 提供的函数和工具，掌握资金需要量预测的基本方法，进行筹资成本与方式分析，并利用资本成本和各种杠杆进行最佳资金结构决策。

● 6.1 筹资决策概述

资金是企业持续从事生产经营活动的基本条件。资金筹集是企业生产经营活动的前提，又是企业再生产顺利进行的保证，从一定意义上讲，筹资的数量与结构直接影响企业效益的好坏，进而影响企业收益分配，影响企业自身的生存与发展。

6.1.1 筹资目的与要求

1）筹资的目的

创建企业、开展日常经营活动、扩大生产经营规模，都需要筹集资金。企业筹集资金的目的总的来说是为了获取资金，但具体到每个企业目的就可能有所不同，主要有以下几个方面：

①满足设立企业的需要——资本金。

②满足生产经营的需要。

③满足资金结构调整的需要。资金结构调整的目的是为了降低筹资风险、减少资本成本对自有资金与负债资金的比例。

④满足企业发展壮大的需要。

2）筹资的要求

①科学地确定筹资数量，控制资金投放时间。

②认真选择筹资渠道和筹资方式，确定最佳资金结构，减少风险，降低资金成本。

③全面分析筹资来源、筹资方式、资本成本、投资效益，力求使所筹资金发挥更大的效益。

6.1.2 筹资渠道与方式

1）筹资渠道

筹资渠道是指筹措资金来源的方向与通道，体现资金的来源与供应量。认识和了解各渠道及其特点，有助于企业充分拓宽和正确利用筹资渠道。我国目前的筹资渠道主要有：

①国家财政资金；

②银行信贷资金；

③非银行金融机构资金；

④其他企业资金；

⑤居民个人资金；

⑥企业自留资金；

⑦外商资金。

各筹资渠道在体现资金供应量的大小时，存在着较大的差别。有些渠道的资金供应量大，如银行信贷资金和非银行金融机构资金等；有些相对较小，如企业自留资金等。这种资金供应量的大小，在一定程度上取决于财务管理环境的变化，特别是宏观经济体制、银行体制和金融市场发展速度等。

2）筹资方式

筹资方式是指企业筹集资金所采用的具体形式。如果说，筹资渠道属于客观存在，那么筹资方式则是企业主观能动行为。企业筹资管理的重要内容是如何针对现有的融资渠道，选择合理的筹资方式进行筹资。掌握筹资方式的分类及各种筹资方式的特点，有利于企业选择适宜的筹资方式并选择更优化的筹资组合，降低成本，提高筹资效益。

目前我国企业筹资方式主要有以下几种：

①吸收直接投资；

②发行普通股票；

③银行借款；

④发行优先股票；

⑤发行债券；

⑥融资租赁；

⑦商业信贷。

【小思考 6-1】某公司有个投资项目，预计收益可达到 40%，现在进行筹资规划，筹资的方式有：银行贷款、投资入股。企业如何筹资，才能降低风险，降低筹措资金成本，使资金结构最佳呢？

参考解答：筹资方式的选择并不是以资金的归属为标准，而是应该综合考虑筹措资金的成本以及由此形成的资金的结构。某种情况下，尤其是在借入资金的利息率低于投资项目的预期收益率时，采用举债经营，会给企业带来更大的税后收益。

6.2 资金需要量的预测分析

资金需要量预测是指根据企业未来的发展目标和现实条件，参考其他有关资料，利用专门方法对企业未来某一时期内的资金需要量所进行的推测和估算。合理预测一定时期的资金需要量，对于保证资金供应、有效组织资金运用、提高资金利用效率具有重要的意义。

资金需要量的预测方法主要有销售百分比法、资金习性预测法等。

6.2.1　销售百分比分析法

销售百分比法是根据资金各个项目与销售收入之间的依存关系，并结合销售收入的增长情况来预测计划期企业需要从外部追加筹措资金的数额的方法。运用销售百分比法预测资金需要量的具体步骤如下：

①对资产负债表上的项目进行分类。

根据资产负债表上的项目与销售收入之间的依存关系，将其分为敏感性项目和非敏感性项目两大类。敏感性项目是指资产负债表中与销售收入增减有直接关系的项目，如货币资金、应收账款、存货、需扩充的固定资产、应付账款、应交税金等。非敏感性项目是指资产负债表中与销售收入增减没有直接关系的项目，如不需扩充的固定资产、无形资产、长短期借款、资本金等。

②计算敏感性资产和负债项目占基期销售额百分比。

③计算预测期企业需要从外部追加的筹资额，公式为：

预测期追加筹资额=预测期外部筹资预计资产总额-预计负债总额-预计所有者权益总额

④计算预测期外部筹资额，公式为：

预测期外部筹资额=预测期追加筹资额-预测期内部筹资额

【例 6-1】海河公司 2013 年根据简易资产负债表，采用销售百分比法预测资金需要量的计算操作，见表 6-1：

表 6-1　**销售百分比法**

	A	B	C	D	E	F
1	**海河公司资产负债表**					**单位：万元**
2	资产项目	金额	占销售百分比%	负债及所有者权益	金额	占销售百分比%
3	货币资金	60000	12%	短期借款	100000	非敏感项目
4	应收账款	200000	40%	应付账款	150000	30%
5	存货	180000	36%	应交税金	20000	4%
6	固定资产	400000	非敏感项目	长期负债	150000	非敏感项目
7	其他	30000	非敏感项目	负债合计		
8				所有者权益	450000	非敏感项目
9	合计	870000	88%	负债及所有者权益合计	870000	34%
10	随收入增加需增加筹资的%		54%			
11	2012年销售收入		500000			
12	2013年销售增长率		20%	2013年预计销售收入	600000	
13	股利分配率		60%	2013年预计销售净利润	60000	
14	销售净利率		10%			
15	预计资金需要增加总额		54000			
16	其中：留存利润		24000			
17	外界筹资		30000			

预测资金需要量的具体操作步骤如下：

①创建“财务预测”工作簿及新工作表“销售百分比法”；

②在工作表“销售百分比法”中设计表格，按照设计好的表格样式编制公式输入方式。部分有关公式如下所示：

B9=SUM(B3:B7)	F3=E3/C11	C15=(E12-C11)*(C9-F9)
C9=SUM(C3:C8)	C9=B9/C11	C16=E13*(1-C13)
E9=SUM(E3:E8)	F9=E9/C11	C17=C15-C16
F9=SUM(F3:F8)	E12=C11*(1+C12)	
C3=B3/C11	E13=E12*C14	

【小知识 6-1】销售百分比法

用这种方法确定销售预算时，最常用的方式是用上年的费用与销售百分比结合预算年度的预测销售量来确定销售预算。另外一种方式是把最近几年的费用的销售百分比加权平均，其结果作为预算年度的销售预算。这种方法，往往忽视了公司的长期目标，不利于开拓新的市场，比较适合销售市场比较成熟的公司。同时，这种方法不利于公司吸纳新的销售人才，因为从长远来看，吸引有发展潜力的销售人员对公司的长期发展是必不可少的，但这种方法会促使销售经理只注重短期目标，而忽视对公司具有长期意义的人才的培养。

6.2.2　资金习性预测法

资金习性预测法是根据资金习性预测未来资金需要量的一种方法。资金习性是指资金的变动同产销量（或销售额）变动之间的依存关系。按照资金同产销量之间的依存关系，可以将资金区分为不变资金、变动资金和半变动资金。

不变资金是指在一定的产销范围内，不受产销量变动的影响而保持固定不变的那部分资金。这部分资金主要包括：为维持营业而占用的最低数额的现金，原材料的保险储备，必要的成品储备，厂房、机器设备等固定资产占用的资金。

变动资金是指随产销量的变动而成比例变动的那部分资金。这部分资金主要包括：直接构成产品实体的原材料、外购件等占用的资金，在最低储备以外的现金、应收账款、存货等占用的资金。

半变动资金是指虽然受产销量的变化的影响，但不成比例变动的那部分资金。半变动资金可以采用一定的方法分解为不变资金和变动资金。

资金习性法就是根据上述原理，预测资金需要量的方法。其数学模型为：

$$y=a+bx$$

式中：y——预测期资金需要量；

x——产销量；

a——不变资金；

b——单位产量所需要的变动资金。

如果 a、b 已知，即可求得一定产销量下所需要的资金量。估算 a、b 的方法主要有高低点法、散点图法、回归分析法等。

1）高低点法

高低点法又称两点法，是指通过观察一定相关范围内各期产销量（或销售额）与资金占用量所构成的所有坐标点，从中选出产销量最高和最低两点坐标，并据此来推算不变资金总额和单位变动资金从而推测资金需要量的一种方法。

运用高低点法预测资金需要量的具体步骤是：

①从各期产销量与相应的资金占用量的历史数据中，找出产销量最高和最低的两点；

②根据高低两点的数据计算单位变动资金：

单位变动资金=（最高点资金占用量-最低点资金占用量）÷（最高点产销量-最低点产销量）

③计算不变资金总额：

不变资金总额＝高点资金占用量－单位变动资金×高点产销量

或：不变资金总额＝低点资金占用量－单位变动资金×低点产销量

④根据数学模型预测某一时期的资金需要量：

y＝a+bx

高低点法预测资金需要量的优点是简单易行、便于理解，缺点是仅选择了历史资料中的两组数据建立预测模型，很可能不具有代表性，导致较大的预测误差。这种方法一般只适用于资金变化趋势比较稳定的企业。

【例 6-2】某企业产量和资金占用量的历史资料见表 6-2。假定 2014 年该企业预计产量为 78 000 件。要求用高低点法预测 2014 年的资金占用量。

表 6-2　　**某企业产量和资金占用量的历史资料**

资金占用量预测

	A	B	C	D
1	年度	产量X（万件）	资金占用量Y（万元）	
2	2009	7.5	700	
3	2010	7	660	
4	2011	8	730	
5	2012	8.5	790	
6	2013	9	820	
7				
8				

销售百分比法／高低点法／散点

【分析过程】首先，创建新工作表“高低点法”，见表 6-2。

其次，按表 6-3 在工作表“高低点法”中输入公式。

表 6-3　　**单元格公式**

单元格	公　式	备　注
B8	＝（MAX（C2：C6）－MIN（C2：C6））÷（MAX（B2：B6）－MIN（B2：B6））	
B9	＝MAX（C2：C6）－B8 * MAX（B2：B6）	计算不变资金
B11	＝B9+B8 * B10	计算预计资金占有量

最后，保存新工作表“高低点法”，见表 6-4。

2）散点图法

散点图法是用图形来反映公司的资金占用量与销售量二者之间的关系，从而预测资金的占用数量。做散点图时，首先应将各历史数据在图上一一标明，然后根据目测，在图上各点之间画一直线，尽量使图上各点一半位于直线之下、一半位于直线之上，再根据这条直线求出 a、b 的值。这种方法可以纠正某些异常的偏差，更有助于反映资金与销售额之间关系的长期趋势。

【例 6-3】根据上例的数据，绘制散点图，并据此求出 a、b 的值。

【分析过程】第一，创建新工作表“散点图法”，见表 6-5。

表 6-4　　**高低点法**

资金需要量预测

	A	B	C
1	年度	产量X（件）	资金占用量Y（元）
2	2009	75000	7000000
3	2010	70000	6600000
4	2011	80000	7300000
5	2012	85000	7900000
6	2013	90000	8200000
7			
8	b	80	
9	a	1000000	
10	2014年预计产销量	78000	
11	预计资金占用量	7240000	
12			

销售百分比法 / 高低点法 / 散

表 6-5　　**散点图法**

资金需要量预测

	A	B	C	D
1	年度	产量X（件）	资金占用量Y（元）	
2	2009	75000	7000000	
3	2010	70000	6600000	
4	2011	80000	7300000	
5	2012	85000	7900000	
6	2013	90000	8200000	
7				
8				

高低点法 / 散点图法

第二，以 \$B \$2：\$C \$6 为绘图数据区域，绘制散点图，如图 6-1。

由图 6-1 可知，所作直线与 Y 轴的交点为 90 万元左右，这就是所求的 a 值；利用 2013 年的数据，又可求得：

b=（820-90）÷9=81.11（万元）

由于 2014 年预计产量为 7.8 万件，这样 2014 年的资金占用预测量为：

y=90+81.11×7.8=722.66（万元）

【小思考 6-2】如果采用上述方法形成的散点图不能形成一条直线，应该如何处理？

答：形成直线的条件是三点成线。但如果点的数量多于三点，形成图形的点过于分散，不能成线，就应该再增加基础数据。因为这个方法本身是基于大量的数据分析而形成的。

3）回归分析法

回归分析法是根据 y=a+bx 的直线方程式，按照数学上最小平方法的原理来确定一条能正确反映自变量 x 和因变量 y 之间误差的平方和最小的直线。这条直线就是回归直线，它的常数项 a 和系数 b 既可用公式计算，又可用统计回归函数计算。这里主要介绍回归函数法。

功能：根据给定的数据计算或预测未来值。此预测值为基于一系列已知的 x 值推导出

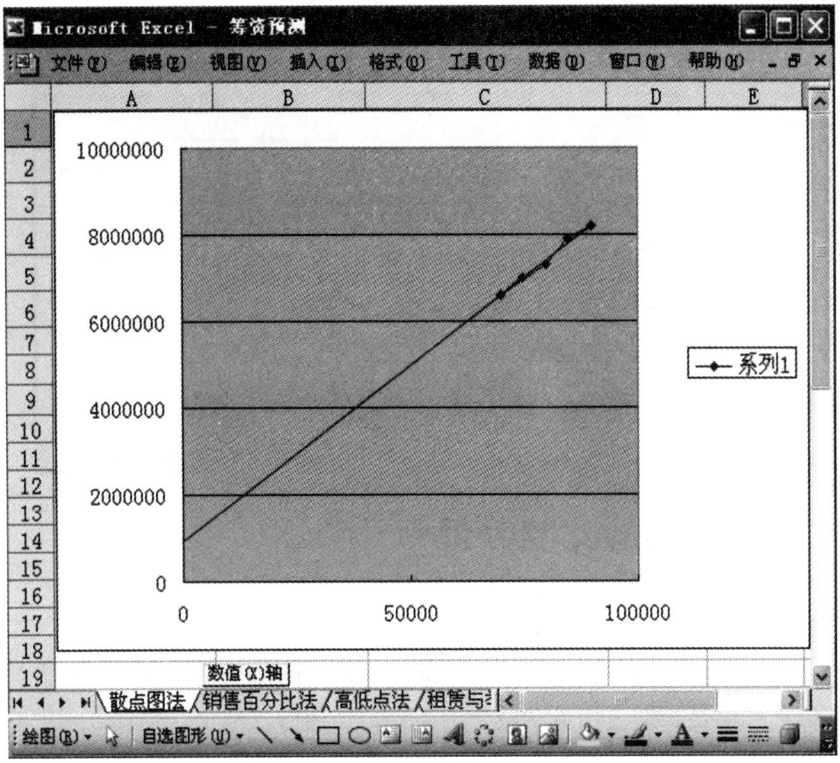

图 6-1　散点图

的 y 值。以数组或数据区域的形式给定 x 和 y 值后，返回基于 x 的线性回归预测值。使用此函数可以对未来销售额、资金需求、库存需求或消费趋势进行预测。

语法公式：FORECAST(x,known _ y's, known _ x's)

说明：x ——需要进行预测的数据点；

known _ y's ——因变量数组或数据区域；

known _ x's ——自变量数组或数据区域。

函数 FORECAST ( ) 的计算公式为 y=a+bx，式中：

$a=\overline{Y}-b*\overline{X}$

$b=n\sum xy-\sum x\sum y/(n\sum x^2-(\sum x)^2)$

注意：如果 x 为非数值型，函数 FORECAST ( ) 返回错误值#VALUE!；如果 known _ y's 和 known _ x's 为空或含有不同数目的数据点，函数 FORECAST ( ) 返回错误值#N/A!；如果 known _ x's 的方差为零，函数 FORECAST ( ) 返回错误值#DIV/0!。

【例 6-4】假定秋林百货公司，今年下半年资金占用量资料见表 6-6，要求预测明年 1 月份的资金占用量。

【分析过程】第一，在工作簿“筹资预测”中创建新工作表“回归分析法”；

第二，在工作表“回归分析法”中设计表格，设计好的表格见表 6-6；

第三，在单元格 B5 中输入公式函数“=FORECAST（7，B3：G3，B2：G2）”；

第四，显示结果。

表 6-6　　回归分析法

	A	B	C	D	E	F	G
1		7月	8月	9月	10月	11月	12月
2	间隔期	-5	-3	-1	1	3	5
3	资金占用量	138	136	142	134	146	144
4							
5	预测值 = 145.2						
6							
7							

● 6.3 筹资方式的比较分析

6.3.1 长期借款筹资分析

长期借款是企业向银行或其他非银行金融机构借入的使用期超过一年的借款，主要用于购建固定资产和满足长期占用流动资金的需要，长期借款是企业筹资方式中的一种重要而常见的形式。

建立长期借款分析模型就是利用 Excel 提供的筹资函数和工具，对贷款金额、贷款利率、贷款期限和归还期等因素进行多种测算，在多种方案中选择一种比较合理的贷款方案。

1）长期借款基本模型

【例 6-5】ABC 公司向银行申请 1 000 000 元的工业贷款，贷款年利率为 10%，借款期限为 5 年。

要求：利用长期借款基本模型结构确定在不同的还款期、不同的还款时点下每期偿还金额。

【分析过程】

（1）创建新工作簿，命名为“筹资模型”，在此工作簿中选择一个工作表，命名为“长期借款模型”。在“长期借款模型”工作表上建立其基本结构，见表 6-7。

表 6-7　　分期偿还借款基本模型

	A	B	C	D	E
1	分期偿还借款基本模型				
2	借款类型	工业贷款		还款时点	还款方式
3	借款金额（元）	1000000		期末	按 年
4	借款年利率	10%		期初	按半年
5	借款年限（年）	5			按季度
6	还款时点	期末　1			按 月
7	还款方式	按半年　2			
8	总还款次数（次）	10			
9	每期偿还额（元）	129,504.57			
10	总还款额（元）	1,295,045.75			
11					
12					

（2）建立还款时点的组合框控件，具体步骤如下：

① 单击工具栏上的【视图按钮】，选择【工具栏】，在【工具栏】菜单中单击【窗体】，出现【窗体】工具栏，如图 6-2。

② 单击【组合框】控件按钮，再用鼠标单击单元格 B6，则出现矩形的【组合框】控件，然后调整其大小及位置。

③ 将鼠标指针移到建立的组合框控件上，单击右键，出现快捷菜单，选择【设置控件格式】，出现【设置控件格式】对话框，选择【控制】项，如图 6-3。

图 6-2　【窗体】工具栏

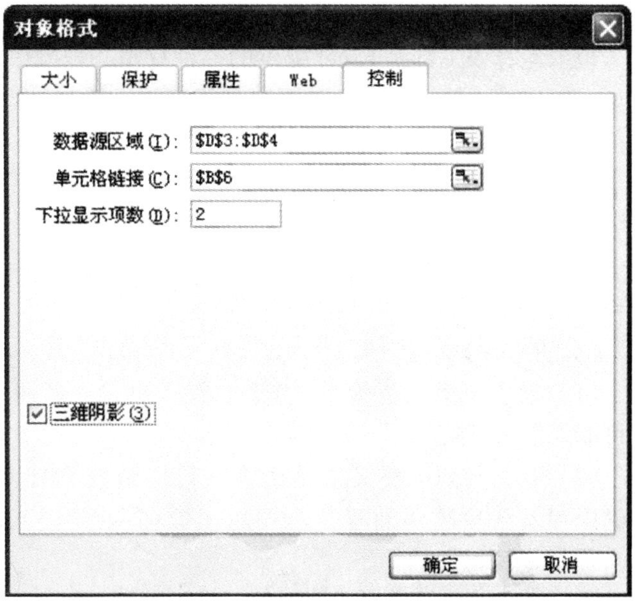

图 6-3　【设置控件格式】对话框

④ 在【数据源区域】栏中填入“ $D $3 ： $D $4”，在【单元格链接】栏中填入“ $B $6”,在【下拉显示项数】栏中填入“2”；这里【单元格链接】表示链接单元格，即组合框控件当前被选中项目的返回值（项目内部编号）存入该链接单元格。

（3）建立还款方式的组合框控件，方法同上，但在【数据源区域】栏中填入“ $E $3 ： $E $6”，在【单元格链接】栏中填入“ $B $7”，在【下拉显示项数】栏中填入“4”，表示每年有 4 种可能的还款方式，即按年（每年 1 次）、按半年（每年 2 次）、按季度（每年 4 次）、按月（每年 12 次）。

（4）在单元格 B8 中输入公式：“=IF(还款方式=1,借款年限＊1,IF(还款方式=2,借款年限＊2,IF(还款方式=3,借款年限＊4,借款年限＊12)))”,计算借款期内总还款次数。

（5）在单元格 B9 中输入公式“= IF (INDEX ($D $3 ： $D $4, B6) = “期末”, PMT（借款年利率/（总还款次数/借款年限），总还款次数，-借款金额，0），PMT（借款年利率/（总还款次数/借款年限），总还款次数，-借款金额，1））”，计算每期偿还额。

（6）在单元格 B10 中输入公式“=总还款次数＊每期应还款金额”，计算总偿还额。

上述的分期偿还借款基本模型建立以后，工作表中的各单元格之间已经建立了有效的动态链接，用户可以直接输入或改变借款金额、借款年利率、借款年限、每年还款期数中的任意一个或多个因素的值，来观察每期偿还金额的变化，选择一种对当前企业合适的固定偿还金额进行贷款。这就是下面所讲的双变量分析。

2）长期借款双变量分析模型

在实际工作中，长期借款分析中各种因素是相互影响的。借款期限的长短可能影响借款利率，而借款利率的变动又对长期借款分析产生较大的影响。因此用户可能常常观察两个因素同时变动的情况，即分析两个因素不同组合下的结果。

对于两个因素同时变动的情况，Excel 提供了模拟运算表工具，利用此工具，可以用表格的方式显示出在两个因素不同值组合下的分析结果。

模拟运算表工具是 Excel 提供的一种只需一步操作就能计算出所有变化的模拟分析工具。在工作表中输入公式，就可以利用模拟运算表工具进行模拟分析，来查看公式中某些数值的改变对公式结果的影响。

下面的例题是以“借款年利率”和“借款年限”两个因素的变化对“每期偿还金额”的影响为例，说明长期借款双变量分析模型的设计和使用。

【例 6-6】仍然以上例中的数据为例，假设借款年利率为 3% ~10%，借款年限为 2 ~ 5 年，利用双变量分析模型计算每期偿还金额。

【分析过程】

（1）设置“借款模型”工作表。在 A 列输入各种可能的借款年利率，在 15 行输入各种可能的借款年限。

（2）在行与列的交叉单元格输入目标函数 PMT（），即在 A15 单元格中键入公式：“=ABS(PMT(借款年利率/(总还款次数/借款年限),借款年限 *（总还款次数/借款年限),借款金额))”。

设置一个双变量模拟运算表，用 15 行的各种借款年限替换第一个变量的值，即替换 B5 单元格借款年限的值，用 A 列的各种借款年利率替换第二个变量的值，即替换 B4 单元格借款年利率的值，与此对应的每期偿还金额将放在第 15 行下面、A 列右方的单元格区域中，见表 6-8。

表 6-8　　双变量模拟运算表

	A	B	C	D	E
12	分期偿还借款基本模型				
13					
14	借款年利率（%）/借款年限(年)				
15	129504.57	2	3	4	5
16	3%				
17	4%				
18	5%				
19	6%				
20	7%				
21	8%				
22	9%				
23	10%				

（3）给模拟运算表分别输入引用行、列的单元格。

选择 A15：E23 单元格区域；

选择【数据】/【模拟数据表】菜单，出现如图 6-4 的模拟运算表对话框；

在【输入引用行的单元格】框中输入行变量“借款年限”所在单元格 B5，在【输入引用列的单元格】框中输入列变量“借款年利率”所在单元格 B4；

单击【确定】按钮。此时运算结果便自动显示在双变量分析表中，也就完成了长期借款双变量分析模型的建立，其结果见表 6-9。

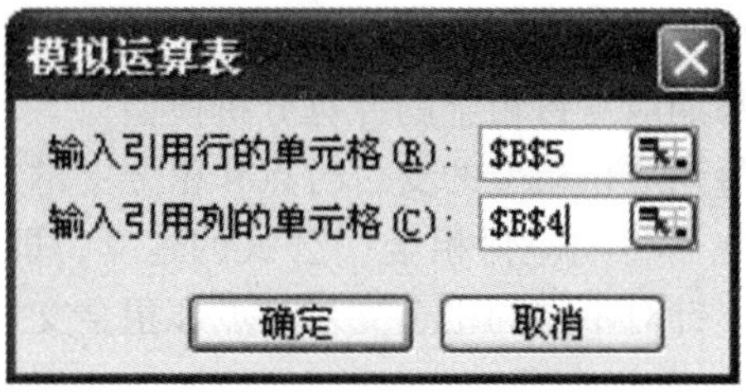

图 6-4　模拟运算表

表 6-9　**长期借款双变量分析模型**

	A	B	C	D	E
1	等额分期偿还长期借款基本模型				
2	借款用途	购买A设备		还款时点	还款方式
3	借款金额（元）	1000000		期初	按年
4	借款年利率（%）	10%		期末	按半年
5	借款年限（年）	5			按季度
6	还款时点	期末			按月
7	还款方式	按半年			
8	总还款次数（次）	10			
9	每期还款额（元）	129504.57			
10	总还款额（元）	1295045.75			
11					
12	等额分期偿还借款双变量分析模型				
13	借款利率%	借款年限（年）			
14	￥129,504.57	2	3	4	5
15	3%	259444.786	175525.2	133584	108434.2
16	4%	262623.7527	178525.8	136509.8	111326.5
17	5%	265817.8777	181550	139467.3	114258.8
18	6%	269027.0452	184597.5	142456.4	117230.5
19	7%	272251.1395	187668.2	145476.6	120241.4
20	8%	275490.0454	190761.9	148527.8	123290.9
21	9%	278743.6479	193878.4	151609.7	126378.8
22	10%	282011.8326	197017.5	154721.8	129504.6

用上述长期借款双变量分析模型，用户可以观察在两个因素不同组合下的长期借款分析结果。当长期借款方案发生变化时，用户只需改变第一变量或第二变量所在的行和列的值或者其他因素的值，模型便立即重新计算显示出双变量分析表中的值。

【小思考 6-3】怎样在 Excel 表保护状态下，表中控件仍可用？

保护工作表时有很多选项，把最下面的两个项目勾上再保护。

6.3.2　租赁筹资分析

租赁是出租人以收取租金为条件，在一定期间内将其所拥有的资产转让给承租人使用的一种交易。租赁按其性质的不同，可分为经营租赁和融资租赁两大类。

在租赁筹资分析中，承租企业要按合同规定向租赁公司支付租金，因此，财务管理人员就需要对不同的租赁途径、租赁期限、利息率、租金数额、支付方式等因素进行分析，对多个备选方案进行比较后，选择一种当前最合适的方案，为管理者进行租赁筹资决策提供重要依据。下面以等额年金法为例，利用 Excel 提供的年金函数PMT( )讨论租赁筹资模型的建立。

【例 6-7】某企业 2014 年 1 月 1 日从一租赁公司租入设备 A，设备的购置成本为 100 万元，双方商定：租期 5 年，年利率按 10% 计算。租金支付的方式可以分别选择每年支付、每半年支付、每季支付、每月支付，租金支付的时点可以分别选择每期的期初支付或期末支付。试建立该设备每期应支付租金的计算分析模型。

在租赁筹资时，由于每期应付租金的支付时点和租金支付方式不同，因此，在建立租赁筹资模型时，要特别考虑“每期应付租金”公式的建立，即在模型中应该能判断租金支付时点和租金支付方式，针对不同的租金支付时点和租金支付方式，建立不同的公式。

具体步骤如下：

（1）设计工作表格，内容及结构见表 6-10。

表 6-10　　　　租赁筹资分析模型

	A	B	C	D	E
1	租赁筹资分析模型			租金支付时点	租金支付方式
2	租赁项目名称	设备 A		期末	按年 支付
3	设备购置成本(万元)	100		期初	按半年支付
4	租金支付时点	期末			按季 支付
5	租金支付方式	按季 支付			按月 支付
6	租期(年)	5			
7	每年付款次数(次)	4			
8	总付款次数(次)	20			
9	租赁年利率	10%			
10	每期应付租金(万元)	6.41			
11	应付租金总计(万元)	128.29			

（2）建立租金支付时点组合框控件。

Excel 的【窗体】工具栏提供了多种图形控件工具，单击这些工具，指定控件的位置，便可以建立图形控件，具体操作如下：

①选择【视图】/【工具栏】菜单，在各种工具栏中选择【窗体】，则【窗体】工具栏显示在屏幕上。

②在窗体工具栏中，单击【组合框】控件按钮，将鼠标移到 B4 单元格，按住鼠标的左键，拖曳鼠标至合适的尺寸，释放鼠标，此时形成一个矩形的“组合框控件”。

③将鼠标指针移到新建立的“组合框”控件上，单击右键，出现快捷菜单，选择【设置控件格式】命令，出现【设置控件格式】对话框，选择【控制】项，在【数据源区域】栏中输入“ $D $2 : $D $3”，在单元格链接栏中填入“ $B $4”，在下拉显示项数栏中填入“2”。在单元格 D2 和 D3 中分别填入“期末”和“期初”，表示租金支付的时点分别为“期末”和“期初”。

（3）建立租金支付方式的组合框控件，步骤同上，但在【数据源区域】栏中填入“ $E $2 : $E $5”，在【单元格链接】栏中填入“ $B $5”，在【下拉显示项数】栏中填入“4”，表示每年有 4 种可能的租金支付方式，其中在单元格 E2 : E5 中分别填入“按年支付”、“按半年支付”、“按季支付”和“按月支付”。

（4）在单元格 B7 中输入每年付款次数计算公式：

=IF(B5=1,1,IF(B5=2,2,IF(B5=3,4,12)))

（5）在单元格 B8 中输入总付款次数计算公式：

=B6 * B7

（6）在单元格 B10 中输入公式：

=IF(INDEX(D2：D3,B4)=期末,PMT(B9/B7,B8,-B3),PMT(B9/B7,B8,-B3,1))

这里，利用函数 IF（）来判断不同租金支付时点条件下的每期应付租金计算公式，利用函数 INDEX（）将租金支付时点自动检索出来，并在计算公式中运用。

（7）在单元格 B11 中输入全部租金的计算公式“=B8 * B10”。

这样就建立起了每期应付租金的计算模型。选择不同的租金支付时点及支付方式，就可以计算出相应的每期应付租金以及全部租金。

以表 6-10 的数据为例，若承租企业选择每季度末支付租金，每期应支付的租金为 6.41 万元，全部租金为 128.29 万元；若选择每季度初支付租金，每期应支付的租金为 6.26 万元，全部租金为 125.17 万元。

6.3.3　租赁筹资与举债筹资的比较分析模型

在实际的经济活动中，有时需要选择筹资方式，也就是说，需要评价租赁筹资与举债筹资哪一种方式更可取。在进行这两种筹资方式比较的时候，一般可采用的方法是：分别计算举债筹资方案和租赁筹资方案的税后成本，并比较两个方案的成本现值，选择成本现值最小的方案作为最优方案。

【例 6-8】甲企业在未来的 5 年中需要增加一台价值 20 万元的设备以提高生产能力，现有两个可供选择的方案：

方案 1：向出租公司租赁该设备。出租公司希望获得的年收益是 10%，预计第 5 年后将无残值，归出租公司所有。出租人要求承租人在 5 年的租赁期内每年年初等额支付租金，承租人负责设备的维修保养和保险与纳税。假定甲企业对租入的设备不计提折旧，且按税法的规定，这种类型的租赁每期的租金可以全额抵税。

方案 2：借款购置设备。甲企业可以按 11% 的利率向银行取得 20 万元的 5 年期借款，借款的还本付息方式与租金支付计划的结构相同，即每年初等额还款。甲企业的固定资产按直线法计提折旧，拟购置设备的折旧年限为 5 年，5 年末设备的账面折余价值为 0。

如果甲企业所得税税率为 25%，试选择最优筹资方案。

见表 6-11，具体计算步骤如下：

（1）租金支付的计算公式

租赁方案每年初应支付的租金额，即 B9 单元格公式为：

“=PMT($B$8/$B$5,$B$6,-$B$3,1)”

> **注意：** 在上面的计算公式中，租赁年利率、每年支付次数、总付款次数、租金要采用绝对引用方式。

从第一年年初（即零年年末）到第四年年末都将支付该等额租金，故将该公式用【复制】/【粘贴】命令复制到 B14：B18 单元格区域。

（2）每期偿还金额的计算公式

每期偿还金额即本息支付额，用函数 PMT（）计算，D9 单元格的公式为：

“=PMT($D $5/ $D $7, $D $8, - $D $4)”

表 6-11　　　　　　　　租赁与举债筹资比较分析模型

	A	B	C	D	E	F	G	H
1	方案 1		方案 2					
2	租赁筹资分析模型		分期偿还借款基本模型					
3	租金（元）	200000	借款类型	工业贷款				
4	租金支付方式	预付	借款金额（元）	200000				
5	每年支付次数（次）	1	借款年利率	11%				
6	总支付次数（次）	5	借款年限（年）	5				
7	租期（年）	5	每年还款期数（次）	1				
8	租赁年利率	10%	总还款期数（次）	5				
9	每年应付租金（元）	47,963.18	每期偿还金额（元）	54,114.06				
10								
11	租赁方案现金流量表							
12	所得税率	40%	贴现率	5%	单位：元			
13	年末	租金支付额	避税额	税后现金流出量	现值（按5%贴现）			
14	0	47,963.18	19185.27	28,777.91	28777.91			
15	1	47,963.18	19185.27	28,777.91	27407.53			
16	2	47,963.18	19185.27	28,777.91	26102.41			
17	3	47,963.18	19185.27	28,777.91	24859.44			
18	4	47,963.18	19185.27	28,777.91	23675.66			
19	5			总现值	130822.94			
20	举债方案现金流量表							
21	年末	本息支付额	偿还本金	支付利息	折旧费	避税额	税后现金流出量	现值
22	1	54,114.06	32,114.06	22,000.00	40,000.00	24800	29,314.06	27918.15
23	2	54,114.06	35,646.61	18,467.45	40,000.00	23387	30,727.08	27870.37
24	3	54,114.06	39,567.74	14,546.33	40,000.00	21818.5	32,295.53	27898.09
25	4	54,114.06	43,920.19	10,193.88	40,000.00	20077.6	34,036.51	28001.92
26	5	54,114.06	48,751.41	5,362.65	40,000.00	18145.1	35,969.00	28182.65
27							总现值	139871.19

从第 1 年年末到第 5 年年末都将支付该等额借款，故将该公式用【复制】/【粘贴】命令复制到 B22：B26 单元格区域。

（3）避税额的计算公式

避税额=租金×所得税税率

即 C14 单元格的公式为：“=B14 * $B$12”，并将单元格 C14 向下复制到C15：C18单元格区域，得到租赁方案各年的避税额。

（4）税后现金流出量的计算公式

税后现金流出量=租金支付额-避税额

即 D14 单元格的公式为：“=B14-C14”，并将单元格 D14 向下复制到 D15：D18 单元格区域，得到租赁方案各年的现金流出量。

（5）现值的计算公式

现金流出量现值按 5% 贴现的计算公式为：

现值=税后现金流出量/（1+贴现率）^A15

即 E14 单元格的公式为：“=D14/（1+ $ D $ 12）^A14”，并将单元格 E14 向下复制到 E15：E18 单元格区域，得到租赁方案各年的现值。

（6）租赁成本总现值的计算公式

租赁成本总现值 = $\sum$ 现值

即 E19 单元格的公式为：“=SUM（E15：E18)”

（7）偿还本金和利息支付的计算公式

本金和利息之间存在着以下勾稽关系：

本期期初余额=前期期末余额

本期利息=本期期初余额×利率

本期本金=本期本息支付额-本期利息

本期期末余额=本期期初余额-本期本金

利用 Excel 提供的年金本金函数 PPMT ( )来建立偿还本金和利息支付的计算公式：

① 每期偿还本金的公式为：

每期偿还本金额=ABS(PPMT(借款年利率/每年还款期数,期数,总还款期数,借款金额))

即 C22 单元格的公式为："=ABS(PPMT($D $5/ $D $7,A22, $D $8, $D $4))",并将单元格 C22 向下复制到 C23：C26 单元格区域，得到举债方案每期偿还本金额。

② 支付利息的计算公式为：

每期支付利息=ABS(IPMT(借款年利率/每年还款期数,期数,总还款期数,借款金额))

即 D22 单元格的公式为："=ABS(IPMT($D $5/ $D $7,A22, $D $8, $D $4))"，并将单元格 D22 向下复制到 D23：D26 单元格区域，得到举债方案每期偿还利息额。

（8）折旧费的计算公式

在本例中，固定资产原值是借款额，净残值为 0，使用年限是 5 年，采用直线折旧，其公式为：

=SLN(借款金额,0,总还款期数)

即 E22 单元格区域的公式为："=SLN($D $4,0, $D $8)",并将单元格 E22 向下复制到 E23：E26 单元格区域，得到举债方案每期折旧费用。

（9）避税额的计算公式

由于支付利息和设备折旧都属于费用，可从应税收益中扣除，因此，避税额的计算公式为：

避税额=(每期支付利息+折旧费)×所得税税率

即 F22 单元格的公式为："=(D22+E22) * $B $12",并将单元格 F22 向下复制到 F23：F26单元格区域，得到举债方案每期避税额。

（10）税后现金流出量的计算公式

税后现金流出量=本息支付额-避税额

即 G22 单元格的公式为："=B22-F22",并将单元格 G22 向下复制到 G23：G26 单元格区域，得到举债方案税后现金流出量。

（11）现值的计算公式

现金流出量现值按 5% 贴现的计算公式为：

现值=税后现金流出量/（1+贴现率）^借款期数

即 H22 单元格的公式为："=G22/(1+ $D $12)^A22",并将单元格 H22 向下复制到 H23：H26 单元格区域，得到举债方案现金流出量现值。

（12）租赁成本总现值的计算公式

租赁成本总现值 $= \sum$ 现值

即 H27 单元格的公式为：=SUM(H22：H26)

如上所述，建立了租赁筹资与举债筹资的比较分析模型以后，便可以对两种筹资方式的各方案进行比较。只要在模型中输入基本数据，模型则立即计算出租赁筹资方案下的每期应付租金、各期现金流量和租赁成本总现值以及举债筹资方案下每期偿还金额、各期现金流量和借款成本总现值等数据。

根据成本总现值的比较，就可以方便地选择成本总现值较小的方案。在本例中，租赁方案的成本总现值为 130 822.94 元，举债方案的成本总现值为 139 871.19 元，因此应该选择租赁方案。要注意的是，企业在决定筹资方案时，还需要比较这两种筹资方式下的现金流量发生的时间和数额，还要看使用什么样的贴现率，才能做出适合企业现状的、比较客观科学的选择。

当租赁或借款条件方式变化时，只要在模型中修改基本数据，便可以立即进行成本总现值的比较，为方案选择提供重要的依据。因此，无论对于承租人、出租人，借款人、贷款人，该模型都非常方便、实用和迅捷。

6.3.4 债券筹资分析

债券是社会各类经济主体为筹集负债性资金而向投资人出具的，承诺按一定利率定期支付利息，并到期偿还本金的债权债务凭证。发行债券是企业筹集资金的一种重要方式。

1）债券的发行价格

公司债券的发行价格通常有三种：等价发行、溢价发行和折价发行。等价发行是指按与债券的面值相等的价格发行；溢价发行是指按高于债券面值的价格发行；折价发行是指按低于债券面值的价格发行。确定债券的发行价格要同时考虑债券的面值、票面利率、期限、还本付息方式以及发行债券时的市场利率等诸多因素。债券的发行价格应根据债券的内在价值确定，债券的内在价值等于未来各期现金流量的总现值。还本付息方式不同的债券，其内在价值的具体计算公式也不完全相同。

（1）每年付息一次、到期一次还本的债券

投资者购买这种类型的债券以后，每年可获得按债券的面值乘以票面利率所计算的利息，到期可获得按债券面值所返还的本金。

【例 6-9】某公司拟发行两种期限不同的债券，甲债券的期限 5 年，乙债券的期限 10 年。两种债券面值均为 1 000 元，票面利率均为 8%，每年末付息一次，到期一次还本。当市场利率为 6%、8%、10%、12% 和 14% 的情况下，两种债券的价值分别是多少？试根据计算结果对债券发行价格进行分析。

见表 6-12 债券价值的计算与分析具体步骤如下：

①债券价值的计算。

在单元格 B9 中输入公式“=PV(B8,$B$5,-$B$3*$B$4,-$B$3)”,然后向右一直复制到单元格 F9，计算甲债券在不同的市场利率之下的价值。在单元格 B10 中输入公式“=PV(B8,$C$5,-$C$3*$C$4,-$C$3)”,然后向右一直复制到单元格 F10，计算乙债券在不同的市场利率之下的价值。

②债券价值的分析。

选取单元格区域 B8：F10，单击工具栏上的【图表向导】按钮，在【图表类型】中选取【XY 散点图】，然后按照图表向导对话框提示的步骤依次操作，并对图表进行格式化，即可得到甲和乙两种债券的价值与市场利率之间的关系。

表 6-12　　　　　　　　　　**每年付息一次债券价值的计算**

	A	B	C	D	E	F
1	**债券资料**					
2		甲债券	乙债券			
3	债券面值（元）	1000	1000			
4	票面利率	8%	8%			
5	期限（年）	5	10			
6						
7	**债券价值计算**					
8	市场利率（%）	6%	8%	10%	12%	14%
9	甲债券的价值（元）	1,084.25	1,000.00	924.18	855.81	794.02
10	乙债券的价值（元）	1,147.20	1,000.00	877.11	773.99	687.03

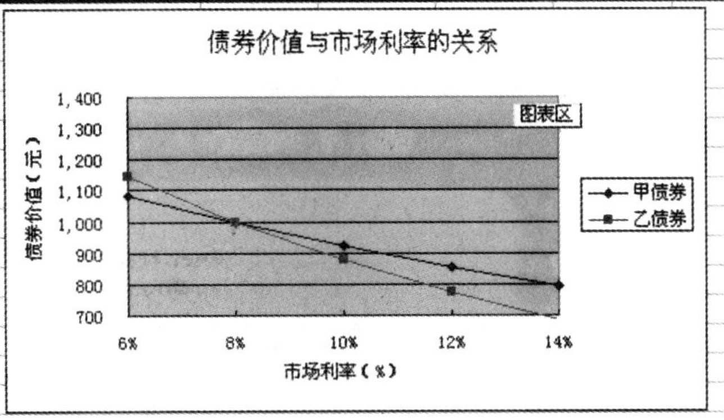

由表 6-12 可以看出，随着市场利率的升高，甲和乙两种债券的价值都会逐渐降低，即债券的价值与市场利率之间成反方向变化的关系。但是期限长的乙债券价值的变动比期限短的甲债券价值的变动受市场利率的影响更大，即当市场利率升高时，乙债券价值下降的幅度大于甲债券；反之，当市场利率降低时，乙债券价值增加的幅度也大于甲债券。当市场利率等于债券的票面利率时，两种债券的价值都等于其面值，此时债券应等价发行；当市场利率低于债券的票面利率时，两种债券的价值都高于其面值，此时债券应溢价发行；当市场利率高于债券的票面利率时，两种债券的价值都低于其面值，债券应折价发行。

（2）每半年付息一次、到期一次还本的债券

投资者购买这种类型的债券以后，每半年可以得到一次利息，每次得到的利息为年利息的一半，即债券的面值乘以票面年利率的一半，到期可得到所返还的面值。在这种情况下，投资者对债券投资的本息均期望每半年可收回一次进行再投资。因此，计算债券现值时应采用投资者所要求的年投资报酬率的一半，即市场利率的一半作贴现率。

【例 6-10】某公司准备发行丙债券和丁债券，两种债券的面值均为 1 000 元，期限均为 5 年，均为每半年付息一次，到期一次还本。丙债券的票面利率为 10%，丁债券的票面利率为 14%。市场利率 12%。两种债券目前的发行价格应是多少？债券发行后，随着时间的推移，这两种债券的价值将会怎样变化？

见表 6-13，债券价值的计算与分析具体步骤如下：

①债券价值的计算。

在单元格 B11 中输入计算公式：“=PV($B $7/ $B $6,B10 * $B $6,- $B $3 * $B $4/ $B $6,- $B $3)”,然后向右一直复制到单元格 G11，计算丙债券在不同时期的价值。在单元格 B12 中输入计算公式：“=PV($C $7/ $C $6,B10 * $C $6,- $C $3 *

表 6-13　　每半年付息一次的债券价值的计算

	A	B	C	D	E	F	G
1	债券资料						
2		丙债券	丁债券				
3	债券面值（元）	1000	1000				
4	票面利率	10%	14%				
5	期限（年）	5	5				
6	每年付息次数（次）	2	2				
7	市场利率	12%	12%				
8							
9	债券价值计算						
10	距离债券到期时间(年)	5	4	3	2	1	0
11	丙债券价值(元)	926.40	937.90	950.83	965.35	981.67	1,000.00
12	丁债券价值(元)	1,073.60	1,062.10	1,049.17	1,034.65	1,018.33	1,000.00

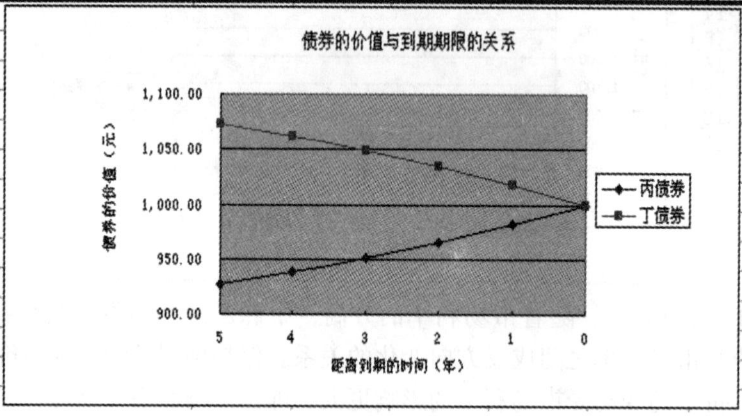

\$C \$4/ \$ C \$6,- \$C \$3)”,然后向右一直复制到单元格 G12，计算丁债券在不同时期的价值。

②债券价值的分析。

选取单元格区域 B10：G12，单击工具栏上的【图表向导】按钮，在【图表类型】中选取【XY 散点图】，然后按照图表向导对话框提示的步骤依次操作，并对图表进行格式化，即可得到丙和丁两种债券的价值与市场利率之间的关系。

由计算结果可以看出，若该公司选择发行丙债券，则应按 926. 40 元的价格折价发行。随着时间的推移，该折价债券的价值会逐步升高，第 5 年债券到期时，其价值与面值相等。若该公司选择发行丁债券，则应按 1 073. 60 元的价格溢价发行。随着时间的推移，该溢价债券的价值会逐步降低，第 5 年债券到期时，其价值也与面值相等。可见随着时间的推移，无论是溢价债券还是折价债券的价值，都有向其面值回归的趋势。

2）债券的溢价和折价摊销

一般来讲，当债券的票面利率高于市场利率时，债券发行价格高于面额，即溢价发行；当债券的票面利率等于市场利率时，平价发行；当债券的票面利率低于市场利率时折价发行。公司溢价或折价发行债券后，每期应按票面利率支付利息，但这仅是债券的名义利息，而非公司承担的实际利息费用。债券溢价是发行公司对未来多付利息的一种事前补偿，是对按债券面值和票面利率计算应付利息的调整。因而，债券溢价在债券存续期间内应冲减各期的利息支出，在债券到期时，溢价金额应摊销完毕。债券折价是发行公司对债权人未来少收利息的一种补偿，与债券溢价一样，债券折价也是对债券票面利率的一种调整，应在债券偿还期内逐期摊销。

可见，溢价或折价是发行债券公司在债券存续期内对利息费用的一种调整。溢价或折价发行债券的情况下，公司每年实际利息费用的计算公式如下。

溢价发行债券时：当期实际利息费用=按票面利率支付的利息-溢价摊销

折价发行债券时：当期实际利息费用=按票面利率支付的利息+折价摊销

债券溢价和折价的摊销方法有两种：直线法和实际利率法。直线法是将溢价或折价总额平均分摊于各期。实际利率法是以债券发行时的实际利率（市场利率），分别乘以每期期初债券的账面价值，求得该期的利息费用。

（1）债券溢价摊销表

【例 6-11】某公司于 2008 年 12 月 31 日发行票面利率为 8%，总面值为 6 000 万元的长期债券，债券于 2013 年 12 月 31 日到期，每年 12 月 31 日付息一次，到期一次还本。债券发行时市场利率为 6%，求债券的发行价格并编制溢价摊销表。

见表 6-14，具体步骤如下：

表 6-14　　债券溢价摊销表

	A	B	C	D	E
1	债券资料				
2	总面值（万元）	6000			
3	票面利率	8%			
4	期限	5			
5	市场利率	6%			
6	债券的发行价格（万元）	6,505.48			
7					
8	债券溢价摊销表　单位：万元				
9	直线法				
10	付息日期	每期支付利息	溢价摊销	实际利息费用	债券的账面价值
11	2008-12-31				6505.48
12	2009-12-31	480	101.10	581.10	6404.39
13	2010-12-31	480	101.10	581.10	6303.29
14	2011-12-31	480	101.10	581.10	6202.19
15	2012-12-31	480	101.10	581.10	6101.10
16	2013-12-31	480	101.10	581.10	6000.00
17	实际利率法				
18	付息日期	每期支付利息	溢价摊销	实际利息费用	债券的账面价值
19	2008-12-31				6,505.48
20	2009-12-31	480	89.67	390.33	6,415.81
21	2010-12-31	480	95.05	384.95	6,320.76
22	2011-12-31	480	100.75	379.25	6,220.01
23	2012-12-31	480	106.80	373.20	6,113.21
24	2013-12-31	480	113.21	366.79	6,000.00

首先在单元格 B6 中输入公式“=PV($B $5, $B $4,- $B $2 * $B $3,- $B $2)”,计算债券的发行价格。

采用直线法溢价摊销的具体步骤如下：

①在单元格 E11 中输入公式“=B6”；

②在单元格 B12 中输入公式“= $B $2 * $B $3”,然后向下一直复制到单元格 B16,计算债券每期支付利息；

③在单元格 C12 中输入公式“=($B $6- $B $2)/ $B $4”,然后向下一直复制到单元

格 C16，计算债券每期溢价摊销；

④在单元格 D12 中输入公式“=B12+C12”，然后向下一直复制到单元格 D16，计算债券每期实际利息费用；

⑤在单元格 E12 中输入公式“=E11-C12”，然后向下一直复制到单元格 E16，计算溢价摊销后债券每期账面价值。

采用实际利率法溢价摊销的具体步骤如下：

①在单元格 E19 中输入公式“=B6”；

②在单元格 B20 中输入公式“= $B $2 * $B $3”，然后向下一直复制到单元格 B24，计算债券每期支付利息；

③在单元格 C20 中输入公式“=B20-D20”，然后向下一直复制到单元格 C24，计算债券每期溢价摊销（溢价摊销额=当期支付利息-当期实际利息费用）；

④在单元格 D20 中输入公式“=E19 * $B $5”，然后向下一直复制到单元格 D24，计算债券每期实际利息费用（当期实际利息费用=债券的期初账面价值×市场利率）；

⑤在单元格 E20 中输入公式“=E19-C20”，然后向下一直复制到单元格 E24，计算溢价摊销后债券每期账面价值。

（2）债券折价摊销表

【例 6-12】某公司于 2008 年 12 月 31 日发行票面利率为 8%，总面值为 6 000 万元的长期债券，债券于 2013 年 12 月 31 日到期，每年 12 月 31 日付息一次，到期一次还本。债券发行时市场利率为 10%，求债券的发行价格并编制折价摊销表。

见表 6-15，具体步骤如下：

表 6-15　　　　　债券折价摊销表

	A	B	C	D	E
1	债券资料				
2	总面值（万元）	6000			
3	票面利率	8%			
4	期限	5			
5	市场利率	10%			
6	债券的发行价格（万元）	5,545.11			
7					
8	债券折价摊销表　金额单位：万元				
9	直线法				
10	付息日期	每期支付利息	折价摊销	实际利息费用	债券的账面价值
11	2008-12-31				5545.11
12	2009-12-31	480	90.98	570.98	5636.09
13	2010-12-31	480	90.98	570.98	5727.06
14	2011-12-31	480	90.98	570.98	5818.04
15	2012-12-31	480	90.98	570.98	5909.02
16	2013-12-31	480	90.98	570.98	6000.00
17	实际利率法				
18	付息日期	每期支付利息	折价摊销	实际利息费用	债券的账面价值
19	2008-12-31				5,545.11
20	2009-12-31	480	74.51	554.51	5,619.62
21	2010-12-31	480	81.96	561.96	5,701.58
22	2011-12-31	480	90.16	570.16	5,791.74
23	2012-12-31	480	99.17	579.17	5,890.91
24	2013-12-31	480	109.09	589.09	6,000.00

首先在单元格 B6 中输入公式"=PV($B $5, $B $4,- $B $2 * $B $3,- $B $2)" ,计算债券的发行价格。

采用直线法计算折价摊销的具体步骤如下：

①在单元格 E11 中输入公式"=B6"；

②在单元格 B12 中输入公式"= $B $2 * $B $3",然后向下一直复制到单元格 B16，计算债券每期支付利息；

③在单元格 C12 中输入公式"=($B $2- $B $6)/ $B $4",然后向下一直复制到单元格 C16，计算债券每期折价摊销；

④在单元格 D12 中输入公式"=B12+C12",然后向下一直复制到单元格 D16，计算债券每期实际利息费用；

⑤在单元格 E12 中输入公式"=E11+C12",然后向下一直复制到单元格 E16，计算折价摊销后债券每期账面价值。

采用实际利率法摊销折价的具体步骤如下：

①在单元格 E19 中输入公式"=B6"；

②在单元格 B20 中输入公式"= $B $2 * $B $3",然后向下一直复制到单元格 B24，计算债券每期支付利息；

③在单元格 C20 中输入公式"= D20-B20",然后向下一直复制到单元格 C24，计算债券每期折价摊销额（折价摊销额=当期实际利息费用-当期支付利息)；

④在单元格 D20 中输入公式"=E19 * $B $5",然后向下一直复制到单元格 D24，计算债券每期实际利息费用（当期实际利息费用=债券的期初账面价值×市场利率)；

⑤在单元格 E20 中输入公式"=E19+C20",然后向下一直复制到单元格 E24，计算折价摊销后债券每期账面价值。

6.3.5　短期筹资分析

短期资金是指企业在生产经营过程中由于临时性原因或某种特殊需要，使用期短，并能在一年或一个经营周期内偿还的资金。企业主要可以通过商业信用、短期信用借款、短期抵押借款、发行商业票据、票据贴现、应付费用等方式筹集短期资金。本节主要介绍商业信用筹资和短期抵押借款筹资。

1）商业信用筹资

商业信用是指企业在商品购销活动过程中因延期付款或预收货款而形成的借贷关系。它是由商品交易中货物与金钱在时间与空间上的分离而形成的企业间的直接信用行为。由于商业信用是企业间相互提供的，因此在多数情况下它属于"免费资金"。

（1）商业信用的资金成本

商业信用通常随着正常的商品交易自然地产生，一般不需要支付任何代价。在下列两种条件下，商业信用没有资金成本：

① 卖方没有给予现金折扣，即买方企业无论何时付款都必须按发票金额全额付款；

② 卖方给出了现金折扣，买方在折扣期内付款，享受了现金折扣。

但在卖方给出了现金折扣，而买方没有在折扣期内付款，放弃了现金折扣的条件下，商业信用筹资是有资金成本的。这种情况下，商业信用的资金成本可用年资金成本率表示，其计算公式为：

$$放弃折扣成本率=\frac{现金折扣率\times365\times100\%}{(1-现金折扣率)\times(信用期-折扣期)}$$

【例 6-13】某企业拟购进一批材料，发票金额 6 万元。供应商给出的信用条件是“2/15，N/30”。试计算该企业分别在第 15 天、25 天、30 天和 40 天付款时的实际付款额和资金成本率。

见表 6-16，具体步骤如下：

表 6-16　　商业信用资本成本的计算　　金额单位：元

	A	B	C	D
1	已知条件			
2	材料发票金额(元)	60000	折扣期限(天)	15
3	信用期限(天)	30	现金折扣率	2%
4	放弃现金折扣的资金成本			
5	付款日期(天)	付款金额	年资金成本率	
6	15	58800	0.00%	
7	25	60000	74.49%	
8	30	60000	49.66%	
9	40	60000	29.80%	

①在单元格 B6 中输入公式“=IF(A6<=$D$2,$B$2 *(1-$D$3),$B$2)”,并将单元格 B6 向下复制到单元格 B7：B9 区域，计算各个期间的付款金额。

②在单元格 C6 中输入公式“=IF(A6<=$D$2,0,$D$3/(1-$D$3)*365/(A6-$D$2))”,并将单元格 C6 向下复制到单元格 C7：C9 区域，计算各个期间的年资金成本率。

由计算结果可以看出，企业超过折扣期限后付款，要承担很高的资金成本。而一旦放弃现金折扣，付款期越晚，资金成本越低。但若超过 30 天的信用期付款，尽管可以降低资金成本，却同时也会有损企业的信誉。因此，企业放弃现金折扣后，最明智的做法是在信用期的最后一天即第 30 天付款，这样既可以降低资金成本，又不会影响企业的信誉。

（2）商业信用筹资决策分析

企业在放弃现金折扣的条件下，采用商业信用的方式筹资是有资金成本的。企业是应该放弃现金折扣还是利用现金折扣，取决于资金的机会成本。基本的决策规则是：

① 如果企业从银行取得借款的年利率低于放弃现金折扣后商业信用的年资金成本率，则应从银行借款筹资，并利用现金折扣；

② 如果企业做其他短期投资的年收益高于放弃现金折扣后商业信用的年资金成本率，则应放弃现金折扣，并将资金投资于年收益率更高的其他投资项目；

③ 在不同的现金折扣方案中，企业应选择信用成本最低或机会收益最高的筹资方案。

【例 6-14】某企业拟采购一批价值为 200 000 元的商品，供应商报价如下：

① 立即付款，价格为 193 000 元；

② 30 天内付款，价格为 195 000 元；

③ 31 天至 60 天付款，价格为 198 500 元；

④ 61 天至 90 天付款，价格为 200 000 元。

假设该企业无论放弃哪个区间的现金折扣都会在信用期的最后一天付款，并且企业可以按 10% 的利率从银行取得短期借款。试计算该企业放弃现金折扣的成本，并确定对该企业最有利的付款日期和价格。

见表 6-17，具体操作步骤如下：

表 6-17　　商业信用筹资决策

	A	B	C	D	E	F
1	已知条件					
2	付款时间	立即付款	1至30天	31至60天	61至90天	
3	付款价格(元)	193000	195000	198500	200000	
4	银行借款利率		10%			
5	放弃现金折扣的成本计算					
6	折扣起始天数	折扣终止天数	付款价格(元)	现金折扣率	资金成本率	评价
7	0	0	193000	3.50%	14.71%	不放弃
8	1	30	195000	2.50%	15.60%	不放弃
9	31	60	198500	0.75%	9.19%	放弃
10	61	90	200000	0.00%	-	
11	最有利的付款日期(天)		30	最有利的付款价格(元)		195000

① 在单元格 D7 中输入公式"=($C $10-C7)/ $C $10",并将单元格 D7 向下复制到单元格 D8：D10 区域，计算各个折扣区间的现金折扣率；

② 在单元格 E7 中输入公式"=(D7/(1-D7)＊365/($B $10-B7))",并将单元格 E7 向下复制到单元格 E8：E10，计算各个折扣区间的资金成本率；

③ 在单元格 F7 中输入公式"=IF(E7> $C $4 ,"不放弃","放弃")",并将单元格 F7 向下复制到单元格 F8：F10 区域，对是否应放弃该区间的现金折扣做出评价；

④ 在单元格 C11 中输入公式"= INDEX (B7 ： B10, MATCH (MAX (E7 ： E10), E7：E10))",选择最有利的付款日期；

⑤ 在单元格 F11 中输入公式"= VLOOKUP (C11,B7：C10,2)",选择最有利的付款价格。

可见该企业首先应该放弃 60 天的现金折扣。在立即付款和享受 30 天的现金折扣两个可行方案中，由于放弃 30 天的现金折扣时的资金成本率最高，那么享受 30 天的现金折扣所能获得的机会收益就会越大。因此该企业选择在第 30 天付款，付款的价格为 195 000 元。

2）短期抵押借款筹资

短期抵押借款是指以应收账款或存货等流动资产作为抵押品所取得的短期借款。以应收账款作为抵押品时，贷款人会根据所抵押的应收账款的质量或坏账风险的大小确定一个贷款比率，一般按应收账款账面价值的 50% 至 80% 提供贷款。以存货作为抵押品时，贷款人也会根据所抵押的存货的流动性、易腐烂性、市价稳定性以及相关的费用等因素确定其愿意给予贷款的比例。存货抵押贷款分为：浮动留置权贷款；信托收据贷款；外围仓库收据贷款；存货抵押收据贷款。

短期抵押借款筹资可能会因为抵押品的保管等原因发生相应的费用，因此，在短期筹资决策中必须考虑这方面因素的影响。

【例 6-15】某公司因季节性的原因需要增加存货投资 50 万元，为此需要筹集 50 万元的资金，资金的使用期限为 6 个月，现有以下 3 个备选的筹资方案：

方案 1：从银行取得外围仓库收据贷款。银行按存货价值的 85% 提供贷款，年利率 10% 。6 个月的仓储成本是 4 000 元。其余的资金需求将通过放弃一些应付账款的现金折扣来融资。目前该公司享受现金折扣的信用条件是“2/10，N/40”。

方案2：从一家金融公司取得存货抵押收据贷款，年利率8%，贷款金额为存货价值的75%，6个月内的中转仓储成本为7 000元。剩余的资金需求将按方案1的方法通过放弃应付账款的现金折扣融资。

方案3：从另一家金融公司按浮动留置权的方式取得存货抵押贷款50万元，年利率15%。该公司采用哪个方案存货融资的成本最小?

见表6-18，具体操作步骤如下：

表6-18　　　　存货抵押融资决策

	A	B	C	D	E
1	已知条件				
2	存货资金需求(元)	500000			
3	资金使用期限(月)	6			
4	贷款方式	贷款比率	年利率	6个月的仓储成本(元)	
5	方案1:外围仓库收据贷款	85%	10%	4000	
6	方案2:存货抵押收据贷款	75%	8%	7000	
7	方案3:存货浮动留置权贷款	100%	15%	0	
8	商业信用的条件	信用期限(天)	40		
9		折扣期限(天)	10		
10		现金折扣率	2%		
11					
12	方案1半年的融资成本(元)				
13		贷款金额	6个月的利息	6个月的仓储成本	合计
14	外围仓库收据贷款	425000	21250	4000	34561.22
15	应付账款筹资	75000	9311.22		
16	方案2半年的融资成本(元)				
17		贷款金额	6个月的利息	6个月的仓储成本	合计
18	存货抵押收据贷款	375000	15000	7000	37518.71
19	应付账款筹资	125000	15518.71		
20	方案3半年的融资成本(元)				37500
21					
22	最优筹资方案	方案1			

①方案1有关单元格中输入的公式为：

单元格B14“=B2 * B5”；

单元格C14“=B14 * C5 * B3/12”；

单元格B15“=B2 *（1-B5）”；

单元格C15“=B15 *（C10/（1-C10））*（365/（C8-C9））* B3/12”；

单元格E14“=C14+D14+C15”,得到方案1半年的融资成本为34 561. 22元。

②方案2有关单元格中输入的公式为：

单元格B18“=B2 * B6”；

单元格C18“=B18 * C6 * B3/12”；

单元格D18“=D6”；

单元格B19“=B2 *（1-B6）”；

单元格C19“=B19 *（C10/（1-C10））*（365/（C8-C9））* B3/12”；

单元格E18“=C18+D18+C19”,得到方案2,半年的融资成本为37 518. 71元。

③方案 3 有关单元格中输入的公式为：

单元格 E20"=B2 * B7 * C7 * B3/12"，得到方案 3 半年的融资成本为 37 500 元。

④在单元格 B22 中输入下述公式，以选择最优筹资方案：

"=IF(MIN(E14,E18,E20)=E14，"方案 1",IF(MIN(E14,E18,E20)=E18，"方案 2","方案 3"))"，可见该公司应选择方案 1，即可采用外围仓库收据贷款的方式筹资。

● 6.4　筹资决策方法

企业根据生产经营的需要预测一定时期的资金需要量，在此基础之上进行筹资决策，其核心问题是选择最优的资本结构。资本结构是指企业各种资金的构成及其比例关系，是企业筹资决策的核心问题。根据资本结构理论的基本原理，企业可以选择的筹资决策方法主要包括比较资本成本法、比较公司价值法和每股利润分析法。

6.4.1　比较资本成本法

比较资本成本法是指通过计算不同资金组合的综合资金成本，并以其中资金成本最低的组合为最佳的一种方法。它以资金成本的高低作为确定最佳资金结构的唯一标准。根据筹集资金时间的不同，企业的筹资决策可分为初始筹资决策和追加筹资决策。

1）初始筹资决策

初始筹资决策是指企业设立时第一次筹集资金所进行的筹资决策。在这种情况下企业不存在原有资本，因此，只需要计算各备选筹资方案的综合资本成本并进行比较就可做出筹资决策。

【例 6-16】某企业初创时，投资总额 1 000 万元，有三个方案可供选择。其资金结构分别是，甲方案：长期借款 200 万元、长期债券 300 万元、普通股 500 万元；乙方案：长期借款 300 万元、长期债券 200 万元、普通股 500 万元；丙方案：长期借款 400 万元、长期债券 200 万元、普通股 400 万元。三种筹资方案所对应的资本成本分别为：6%，10%，15%。试分析何种方案资本结构最佳。

见表 6-19，在单元格 D7 中输入公式"=SUMPRODUCT(C4：C7,D4：D7)"，然后将其复制到单元格 G7 和 J7，得到 3 个方案的综合资本成本；在单元格 C9 中输入公式"=INDEX(B2：J2,MATCH(MIN(D7,G7,J7),D7：J7,0))"，寻找综合资本成本最低的筹资方案。

表 6-19　**初始筹资决策**

	A	B	C	D	E	F	G	H	I	J
1	初始筹资决策（金额单位：万元）									
2	筹资方式	甲方案			乙方案			丙方案		
3		筹资额	比重	资本成本	筹资额	比重	资本成本	筹资额	比重	资本成本
4	长期借款	200	20%	6.00%	300	30%	6.00%	400	40%	6.00%
5	长期债券	300	30%	10.00%	200	20%	10.00%	200	20%	10.00%
6	普通股	500	50%	15.00%	500	50%	15.00%	400	40%	15.00%
7	合计	1000	100%	11.70%	1000	100%	11.30%	1000	100%	10.40%
8										
9	最优筹资方案		丙方案							

可见，丙方案的综合资本成本最低，故企业应采用方案丙筹资。

2）追加筹资决策

企业在生产经营活动中，为了扩大生产经营规模或对外投资的需要，往往需筹集更多的资金，即追加筹资。当企业追加筹资后，原有的资本结构就会发生变化，故需要重新寻找最优的资本结构。

追加筹资决策有两种方法：一种方法是直接测算比较各备选追加筹资方案的综合资本成本，选择最优方案，具体做法与初始筹资决策类似；另一种方法是将备选追加筹资方案与原有资本汇总，测算各追加筹资条件下汇总资本结构的综合资本成本，比较确定最优追加筹资方案。下面举例说明后一种方法。

【例6-17】某企业现有资本1 000万元，资本结构如表6-20。现需要追加筹资200万元，有两个备选的追加筹资方案，试选择最优的筹资方案。

表6-20 追加筹资决策

	A	B	C	D	E	F	G	H	I	J
1	已知条件(金额单位:万元)									
2	目前资本结构				追加筹资方案					
3					方案A			方案B		
4	资本种类	筹资额	比重	资本成本	筹资额	比重	资本成本	筹资额	比重	资本成本
5	长期借款	400	40%	6.00%	100	50%	6%	50	25%	15%
6	长期债券	200	20%	10.00%	0	0%	0%	100	50%	7%
7	普通股	400	40%	15.00%	100	50%	12%	50	25%	12%
8	合计	1000	100%	10.40%	200	100%		200	100%	
9										
10	追加筹资决策(金额单位:万元)									
11	资本种类	方案A			方案B					
12		筹资额	比重	资本成本	筹资额	比重	资本成本			
13	长期借款	500	41.67%	6.00%	450	37.50%	7.00%			
14	长期债券	200	16.67%	10.00%	300	25.00%	9.00%			
15	普通股	500	41.67%	14.40%	450	37.50%	14.67%			
16	合计	1200	100.00%	10.17%	1200	100.00%	10.38%			
17										
18	最优筹资方案		方案A							

具体操作步骤如下：

（1）在单元格B13中输入公式"=B5+E5"，并将单元格B13向下复制到单元格B15。

（2）在单元格C13中输入公式"=B13/B16"，并将单元格C13向下复制到单元格C15。

（3）在单元格D13中输入公式"=B5/(B5+E5)*D5+E5/(B5+E5)*G5"，并将单元格D13向下复制到单元格D15。

（4）在单元格D16中输入公式"=SUMPRODUCT(C13:C15,D13:D15)"，从而得到方案A的综合资本成本。

（5）在单元格E13中输入公式"=B5+H5"，并将单元格E13向下复制到单元格E15。

（6）在单元格F13中输入公式"=E13/E16"，并将单元格F13向下复制到单元格F15。

（7）在单元格G13中输入公式"=B5/(B5+H5)*D5+H5/(B5+H5)*J5"，并将单元格G13向下复制到单元格G15。

（8）在单元格G16中输入公式"=SUMPRODUCT(F13:F15,G13:G15)"，从而得到

方案 B 的综合资本成本。

(9) 在单元格 C18 中输入公式“= INDEX (B11 ： G11, MATCH (MIN (D16, G16), D16 ： G16,0))”,寻找综合资本成本最低的筹资方案。

可见，方案 A 的综合资本成本最低，故企业应采用方案 A 追加筹资。

6.4.2 比较公司价值法

比较公司价值法是指通过计算各个备选方案所对应的公司价值并进行比较，选择使公司价值达到最大的方案作为最优方案的筹资决策方法。这里的公司价值是指公司的股票市场价值和债券价值之和。因此采用这种方法进行筹资决策，一般需要通过未来现金流贴现的方法估计股票和债券的价值。

【例 6-18】某公司现有资本账面价值为 1 000 万元，全部为普通股。预计该公司每年的息税前利润为 300 万元，且保持稳定不变，公司的所得税税率为 25%，公司的税后净利润将全部作为股利发放，股利增长率为零。公司的财务管理人员计划改变现有的资本结构，拟增加负债并回购相应数额的股票以利用财务杠杆效应。经过测算认为，债务 D 的现值等于其面值，在不同的负债水平之下，债务的利率 K_d 和普通股的 β 值见表 6-21。同时已知证券市场的数据为：无风险利率 $K_f = 7\%$，市场投资组合期望报酬率 $K_m = 12\%$，试选择最优筹资方案。具体操作步骤如下：

①在单元格 B12 中输入公式“=B3”，并将单元格 B12 向下复制到单元格 B17。

②在单元格 C12 中输入公式“=C3”，并将单元格 C12 向下复制到单元格 C17。

表 6-21　　比较公司价值法筹资决策

	A	B	C	D	E	F	G
1	已知条件						
2	方案	债务D(万元)	债务利润K_d	普通股β值	息税前利润EBIT(万元)	300	
3	1	0		1.12	所得税税率T	25%	
4	2	100	5%	1.16	无风险利率Kf	6%	
5	3	200	8%	1.22	市场投资组合报酬率Km	12%	
6	4	300	10%	1.48			
7	5	400	12%	1.85			
8	6	500	15%	2.2			
9							
10	不同债务规模下的公司价值和综合资本成本计算						
11	方案	D(万元)	K_d(%)	K_s(%)	S(万元)	V(万元)	K_w(%)
12	1	0	0%	12.72%	1768.87	1768.87	12.72%
13	2	100	5%	12.96%	1707.18	1807.18	12.45%
14	3	200	8%	13.32%	1599.10	1799.1	12.51%
15	4	300	10%	14.88%	1360.89	1660.89	13.55%
16	5	400	12%	17.10%	1105.26	1505.26	14.95%
17	6	500	15%	19.20%	878.91	1378.91	16.32%
18	最大公司价值（万元）		1807	对应方案	6		
19	最小综合资本成本		12.45%	对应方案	3		

③普通股的资本成本 K_s 的计算公式：$K_s = K_f + \beta_i(K_m - K_f)$，即在单元格 D12 中输入公式“= $F $4+D3 * ($F $5- $F $4)”,并将单元格 D12 向下复制到单元格 D17。

④普通股的市场价值 S 的计算公式：$S = (EBIT - K_d \times D) \times (1-T)/K_s$，即在单元格 E12 中输入公式“=($F $2-C12 * B12) * (1- $F $3)/D12”,并将单元格 E12 向下复制到单元格 E17。

⑤公司的总市场价值 V 的计算公式：V = S + D，即在单元格 F12 中输入公式"=E12+B12"，并将单元格 F12 向下复制到单元格 F17。

⑥公司的综合资本成本 K_w 的计算公式：$K_w = D/V \times K_d \times (1-T) + S/V \times K_s$，即在单元格 G12 中输入公式"=B12/F12 * C12 * (1- $F $3)+E12/F12 * D12"，并将单元格 G12 向下复制到单元格 G17。

⑦在单元格 C18 中输入公式"=MAX(F12：F17)"，在单元格 C19 中输入公式"=MIN(G12：G17)"；在单元格 E18 中输入公式"=MATCH(C18,F12：F17)"；在单元格 E19 中输入公式"=MATCH(C19,G12：G17)"。

由计算结果可以看出，没有负债时，该公司的价值等于其普通股的价值。随着债务的增加，公司的价值开始逐渐增加，当债务增加到 200 万元时，公司的价值达到最大，此后，随着债务的增加，公司的价值开始下降。从公司综合资本的变化可以看出，债务规模为 200 万元时，综合资本成本也达到最低。因此，公司债务为 200 万元时的资本结构为最优资本结构，最优筹资方案是发行 200 万元的债券并回购 200 万元的股票。

通过绘制公司价值和综合资本成本与债务规模之间的关系图，可以更加清楚地看出这一点。如图 6-5，单击工具栏上的【图表向导】按钮，打开【图表向导 4—步骤之 1—图表类型】对话框，在【标准类型】选项卡中，【图表类型】选【XY 散点图】，【子图表类型】选【平滑线散点图】，然后打开【自定义类型】选项卡，选【两轴折线图】，具体步骤略。

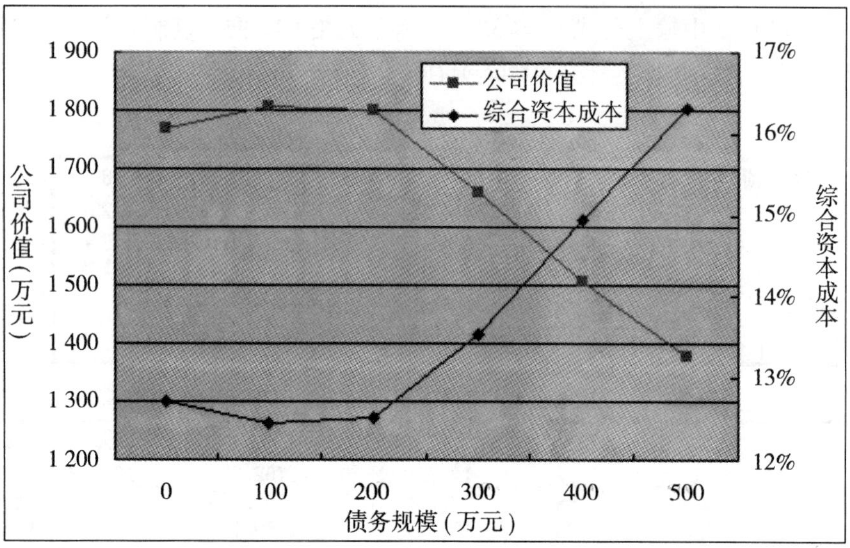

图 6-5 公司价值和综合资本成本与债务规模之间的关系

6.4.3 每股利润分析法

企业合理的资本结构，应当注意其对企业的盈利能力和股东财富的影响，因此将息税前利润（EBIT）和每股利润（EPS）作为确定企业资本结构的两大要素。每股利润分析法就是将息税前利润和每股利润这两大要素结合起来，分析资本结构与每股利润之间的关系，进而确定最佳资本结构的方法。由于这种方法需要确定每股利润的无差异点，因此又称每股利润无差异点法。其决策程序为：第一步，计算每股利润无差异点；第二步，作每股利润无差异点图；第三步，选择最佳筹资方式。

该方法测算每股利润无差异点的计算公式为：

$$\frac{(EBIT-I_1)(1-T)-D_1}{N_t}=\frac{(EBIT-I_2)(1-T)-D_2}{N_2}$$

式中：

EBIT——每股利润无差异点处的息税前利润；

I_1，I_2——两种筹资方式下的年利息；

D_1，D_2——两种筹资方式下的优先股股利；

N_2，N_t——两种筹资方式下的流通在外的普通股的股数。

每股利润无差异点的息税前利润计算出来以后，可与预期的息税前利润进行比较，据以选择筹资方式。当预期的息税前利润大于无差异点税前利润时，应采用负债筹资方式；当预期的息税前利润小于无差异点息税前利润时，应采用普通股筹资方式。

【例 6-19】某公司欲筹集新资金 200 万元以扩大生产规模。筹集新资金的方式可用增发普通股或长期借款方式，现有 A、B 两个筹资方案，（有关资料见表 6-22），企业现有资本 1 000 万元，其中债务 400 万元，股东权益 600 万元。所得税税率为 25%，试采用每股利润分析法计算分析应选择何种筹资方式？

具体操作步骤如下：

①在单元格 B11 中输入公式"=(B10-$B$4*$D$4)*(1-$B$6)/($D$3+$H$4)",并将单元格 B11 向右复制到单元格 I11，计算方案 A 在不同息税前利润下的每股利润。

表 6-22　　**每股利润分析法筹资决策**

	A	B	C	D	E	F	G	H	I
1	基本资料								
2	现有资本结构				追加筹资方案				
3	股东权益(万元)	600	普通股分数(万股)	60	方案A				
4	债务(万元)	400	债务利率	8%	股票筹资额(万元)	200	新增股份数(万股)	20	
5	现有资本(万元)	1000			方案B				
6	所得税税率	25%			债务筹资额(万元)	200	新增债务利率	10%	
7									
8									
9	计算过程								
10	预计息税前利润(万元)	40	60	80	100	120	140	160	180
11	方案A每股利润(元/股)	0.08	0.26	0.45	0.64	0.83	1.01	1.20	1.39
12	方案B每股利润(元/股)	-0.15	0.10	0.35	0.60	0.85	1.10	1.35	1.60
13	最优筹资方案	方案A	方案A	方案A	方案A	方案B	方案B	方案B	方案B
14									
15	目标函数:方案A每股利率-方案B每股利率			0					
16	无差别点的息税前利润（万元）			112					
17	无差别点的每股利润（万元）			0.75					
18									

②在单元格 B12 中输入公式"=(B10-$B$4*$D$4-$F$6*$H$6)*(1-$B$6)/$D$3",并将单元格 B12 向右复制到单元格 I12，计算方案 B 在不同息税前利润下的每股利润。

③在单元格 B13 中输入公式"=IF(B11>B12,"方案 A","方案 B")",并将单元格 B13 向右复制到单元格 I13，选取不同息税前利润所对应的最优筹资方案。

④在单元格 D15 中输入公式"=(D16-B4*D4)*(1-B6)/(D3+H4)-(D16-B4*D4-

F6 * H6) * (1-B6)/D3"计算两个方案的每股利润之差，并将其作为目标函数。

⑤在【工具】菜单中选择【单变量求解】，系统会自动弹出单变量求解对话框，在目标单元格中输入D15，在目标值中输入“0”，在可变单元格中输入D16，最后单击【确定】按钮，即可求出两个方案无差别点的息税前利润。

⑥在单元格D17中输入公式“=(D16-B4 * D4) * (1-B6)/(D3+H4)”,计算两个方案无差别点的每股利润。

单击工具栏上的【图表向导】按钮，选取【XY散点图】，然后按照图表向导的有关说明逐步操作，即可绘制出每股利润与息税前利润关系图，最后对图表进行格式化，最终结果如图6-6。

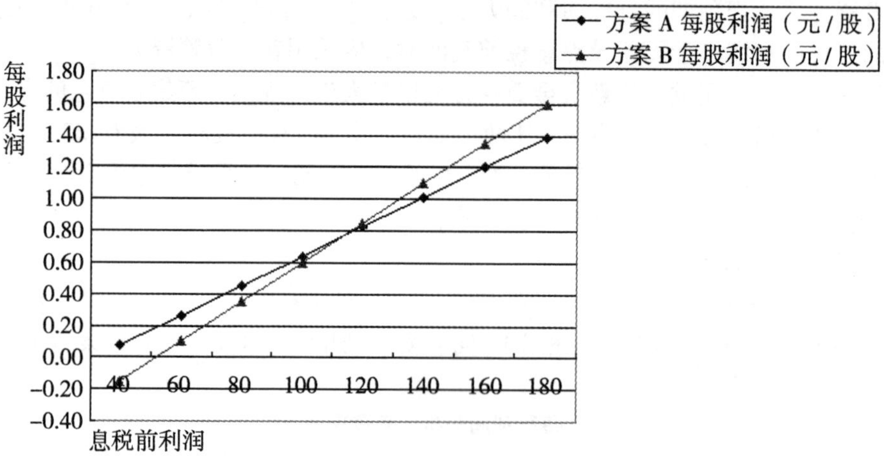

图6-6 每股利润与息税前利润的关系图

由计算结果和图示可以看出，当预计的息税前利润为112万元时，两个方案每股利润相等，均为0.75元/股。当预计的息税前利润小于112万元时，A方案的每股利润更高，应采用方案A筹资；而当息税前利润大于112万元时，B方案的每股利润更高，应采用方案B筹资。

[本章小结]

筹集资金是企业的基本财务活动。企业筹集资金的目的总的来说是为了获取资金，它是企业生产经营活动的前提，又是企业再生产顺利进行的保证。

企业筹资活动需要通过一定的渠道并采用一定的方式来完成。企业在进行筹集资金前，要采用一定的方法预测资金需要量，常用的预测方法有销售百分比法和资金习性分析法等。

企业筹集资金可以采用债券筹资、股票筹资、借款筹资、租赁筹资、商业信用等多种方式，只有进行筹资方式的分析，才能选出适应企业的最佳筹资方式。

企业进行筹资决策的核心问题是选择最优的资本结构，企业可以选择的筹资决策方法主要包括比较资本成本法、比较公司价值法和每股利润分析法。

筹资风险通常称为财务风险，主要包括资本结构风险和财务结构风险。资本结构风险分析指标主要有财务杠杆系数、股东投资报酬的标准差和标准差率。财务结构风险是指企业因选择财务结构不当所导致的无力清偿债务以及股东投资报酬降低的风险。

[主要概念]

销售百分比法　高低点法　散点图法　回归分析法

[基本训练]

□ 知识题

1）阅读理解

企业筹集资金的基本要求是什么？

2）知识应用

目前中国企业有哪些筹资渠道和筹资方式？

□ 技能题

1）规则练习

如何建立资金需要量预测模型？

2）操作练习

（1）目的：练习资金需要量的预测——销售百分比法

资料：雨宁公司 2013 年 12 月 31 日资产负债表见表 6-23：

表 6-23　　**雨宁公司简要资产负债表**

	A	B	C	D	E	F
1	资产负债表					
2	2013年12月31日					金额单位:元
3	资产	年初数	期末数	负债和所有者权益	年初数	期末数
4	流动资产：			流动负债：		
5	货币资金	612 540	805 800	短期借款	300 000	200 000
6	交易性金融资产	800 000	600 000	交易性金融负债	0	0
7	应收票据	260 000	220 000	应付票据	360 000	402 000
8	应收账款	746 630	847 100	应付账款	865 900	892 600
9	预付账款	183 260	0	预收账款	126 580	134 650
10	应收利息	0	0	应付职工薪酬	891 000	900 000
11	应收股利	0	0	应交税费	156 320	178 650
12	其他应收款	86 000	58 000	应付股利	143 460	256 260
13	存货	2 016 830	2 103 200	其他应付款	230 000	568 000
14	流动资产合计	4 705 260	4 634 100	其他流动负债	1 000	2 100
15	非流动资产：			流动负债合计	3 074 260	3 534 260
16	可供出售金融资产	0	0	非流动负债：		
17	长期应收款	0	0	长期借款	2 600 000	2 000 000
18	长期股权投资	0	0	应付债券	0	0
19	固定资产	5 850 000	6 075 000	递延所得税负债	18 650	20 360
20	在建工程	125 000	0	其他非流动负债	0	0
21	工程物资			非流动负债合计	2 600 000	2 000 000
22	固定资产清理			负债合计	5 674 260	5 534 260
23	无形资产	180 000	150 000	股东权益：		
24	商誉			股本	5 000 000	5 000 000
25	长期待摊费用			资本公积	17 800	17 800
26	递延所得税资产	23 800	24 960	盈余公积	180 000	298 000
27	其他非流动资产			未分配利润	12 000	34 000
28	非流动资产合计	6 178 800	6 249 960	股东权益合计	5 209 800	5 349 800
29	资产总计	10 884 060	10 884 060	负债及所有者权益总计	10 884 060	10 884 060

已知：雨宁公司 2013 年的销售收入为 10 000 000 元，现在还有剩余生产能力，即增加收入不需要进行固定资产方面的投资。假定销售净利率为 10%，如果 2014 年的销售收入提高到 120 000 元，利润分配率为 70%。

要求：用销售百分比法预测需要筹集的资金。

（2）目的：练习资金需要量的预测——高低点法

资料：八达公司 2009—2013 年资金占用量与销售收入之间的关系见表 6-24：

表 6-24　**八达公司资金占用量与销售收入的关系**　金额单位：元

年度	销售收入（X）	资金占用量（Y）
2009	2 000 000	110 000
2010	2 400 000	130 000
2011	2 600 000	140 000
2012	2 800 000	150 000
2013	3 000 000	160 000

要求：采用高低点法预测资金需要量，并做出散点图。

（3）目的：练习资金需要量的预测——回归分析法

资料：某企业 2007—2013 年的产销量与资金占用量变化情况见表 6-25：

表 6-25　**2007—2013 年产销量与资金占用量变化情况**

年度	产销量（万件）	资金占用量（万元）
2007	120	100
2008	110	95
2009	120	99
2010	130	105
2011	140	110
2012	150	112
2013	160	115

要求：采用回归分析法预测 2014 年的产销量和资金需要量。

□ **能力题**

1）案例分析

目的：掌握借款本息的计算

资料：海华公司向银行申请 1 000 000 元的工业贷款，贷款年利率为 5%，借款期限为 5 年。

要求：（1）利用长期借款基本模型结构确定不同还款期、不同还款时点下的每期偿还金额；

（2）如果贷款利率为 2.5% ~7%，借款期限为 3 ~8 年，利用双变量分析模型计算每期偿还金额。

2）单元实训

目的：筹资方式的选择。

资料：某企业需要增加一台价值 100 000 元的设备，该设备使用期 5 年，预计 5 年后无残值，该企业可以用银行贷款购买该设备，银行贷款年利率 10%，要求每年年末等额偿还贷款；该企业也可以采用租赁方式取得该设备，租赁公司要求每年年初预付租金，该设备原价在 5 年内摊销，并要求得到 8% 的租费（收益）率。如果该企业所得税税率为 25%，采用直线法提折旧，贴现率为 5%。

要求：请选择筹资方式。

3）综合训练

某企业向银行借款 500 万元，年利率 8%，期限 6 年，借款筹资的手续费为 2 万元，该企业企业所得税税率为 25%。现有两种还本付息方式：①方案 A，每年年末等额还本付息；②方案 B，前 2 年每年年末偿还本金 50 万元，并在每年年末支付按年初借款余额计算的相应利息，其余的款项在后 4 年中每年年末等额还本付息。

要求：完成表 6-26，计算并判断该企业应选择哪种还本付息方式？

表 6-26　**长期借款还本付息方式的选择**

	A	B	C	D	E	F	G	H	I
1	借款金额（万元）	借款年利率	期限（年）	筹资费用（万元）					
2	500	8%	6	2					
3									
4	各年还本付息（万元）								成本代价现值（万元）
5	方案A	年份	1	2	3	4	5	6	
6		还本							
7		付息							
8		利息抵税							
9		成本代价合计							
10	方案B	还本							
11		付息							
12		利息抵税							
13		成本代价合计							
14									
15	结论：								

第 7 章

流动资产管理

[学习目标]

通过本章的学习，学生应该在掌握流动资产管理内容和方法的基础上，熟练地运用 Excel 工具建立和使用具体的流动资产管理模型，包括最佳现金持有量决策模型、应收账款管理模型和最优订货批量模型等。

流动资产是指可以在 1 年以内或超过 1 年的一个营业周期内变现或运用的资产。企业的流动资产主要包括现金、短期投资、应收及预付款项和存货等。由于流动资产具有占有时间短、周转快、易变现的特点，因此企业拥有一定的流动资产可以抵付流动负债，从而在一定程度上降低财务风险，所以流动资产管理是企业财务管理的重要组成部分。

流动资产投资是一个不断投入、不断收回，并不断再投入的循环过程，没有终止的期限。这就使财务管理人员难以直接评价其投资的报酬率。因此流动资产投资评价的基本方法是以最低的成本满足生产经营周转的需要。流动资产管理的主要内容包括现金管理、应收账款管理和存货管理，其中最重要的流动资产管理模型有最佳现金持有量决策模型、应收账款政策模型和最优订货批量模型。

7.1 现金管理——最佳现金持有量决策模型

我们知道，作为流动性和支付能力最强的资产，现金是满足日常经营支付、偿还债务本息、履行纳税义务的重要保证。因此，企业能否保持足够的现金余额，对于降低或避免经营风险和财务风险具有十分重要的意义。现金储备量过低可能会造成现金短缺，从而影响到企业的生产经营活动，或者丧失投机的机会。同时，现金又是一种非营利性的资产，持有量过多，势必给企业造成较大的营利机会损失，降低资产的获利能力。因此，现金管理目标就是实现现金资产流动性和收益性的平衡，也就是采用一定的方法找出一个最佳现金持有额，以获取最大的整体收益。更进一步说，是要在保证企业正常生产经营活动的前提下，尽可能地降低现金的持有量。

实际工作中，常用的确定最佳现金持有量的方法有两种：一是成本分析模式，二是存货管理模式。相应地，我们可以利用 Excel 设计和建立这两种模型，即成本分析模式模型和存货管理模式模型。

7.1.1　成本分析模式模型

1）成本分析模式中持有现金的成本

成本分析模式通过分析持有现金的成本，将持有现金总成本最低时的现金持有量作为最佳现金持有量。在成本分析模式中，企业持有现金资产的相关成本主要包括机会成本、管理成本和短缺成本。

（1）机会成本

企业为保持一定数额的现金资产，势必会放弃将这些资产用于其他投资机会所获得的收益，即机会成本。这种机会成本会随着现金持有额的增加而增加。

（2）管理成本

企业在持有现金时，必然发生一定的管理费用，如安全设施的建造、管理人员工资支出及其他费用等，即管理成本。管理成本在一定范围内是一种固定费用，一般不会随现金持有量的变化而变化。

（3）短缺成本

短缺成本是指企业由于缺乏必要的现金应付业务开支所需，而使企业蒙受的损失或为此所付出的代价。现金持有量越大，现金的短缺成本就越低。

2）成本分析模式模型及应用

采用成本分析模式进行最佳现金持有量的计算，就是通过计算和比较各现金持有量方案的总成本（机会成本、管理成本和短缺成本之和），选取总成本最低的方案为最优方案，最优方案相应的现金持有量就是最佳现金持有量。

【例 7-1】某企业有 4 种现金持有方案，具体情况见表 7-1。采用其成本分析模式，分析结果见表 7-2。

表 7-1　**企业现金持有方案**　金额单位：元

现金持有方案	方案 A	方案 B	方案 C	方案 D
现金持有量	30 000	60 000	90 000	120 000
机会成本	3 000	6 000	9 000	12 000
管理成本	5 000	5 000	5 000	5 000
短缺成本	15 000	8 000	2 000	0

注：机会成本按 10% 收益率计算。

表 7-2　**最佳现金持有量决策分析——成本分析模式**　金额单位：元

	A	B	C	D	E
1	最佳现金持有量决策分析				
2					
3	现金持有方案	方案A	方案B	方案C	方案D
4	现金持有量	30000	60000	90000	120000
5	机会成本	3000	6000	9000	12000
6	管理成本	5000	5000	5000	5000
7	短缺成本	15000	8000	2000	0
8	现金持有总成本	23000	19000	16000	17000

【解析过程】建立工作表“现金最佳持有量决策分析”，并输入各个方案的各项持有成本，则持有总成本 = Σ各持有成本。选取单元格 B5 ：E8 区域，单击工具栏上的【求

和】按钮，即可立即求出各个方案的现金持有总成本。

从表 7-2 中可以看出方案 C 的总成本最低，为 16 000 元，所以方案 C 为最佳现金持有量方案，则对应的现金持有量 90 000 元为最佳现金持有量。

另外，还可以在此基础上进一步绘制出相应的最佳现金持有量分析图，见表 7-3。

表 7-3 **最佳现金持有量分析表** 金额单位：元

	A	B	C	D	E	F
1	最佳现金持有量决策分析					
2						
3	现金持有方案	方案A	方案B	方案C	方案D	
4	现金持有量	30000	60000	90000	120000	
5	机会成本	3000	6000	9000	12000	
6	管理成本	5000	5000	5000	5000	
7	短缺成本	15000	8000	2000	0	
8	现金持有总成本	23000	19000	16000	17000	

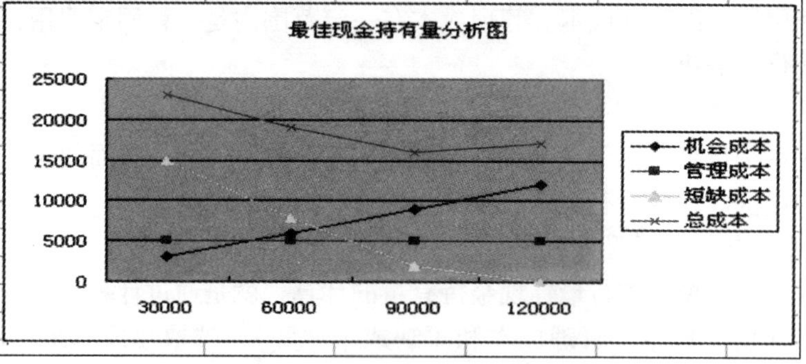

从表 7-3 中可以看出，当现金持有量等于方案 C 的持有量时，总成本最低，即90 000元为最佳现金持有量。

在最佳现金持有量成本分析模式中，由于建立了现金持有总成本与各要素之间的有效链接，并且分析图与数据之间也建立了动态链接，所以，对于不同企业，不同时期的不同方案，只要通过改变相关要素的基本数据，就可以立即自动得到分析表和相应的分析图，进而得出相应的最佳现金持有量。

【小思考 7-1】利用成本分析模式确定最佳现金持有量时，如果不考虑管理成本，对选择方案的结果是否有影响？

因为管理成本是固定成本，与现金持有量无关，所以利用成本分析模式确定最佳现金持有量时，即使不考虑管理成本，对方案选择结果也不会产生影响，但计算出的现金持有总成本会发生变化。如【例 7-1】中，假如不考虑管理成本 5 000 元，选择的结果仍然是 C 方案，这时 C 方案的相关总成本最低，为11 000元。

7.1.2 存货管理模式模型

1）存货管理模式模型的概述

存货管理模式模型也称巴摩尔模型（The Baumol Model），是将企业现金持有量同持有的有价证券联系起来观察，通过比较不同现金持有量下现金相关总成本，确定其现金最佳持有量。以存货管理模式确定最佳现金持有量的相关成本包括现金的持有成本（也称机会成本）和有价证券的交易成本。现金的持有成本（机会成本）同上，有价证券的交易成本也称转换成本，是指有价证券每次交易所需要的费用。两者的关系是变化方向恰好相反，机会成本随现金余额量的增大而增大，交易成本随现金余额量的增大而减少。

如果利用该模型来确定最佳现金持有量，需要有以下假设条件：

①企业在一定时期内对现金的需求为已知常数；

②单位时间的现金使用量是一个稳定值，其现金余额也是定期地由最高点 C 到最低点零均衡地变化，所以平均现金余额为 C/2；

③当现金耗尽时，企业就需要出售 C 元的有价证券来补充现金余额。

在满足上述假设条件下，现金持有总成本=现金持有成本+现金交易成本。

更进一步可以表达为：

$$现金持有总成本=\frac{平均}{现金余额}\times\frac{有价}{证券利率}+\frac{转换}{次数}\times\frac{有价证券}{每次交易成本}$$

$$=\frac{C}{2}i+\frac{T}{C}b$$

式中：C——现金余额；

i——有价证券收益率；

T——在特定时期内现金的总需求量；

b——有价证券的每次交易成本。

最佳现金持有量就是现金总成本为最低点的现金余额 C^*。应用数学求最小值的方法，令总成本公式的一阶导数等于 0，推导出最佳现金持有量的计算公式为：

$$C^*=\sqrt{\frac{2Tb}{i}}$$

2）存货管理模式模型的应用

我们知道，在存货管理模式下，最佳现金持有量的计算公式为：$C^*=\sqrt{\frac{2Tb}{i}}$。据此我们可以运用 Excel 表，建立最佳现金持有量的存货分析模型，并加以应用。

【例 7-2】某企业预计在 1 年内经营所需现金总额为 10 000 000 元，准备用有价证券变现取得，每次买卖证券的交易成本为 80 元，证券市场的年利率为 4%。则企业的最佳现金持有量决策分析见表 7-4。

表 7-4　**最佳现金持有量决策分析——存货分析模型**　金额单位：元

	A	B
1	最佳现金持有量决策分析	
2	全年现金需要量T	10,000,000
3	证券每次交易成本b	80
4	有价证券利率i	4%
5	最佳现金持有量C*	200000
6	一年内变现次数b	50
7		

【解析过程】建立工作表“现金最佳持有量决策分析——存货分析模型”，并输入基本数据。在单元格 B5 中输入公式“=SQRT（2 * B2 * B3/B4）”，单元格 B6 中输入公式“=B2/B5”，则最佳现金持有量为 200 000 元，1 年内企业有价证券转换为现金的次数约为 50 次。

在上述模型基础上，还可以进一步计算出最佳现金持有量的相关成本和总成本，并绘制出分析图，见表 7-5。

通过该模型，就可以根据满足已知条件的任何数值，计算出企业最佳现金持有量。

表 7-5　　　　　　　　　　　　最佳现金持有量决策分析图　　　　　　　　　　　　金额单位：元

	A	B	C	D	E
1	最佳现金持有量决策分析				
2	全年现金需要量T	10,000,000			
3	证券每次交易成本b	80			
4	有价证券利率i	4%			
5	最佳现金持有量C*	200000			
6	一年内变现次数b	50			
7	持有成本	4000			
8	交易成本	4000			
9	总成本	8000			

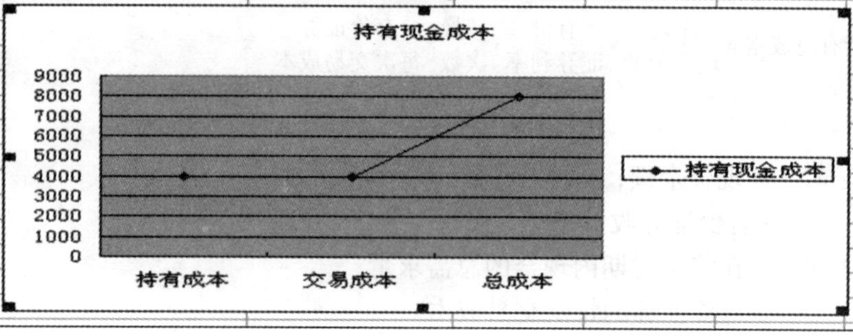

【小知识 7-1】巴摩尔与巴摩尔模型（也称鲍莫尔模型）

威廉·巴摩尔（William Baumol）是纽约大学教授和普林斯顿大学名誉教授。曾任美国经济协会会长、美国科学学会成员。主要研究领域是市场结构和定价。在 20 世纪 50 年代中期，威廉·巴摩尔和詹姆斯·托宾创造了存货法的货币需求理论。其基本思想是：一个人维持货币存量面临着一个两难选择，那就是如果个人要维持更多的货币存量，那么他就要面对把这部分货币转化为生息资产而带来的利息收入的损失；如果他保持较少的货币，那么他就要忍受为了满足日常货币需求而频繁地把生息资产转化为货币而带来的交易成本。因而维持多少货币存量的问题就转化为如何使利息收入损失和交易费用两种成本之和最小的问题。

巴摩尔模型的理论依据就是把持有的有价证券同货币资金的库存联系起来观察，比较现金储存的成本和买卖有价证券的固定成本，以求得两者成本之和最低时的现金余额。

7.1.3 最优决策分析工具——“规划求解”

规划求解是 Excel 的一个非常有用的工具，不仅可以解决运筹学、线性规划等问题，还可以用来求解线性方程组及非线性方程组。

【规划求解】加载宏是 Excel 的一个可选安装模块，在安装微软 Excel 时，选择【完全/定制安装】就可选择安装这个模块。进入 Excel 后，单击【工具】菜单，选择【加载宏】项，在【加载宏】对话框中选定【规划求解】复选框，然后单击【确定】按钮，则系统就会自动安装和加载【规划求解】工具，我们就可以使用它了。

在生产和生活中经常涉及到求最大效益和最小费用问题，财务管理中也常涉及到很多优化问题，如最大利润、最小成本、最优投资组合、目标规划、线性回归及非线性回归等。使用 Excel 的【规划求解】工具可以很方便地解决此类问题，为人们的决策活动制订最优方案。在这里，如果利用 Excel 提供的【规划求解】工具，则可以更快速、精确地求出最佳现金持有量。

【例 7-3】某企业预计 1 个月内经营所需现金为 720 000 元，准备用有价证券变现取得，每次买卖证券的固定成本为 100 元，证券市场的月利率为 1%，企业要求最低现金持有量为 100 000 元。下面应用【规划求解】工具建立最佳现金持有量模型。

【解析过程】

①建立工作表“最佳现金持有量——存货模式”，见表 7-6。

表 7-6　　最佳现金持有量规划求解模型（1）

	A	B	C	D	E
1	最佳现金持有量规划求解模型				
2					单位:元
3	基本数据区			规划求解	
4	全月现金需要量T	720,000		最佳现金持有量C	0
5	证券每次交易成本b	100		总成本	#DIV/0!
6	有价证券月利率i	1%		最佳变现次数	#DIV/0!

②设计规划求解分析区，将已知的相关资料填入对应的单元格，并在 E5 单元格中输入总成本的计算公式。同时在 E6 单元格输入变现次数公式，见表 7-6。

③利用【规划求解】工具求解最佳现金持有量的步骤如下：

步骤 1：执行【工具】/【规划求解】命令，屏幕上显示【规划求解参数】对话框，如图 7-1。

图 7-1　最佳现金持有量规划求解模型（2）

步骤 2：在【设置目标单元格】编辑框中输入总成本对应的“E5 单元格”；

步骤 3：在【等于】选项中，选择“最小值”；

步骤 4：在【可变单元格】编辑框中输入最佳现金持有量 C 对应的“E4 单元格”；

步骤 5：选择【添加】按钮，增加约束条件“E4 单元格>=100 000”，然后按【确定】；

步骤 6：由于该问题属于非线性问题，将【规划求解】选项中的【采用线性模型】设置为不选；

步骤 7：点击【求解】，出现如图 7-2 的【规划求解结果】对话框；

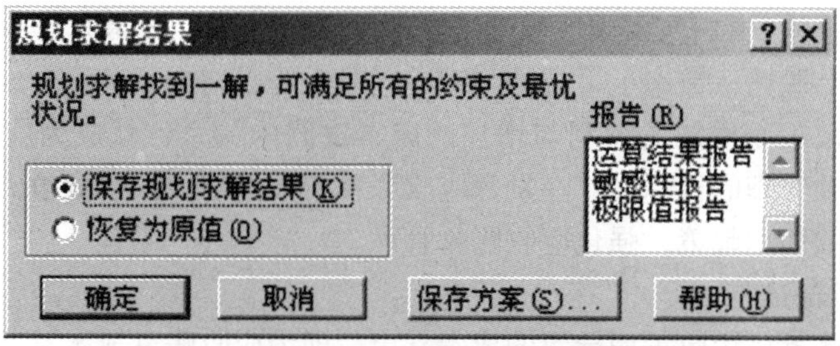

图 7-2　最佳现金持有量规划求解模型（3）

步骤8：点击【保存规划求解结果】后，点击【确定】，经过一段时间的自动计算求解，出现见表7-7的规划求解结果，即最佳现金余额约为120 000元。

表7-7　　最佳现金持有量规划求解模型（4）

	A	B	C	D	E
1	最佳现金持有量规划求解模型				
2					
3	基本数据区			规划求解	
4	全月现金需要量T	720,000		最佳现金持有量C	120000
5	证券每次交易成本b	100		总成本	1200
6	有价证券月利率i	1%		最佳变现次数	6

我们可以利用最佳现金余额的计算公式 $C^* = \sqrt{\frac{2Tb}{i}}$ 加以验证，其最佳现金余额的结果也是120 000元。

由此可见，利用Excel“规划求解”工具计算出来的数据与最佳现金持有量公式计算出来的数据完全相符，并较人工计算更为快捷，由于规划求解模型中各单元格之间建立了有效的链接，当模型中的变量发生变动，只需重新启动“规划求解”命令，改变其基本数据，设置合适的参数和选项，即可得到最新结果。

【小知识7-2】规划求解

“规划求解”是Excel的一个非常有用的工具，不仅可以解决运筹学、线性规划等问题，还可以用来求解线性方程组及非线性方程组。通常，当涉及依赖于单个或者多个未知变量的目标变量的最大化或者最小化的优化问题时，则应当使用“规划求解”。“规划求解”允许用户指定一个或多个约束条件。

财务管理中涉及到很多的优化问题，都可以利用规划求解工具来解决。如最大利润、最小成本、最优投资组合、目标规划、线性回归及非线性回归，利用规划求解工具还可以求解线性或非线性方程组等。有关规划求解工具的更多实际应用问题，大家可以进一步学习和挖掘。

● 7.2　应收账款管理模型

应收账款是指企业对外销售商品、材料和提供劳务而获得的可以向购货单位或其他单位收取的款项的权利。随着商品经济的发展，商业信用越来越重要，应收账款已成为企业流动资产管理中的一个重要项目。

7.2.1　应收账款管理概述

1）应收账款管理目标

企业发生应收账款的主要原因在于扩大销售，减少存货，不断增强企业竞争力。由此引起了大量的产品赊销，带来了可观的利润，同时也势必增加了其资金成本。如何平衡因为提供应收账款政策而增加的盈利与增加的成本之间的关系，就成为应收账款管理的核心。因此应收账款管理的目标是：在发挥应收账款扩大销售、加强竞争力作用的同时，制定合理的应收账款信用政策，强化应收账款管理。

2）应收账款的成本

因提供应收账款信用政策而导致的成本支出，即为应收账款成本，其内容主要包括机会成本、管理成本和坏账成本。

（1）机会成本

机会成本即因投放于应收账款而放弃的其他投资机会所能获取的收益。其影响因素有三个：应收账款数额、资金成本率和应收账款收账期。并且这三个因素同应收账款的机会成本是正相关的。

（2）管理成本

管理成本是指企业因管理应收账款而发生的各项支出，主要包括对客户信用状况调查费、收集整理各种信息费用以及收账费用等。管理成本与应收账款的收账政策密切相关，通常说来，严格的收账政策会加大管理成本，而宽松的收账政策则会减少管理成本的开支。

（3）坏账成本

坏账是指那些经确认，确实无法收回的应收账款。企业因发生坏账而造成的损失即为坏账成本。

3）应收账款信用政策的确定

应收账款信用政策包括：信用标准、信用期限和现金折扣三部分。

信用标准是指顾客获得建立交易所应具备的信用条件。通常用预计坏账损失率来表示。信用期限是指企业允许客户从购货到付款之间的时间，即企业给予客户的付款期限。此期限过短，不足以吸引客户，造成销售额下降；此期限过长，会加大费用成本和风险。现金折扣是给予客户付款时的优惠政策，主要包括折扣期限和现金折扣率。

4）应收账款的管理模型

应收账款管理的重点内容在于企业信用政策的制定以及应收账款的日常分析等。所以，应收账款的管理模型主要包括：应收账款的账龄分析模型和信用政策决策模型。

7.2.2　应收账款的账龄分析模型

应收账款的账龄分析就是通过考察研究应收账款的账龄结构，掌握企业应收账款的发生及收回情况，它有助于促进企业进一步研究与制定新的信用政策。账龄分析模型是将企业现有应收账款的账龄（期限）情况按账户数量、金额以及金额所占比重制作分析表，并在此基础上绘制分析图。

【例 7-4】某企业现有应收账款账户数 110 户，应收账款总额共计为 800 万元，其账龄情况、账龄分析见表 7-8。

【解析过程】建立工作表“应收账款账龄分析模型”，并输入基本数据。

选取单元格 B3 ：D11 区域，单击工具栏上的【求和】按钮，即可立即求出应收账款合计数一行。

在此基础上进一步绘制出相应的应收账款账龄分析模型及账龄结构分析图，见表 7-8 和图 7-3。

7.2.3　应收账款信用政策动态分析模型

应收账款信用政策，是企业财务政策的一个重要组成部分。应收账款信用政策中的每一项因素的变化都会影响到企业的利益，因此合理的企业信用政策是财务管理的一项重要内容。在制定信用政策时，应预测出各种因素的变化与企业利润变化的关系，即将各种相关因素予以一定程度的放宽或收紧，从动态角度考察企业信用政策变化给企业收益带来的影响和变化，从而正确进行决策，确定合理的信用政策。

表 7-8 **应收账款账龄分析模型**

	A	B	C	D
1	应收账款账龄分析模型			
2				
3	应收账款	账款数量	金额（万元）	比重%
4	信用期内	40	360	45%
5	逾期1个月内	20	160	20%
6	逾期2个月内	11	100	12.50%
7	逾期3个月内	9	80	10%
8	逾期4个月内	12	36	4.50%
9	逾期5个月内	9	18	2.25%
10	逾期6个月内	5	18	2.25%
11	逾期6个月以上	4	28	3.50%
12	应收账款合计	110	800	100%

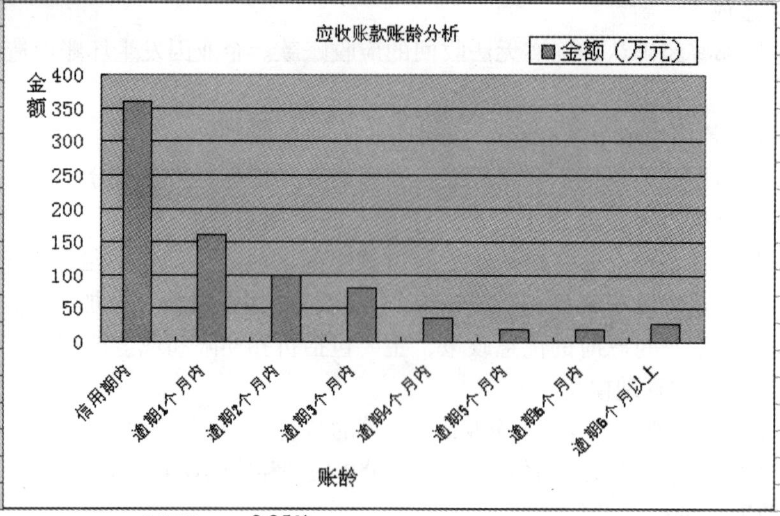

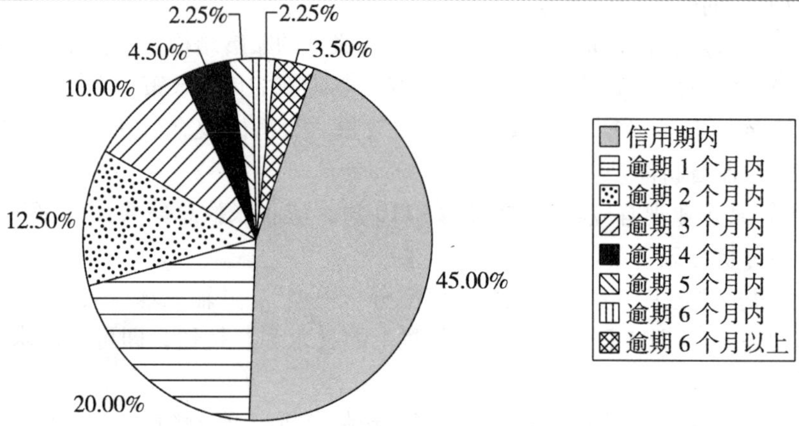

图 7-3 应收账款账龄结构分析图

应收账款的信用政策主要包括信用标准、信用条件和收账政策，而信用标准和信用条件是企业赊销策略的内容，它们共同影响企业的销售和利润，所以在设计应收账款的信用政策分析模型时主要应有赊销策略决策模型和收账政策分析模型。

1）赊销策略决策模型

企业的赊销策略包括信用标准和信用条件的确定。信用标准是指企业因同意向客户提供商业信用而提出的基本要求，通常以预期的坏账损失率作为判别标准。信用标准的严格与否，会直接影响到企业的销售情况，并进而影响企业利润。信用条件是指企业要求客户支付赊销款项的条件，包括信用期限、折扣期限和现金折扣，通常以缩写形式表达，如“3/10，N/40”。赊销策略决策，就是从动态角度分析企业在现行方案基础上，由于改变赊销策略可能对企业利润产生的影响，并通过测算赊销策略变化对利润的影响数额，确定对企业有利的赊销策略，以达到增加企业收益的目的。实际工作中，通常采用增量分析法进行相关数据分析，其基本公式如下（下列数据中，正数为增加值，负数为减少值）：

（1）$\begin{matrix}\text{赊销策略变化}\\\text{对利润的影响}\end{matrix}=\begin{matrix}\text{新方案销售}\\\text{增（+）减（-）额}\end{matrix}\times\text{销售利润率}$

（2）$\begin{matrix}\text{赊销策略变化对}\\\text{坏账损失的影响}\end{matrix}=\begin{matrix}\text{新方案销售}\\\text{增（+）减（-）额}\end{matrix}\times\begin{matrix}\text{新方案增减}\\\text{销售额的坏账损失率}\end{matrix}$

（3）$\begin{matrix}\text{信用期限变化对}\\\text{应收账款机会成本的影响}\end{matrix}=\left(\dfrac{\begin{matrix}\text{新方案}\\\text{平均收账期}\end{matrix}-\begin{matrix}\text{原方案}\\\text{平均收账期}\end{matrix}}{360}\times\begin{matrix}\text{原方}\\\text{案销售额}\end{matrix}+\dfrac{\text{新方案平均收账期}}{360}\times\begin{matrix}\text{新方案}\\\text{增减销售额}\end{matrix}\right)\times\begin{matrix}\text{应收账款}\\\text{机会成本}\end{matrix}$

（4）$\begin{matrix}\text{信用条件变化对}\\\text{现金折扣成本的影响}\end{matrix}=\begin{matrix}\text{新方案}\\\text{销售额}\end{matrix}\times\begin{matrix}\text{现金折扣销售额}\\\text{占销售总额比重}\end{matrix}\times\begin{matrix}\text{新方案现金}\\\text{折扣率}\end{matrix}$

（5）$\begin{matrix}\text{赊销策略变化影响}\\\text{利润的净增加额}\end{matrix}=(1)-(2)-(3)-(4)$

【例 7-5】某企业按目前赊销策略的销售情况和其他相关资料已输入工作表，企业拟改变赊销策略并拟订两个不同新方案，资料见表 7-9。

表 7-9　　应收账款信用政策分析基本数据

	A	B	C	D
1	应收账款信用政策决策模型			
2	一、基本数据区域			
3	项　　目	目前方案	新方案A	新方案B
4	年销售额(元)	9000000	8000000	12000000
5	销售利润率	24%	24%	24%
6	应收账款机会成本率	10%	10%	10%
7	平均收账期(天)	40	45	30
8	平均坏账损失率	10%	8%	12%
9	信用条件	n/30	n/40	2/10,n/50
10	现金折扣销售额占总销售额的百分比	0	0	50%
11	现金折扣	0	0	2%
12				

【解析过程】

在上述资料基础上，创建赊销策略决策分析区域，将有关项目定义并输入单元格，其效果见表 7-10。

然后依据上面基本公式建立决策分析模型。各单元格内对应关系如下：

①C15 = C4-B4、D15 = D4-B4

②C16 = C15 * C5、D16 = D15 * D5

③C17 = C4 * C8-B4 * B8、D17 = D4 * D8-B4 * B8

④C18 = ((C7-B7)/360 * B4+C7/360 * C15) * C6、D18 = ((D7-B7)/360 * B4+D7/360 * D15) * D6

表 7-10　　应收账款信用标准决策分析区域　　金额单位：元

	A	B	C	D
10	现金折扣销售额占总销售额的百分比	0	0	50%
11	现金折扣	0	0	2%
12				
13	二、赊销策略决策分析区域			
14	项　目	目前方案	新方案A	新方案B
15	赊销策略变化增减的销售额			
16	赊销策略变化增减的利润额			
17	赊销策略变化增减的坏账成本			
18	信用期限变化增减的机会成本			
19	信用条件变化增减的现金折扣成本			
20	赊销策略变化影响利润的净增加额			

⑤C19＝C4＊C10＊C11、D19＝D4＊D10＊D11

⑥C20 ＝C16－C17－C18－C19、D20＝D16－D17－D18－D19

上述 D16 至 D20 各项也可运用自动填充方式求得结果。完成上述步骤后，即可得到表 7-11 的效果。

表 7-11　　信用标准决策分析　　金额单位：元

	A	B	C	D
10	现金折扣销售额占总销售的百分比	0	0	50%
11	现金折扣	0	0	2%
12				
13	二、赊销策略决策分析区域			
14	项　目	目前方案	新方案A	新方案B
15	赊销策略变化增减的销售额	0	-1000000	3000000
16	赊销策略变化增减的利润额	0	-240000	720000
17	赊销策略变化增减的坏账成本	0	-260000	540000
18	信用期限变化增减的机会成本	0	0	20000
19	信用条件变化增减的现金折扣成本	0	0	120000
20	赊销策略变化影响利润的净增加额	0	20000	40000

结果表明，企业若采取方案 A 的赊销，将使企业利润比目前增加 20 000 元，若采取方案 B 的信用标准，则可以使企业利润增加 40 000 元，决策的结果是选择方案 B 的赊销策略对企业有利。

需要说明的是，上述分析是差量分析法的模型，实际上，在进行创建赊销策略决策分析区时，项目的确定不一定按上述格式固定不变，也可以根据有关赊销策略具体内容，设定其他的格式和项目，同样可以达到选优方案的目的（以下的收账政策分析模型也一样）。比如上例中，还可以创建表 7-12 的赊销策略决策分析区域，得到同样的决策结果。具体操作步骤略。

从表 7-12 中我们可以看出，目前方案可实现的利润额为 1 160 000 元，方案 A 的赊销方案，可实现的利润额为 1 180 000 元，将使企业利润比目前增加 20 000 元，若采取方案 B 的信用标准，则可实现的利润额为 1 200 000 元，将使企业利润增加40 000元，决策的结果同样是选择方案 B 的赊销策略对企业有利。

2）收账政策分析模型

收账政策是指信用条件被违反时，企业对客户所采取的收取账款的策略。不同的收账政策对企业成本和收益的影响是不同的，如果企业采用较积极严格的收账政策，将会加大收账费用开支，增加管理成本，但可能会减少应收账款占用额，降低机会成本，减少坏账损失。而实行消极宽松的收账政策，会节约管理成本，但势必会延长收账期，增加机会成本，加大坏账损失发生的可能。所以企业应根据具体情况，本着对企业有利的原则，制定合理的收账政策。

表 7-12 信用标准决策分析模型 金额单位：元

	A	B	C	D
10	现金折扣销售额占总销售的百分比	0	0	50%
11	现金折扣	0	0	2%
12				
13	二、赊销策略决策分析区域			
14	项　目	目前方案	新方案A	新方案B
15	各方案的销售额	9000000	8000000	12000000
16	各方案的利润额	2160000	1920000	2880000
17	应收账款平均占用额	1000000	1000000	1200000
18	各方案的坏账成本	900000	640000	1440000
19	各方案的机会成本	100000	100000	120000
20	各方案的现金折扣成本	0	0	120000
21	各方案的利润额	1160000	1180000	1200000

对于应收账款收账政策的分析，主要是通过比较不同收账政策下企业相关成本的高低，来确定对企业有利的收账政策。有关项目的计算为：

（1）应收账款的平均占用额＝年销售收入÷360×应收账款平均收款期

（2）应收账款机会成本＝应收账款的平均占用额×应收账款的机会成本率

（3）坏账损失＝年销售收入×坏账损失率

（4）收账政策相关总成本＝机会成本+坏账成本+收账成本

【例 7-6】某企业目前的销售情况、收账政策情况以及拟定的新收账政策已输入新建的工作表，见表 7-13。

表 7-13 收账政策分析模型——基本数据资料

	A	B	C
1	收账政策分析模型		
2	基本数据资料		
3	项　目	目前方案	拟定新方案
4	年销售额(元)	9000000	9000000
5	应收账款机会成本率	12%	12%
6	年收账费用(元)	36000	72000
7	平均收账期(天)	40	30
8	坏账损失率	10%	6%

【解析过程】在工作表上创建收账政策分析区，为便于分析，将有关单元格定义为相关项目，见表 7-14。

然后依据上面基本公式建立收账政策决策分析模型。具体步骤如下：

①B11 ＝B4/360 * B7、C11＝C4/360 * C7

②B12＝B11 * B5、C12＝C11 * C5

③B13＝B4 * B8、C13＝C4 * C8

④B14 ＝B6、C14＝C6

⑤B15＝B12+B13+B14、C15＝C12+C13+C14

经过上述运算即可得到表 7-15 显示的效果：

表 7-14 收账政策分析区

	A	B	C
1	收账政策分析模型		
2	基本数据资料		
3	项　目	目前方案	拟定新方案
4	年销售额（元）	9000000	9000000
5	应收账款机会成本率	12%	12%
6	年收账费用（元）	36000	72000
7	平均收账期（天）	40	30
8	坏账损失率	10%	6%
9			
10	收账政策分析区		
11	应收账款平均占用额		
12	发生的机会成本		
13	发生的坏账成本		
14	发生的收账成本		
15	方案的相关总成本		

表 7-15 收账政策分析模型

	A	B	C
1	收账政策分析模型		
2	基本数据资料		
3	项　目	目前方案	拟定新方案
4	年销售额（元）	9000000	9000000
5	应收账款机会成本率	12%	12%
6	年收账费用（元）	36000	72000
7	平均收账期（天）	40	30
8	坏账损失率	10%	6%
9			
10	收账政策分析区		
11	应收账款平均占用额	1000000	750000
12	发生的机会成本	120000	90000
13	发生的坏账成本	900000	540000
14	发生的收账成本	36000	72000
15	方案的相关总成本	1056000	702000
16	新方案节约的总成本		354000

通过上述模型运行结果，我们可以看出，企业若强化收账管理，采取积极的收账政策，尽管收账费用比按目前的收账政策增加了 100%，但总成本却会节约 354 000 元，所以应该采用拟订的新方案。

实际工作中，通常也可以把赊销策略和收账政策结合在一起进行综合考虑。

【小思考 7-2】应收账款信用政策的分析模型是唯一的吗？你还可以创建出哪些分析模型呢？你能写出表 7-12 信用标准决策分析模型结果的操作步骤吗？

应收账款信用政策的分析模型不是唯一的。实际工作中，财务人员在分析时，可以创建出一些适合本企业或自己习惯的分析格式，只要方法正确，都能够得出正确的结论，不同的分析模型实际上都是可以的。如【例 7-6】中，还可以参照表 7-11 的差量分析法创建模型。至于表 7-12 信用标准决策分析模型结果的操作步骤还是请同学们自己动动脑筋吧！

● 7.3 存货管理——经济订货批量决策模型

存货是指在生产经营中为销售或耗用而储备的各种物资。存货在企业的流动资产中通常占据较大的比重，也是企业生产经营不可或缺的重要资产。如果存货储备过少，可能会影响企业生产经营，造成经济损失。同时由于存货是一项收益性较差的资产，过多地储备存货，使大量资金占用在库存资产上，会降低企业的获利能力。因此，企业在对存货进行管理时，就要尽可能在各种存货成本和存货收益之间做出权衡，达到两者的最佳结合。由此形成最佳的存货采购批量，即存货经济订货批量。

7.3.1　基本的经济订货批量模型

经济订货批量是指企业的生产和供应条件一定时，有关存货的相关总成本最低时的采购批量。存货的相关成本主要是指存货的订货成本和储存成本。在一定时期内存货需要量一定的情况下，存货的年订货成本总额与订购次数成正比，与每次订购批量无关。而年储存总成本则与一定时期的平均存货水平（每次订购批量的 1/2）成正比，而与订购次数无关。因此，为减少存货成本，应科学地确定存货订货批量，求出存货订货成本和储存成本之和最低的订购批量。

基本的经济订货批量模型建立在下列假设基础之上：①企业一定时期的存货需求总量确定；②存货能集中入库，而不是陆续入库；③不允许出现缺货现象；④企业能够瞬时补充存货，即需要订货时便可立即得到存货；⑤存货的单价保持不变，且不考虑现金折扣。

在上述这些假设前提下，设某种存货的相关总成本为 TC，其计算公式为：

TC = 年订货总成本+年储存总成本 = （D/Q） K+ （Q/2） C

式中：D——存货的年需要总量；

Q——订货批量（平均储存量为订货批量的 1/2）；

D/Q——年订购次数；

K——每次订购的订货成本；

C——每单位存货的年储存成本；

Q^*——经济采购批量。

$$Q^* = \sqrt{\frac{2KD}{C}}$$

上式称为基本的经济订货批量模型，根据这个基本模型，可以求出经济订货批量下其他相关数据。

存货总成本公式：$TC^* = \sqrt{2KDC}$ 或 $TC^* = (Q/2)\,K + (D/Q)\,C$

最佳订货次数公式：$N^* = \frac{D}{Q}$

最佳订货间隔期公式：$T^* = \frac{360}{N^*}$

经济订货批量占用资金：$W^* = \frac{Q^*}{2} \times P$（其中 P 为存货单价）

【例 7-7】某企业全年需要某种材料 36 000 千克，每次订货费用 800 元，材料单价 40 元，单位材料的年存储费成本为 10 元，则该材料的经济订货批量模型设计如下：

【解析过程】创建存货经济订货批量模型工作表，输入基本数据资料，见表 7-16。

表 7-16　**存货经济批量模型基本数据**　金额单位：元

	A	B
1	基本的经济订货批量决策模型	
2	基本数据资料	
3	全年需要量	36000
4	每次订货成本	800
5	单位材料年储存成本	10
6	材料单价	40
7		

在工作表上创建存货经济批量决策区，将有关单元格定义为相关项目，见表 7-17。

将上述基本模型公式分别输入单元格 B9、B10、B11、B12、B13 中，即可得到下面的计算结果，见表 7-18。

表 7-17 存货经济批量决策区 金额单位：元

	A	B
5	单位材料年储存成本	10
6	材料单价	40
7		
8	存货经济批量决策分析区	
9	经济订货批量	
10	经济订货批量总成本	
11	最佳订货次数	
12	最佳订货间隔期	
13	经济订货批量占用资金	

表 7-18 基本的存货经济批量决策模型 金额单位：元

	A	B
5	单位材料年储存成本	10
6	材料单价	40
7		
8	存货经济批量决策分析区	
9	经济订货批量	2400
10	经济订货批量总成本	24000
11	最佳订货次数	15
12	最佳订货间隔期	24
13	经济订货批量占用资金	48000

以上基本的经济批量模型是在满足相关假设条件下才能够成立的。但实际工作中，能够同时满足这些假设条件的情况并不常见，为了使模型更接近于实际情况，需要对基本模型进行适当扩展。

7.3.2 扩展的经济订货批量模型

扩展的经济批量模型是在不能逐一满足基本模型的假设条件下，对基本的经济批量模型的相关项目所做的必要的修订。通常需要考虑的情况包括以下几个方面：

1）订货提前期

很多情况下，企业的订货因存在运输、结算等原因，不能做到随订随到，也就是说，企业从订货至货物到达企业需要有一段时间，所以不能等到存货全部用完后再去组织订货，而是需要提前订货，这段时间称订货提前期，也就是交货所需时间，通常用 L 表示。此时，企业存货尚有一定的库存量，我们称之为再订货点，可以用 R 表示。若企业平均每日存货耗用量为 d，则有：再订货点 R=L · d。

2）保险储备量

在基本的经济批量模型下，我们假定的是存货需求量一定，交货时间不变。但实际工作中，每日需求量可能发生变化，交货时间也可能会发生变化，这样，按照确定的订货批量和再订货点发出订单后，如果存货的需求量增大或到货时间延迟，就会发生缺货或存货供应中断，影响企业生产经营。为了防止这些意外原因引起存货供应偶然中断影响生产，并避免由此造成的损失，企业有必要多储备一些存货以备应急之需，这部分超过正常储备量而储备的存货称为保险储备量或安全储备量，可以用字母 B 表示。保险储备量通常按保险储备天数计算，若保险储备天数为 t，则有：保险储备量 B=d · t。

而此时，再订货点 R（B）=L · d+B 或 R=L · d + d · t。

需要说明的是，订货提前期和保险储备量并不影响经济订货批量的确定，只是在企业所需存货不能做到瞬时到达的情况下，确定企业存货尚存多少时进行下一次订货（即确定再订货点)。

【例 7-8】假如【例 7-7】中的存货不能做到瞬时到货，需要提前订货，若交货所需时间即订货提前期 L 为 5 天，并设 3 天的保险储备量（存货平均每日需要量为 d = D/360),则可以在此基础上进行基本模型的扩展。

【解析过程】创建扩展的经济批量模型工作表，输入基本数据。然后再定义各单元格的相关项目，输入上述再订货点和保险储备的相关公式即可得到相关模型，见表 7-19。

表 7-19　**扩展的经济批量模型——再订货点分析**　金额单位：元

	A	B
1	扩展的经济批量模型	
2	基本数据资料	
3	全年需要量	36000
4	每次订货成本	800
5	单位材料年储存成本	10
6	材料单价	40
7	交货所需时间	5
8	保险储备天数	3
9	交货期内每日送货量	480
10		
11	再订货点分析	
12	平均每日需要量	100
13	再订货点库存量	500
14	保险储备量	300
15	含保险储备的再订货点	800

3）存货的陆续供应与使用

实际工资中，存货的供应可能不是一次集中入库，而是陆续入库的情况，尤其是从多个供应商处采购存货以及生产成品入库、在库产品的转移等。在这种存货陆续供应与使用的情况下，应该对基本模型作必要的修改。

如果存货是边供应边使用，在每批存货到达后，即有：

$$最高库存量 = Q - Q/G \times d$$

$$平均库存量 = \frac{Q - Q/G \times d}{2}$$

式中：G——交货期内平均每日的送货量；

d——每日需用量；

Q——每期订货量。

此时的存货总成本表达式为：$TC = (D/Q)\ K + Q/2 \times (1 - d/G)\ C$

同样求总成本 TC 的极小值，可以得到存货陆续供应与使用的经济批量公式：

$$Q^* = \sqrt{\frac{2KD}{C} \cdot \left(\frac{G}{G-D}\right)}$$

并得总成本的计算公式：$TC = \sqrt{2KDC \cdot \left(1 - \frac{d}{G}\right)}$

【例 7-9】假如【例 7-7】中的存货不是一次集中入库，而是陆续均匀入库的情况，我们可以在扩展的经济批量模型工作表中进行陆续供货和使用的经济批量分析。

【解析过程】开设陆续供货和使用的经济批量分析区，按需要定义各单元格项目，并分别输入上述陆续供应与使用存货的有关公式，即可得到分析结果，见表 7-20。

4）考虑数量折扣的经济批量模型

数量折扣是指供应商对于一次购买某货品数量达到或超过规定限度的客户，在价格上给予优惠的情况。此时，存货总成本就不仅包含订货成本和储存成本，购买成本也成为其决策中的重要相关因素。订货成本、储存成本、采购成本的基本公式为：

表7-20 **陆续供货和使用的经济批量分析** 金额单位：元

	A	B	C	D	E
1	扩展的经济批量模型				
2	基本数据资料			陆续供货和使用的经济批量分析	
3	全年需要量	36000		平均每日送货量	480
4	每次订货成本	800		最高库存量	2135.41565
5	单位材料年储存成本	10		平均库存量	1067.707825
6	材料单价	40		经济订货批量	2697.367137
7	交货所需时间	5		经济批量总成本	21354.1565
8	保险储备天数	3			
9	交货期内每日送货量	480			
10					
11	再订货点分析				
12	平均每日需要量	100			
13	再订货点库存量	500			
14	保险储备量	300			
15	含保险储备的再订货点	800			
16					

订货成本＝（D/Q）K

储存成本＝Q/2（1-d/G）C

采购成本＝DP（1-f）

式中：f——数量折扣，其他符号同前。

这时，其经济订货批量总成本模型为：

TC＝（D/Q）K+Q/2×（1-d/P）C+DP（1-f）

或：TC＝订货成本+储存成本+购买成本

这时，比较简单的做法是，可以通过比较不同采购数量下的总成本，选取总成本TC最低时的订货数量即为最优订货数量Q^*。

【例7-10】某企业每年需要某零部件8 100件，每次订货费用200元，每个零部件的年存储成本为4元。供货商提供的订货价格表见表7-21。

表7-21 **订货价格**

订货数量（S件）	订货价格（元）
S≤1 000	10.00
1 000≤S≤2 000	9.80
2 000≤S≤3 000	9.60
S≥3 000	9.40

【解析过程】创建“有数量折扣的经济批量模型”工作表，输入基本数据，见表7-22。

在工作表上开设成本分析区，将有关成本项目输入单元格，并将上面成本计算公式对应输入各单元格，即可得到下面的分析结果，见表7-23。

从上述分析结果可知，当企业每次订货批量为2 000件时，总成本最低，为82 570元，则2 000件应是企业确定的经济批量。同时在这一批量下，全年订货次数为4次，订货间隔期为89天，该零件平均库存占用资金为9 600元。

表 7-22　　有数量折扣的经济批量模型基本数据

	A	B	C	D	E
1	有数量折扣的经济批量模型				
2	基本数据资料				
3	全年需要量（件）	8100		订货量（S件）	单价（元）
4	每次订货成本（元）	200		S∠1000	10
5	单位零件年储存成本	4		1000≤S∠2000	9.8
6	零部件单价	见右表		2000≤S∠3000	9.6
7	基本模型的经济批量	900		S≥3000	9.4
8					

表 7-23　　有数量折扣的经济批量模型

	A	B	C	D	E
1	有数量折扣的经济批量模型				
2	基本数据资料				
3	全年需要量（件）	8100		订货量（S件）	单价（元）
4	每次订货成本（元）	200		S∠1000	10
5	单位零件年储存成本	4		1000≤S∠2000	9.8
6	零部件单价	见右表		2000≤S∠3000	9.6
7	基本模型的经济批量	900		S≥3000	9.4
8					
9	有数量折扣的经济批量模型成本分析区				
10	订货数量（件）	订货成本	储存成本	购买成本	总成本
11	900	1800	1800	81000	84600
12	1000	1620	2000	79380	83000
13	2000	810	4000	77760	82570
14	3000	540	6000	76140	82680
15					
16	最佳订货批量下其他相关资料				
17	经济批量	订货次数	订货间隔期	相关总成本	占用资金
18	2000	4	89	82570	9600

[本章小结]

流动资产管理是企业财务管理的重要组成部分，主要包括现金管理、应收账款管理和存货管理。

现金管理目标是采用一定的方法找出最佳现金持有量，确定最佳现金持有量常用的方法有成本分析模式和存货管理模式。另外，利用 Excel 提供的“规划求解”工具，则可以更快速、精确地求出最佳现金持有量。

应收账款管理除了进行账龄分析外，更重要的是要制定合理的应收账款信用政策，可采用应收账款信用政策分析模型进行分析，包括企业赊销策略模型和收账政策模型的应用。

存货管理最主要的就是要在各种存货成本和存货收益之间做出权衡，确定经济订货批量。即企业的生产和供应条件一定时，有关存货成本最低的采购批量，包括基本的经济订货批量模型和扩展的经济批量模型。其中，基本的经济订货批量模型建立在一系列假设基础之上；而扩展的经济批量模型则是在不能逐一满足基本模型的假设条件下，对基本的经济批量模型的相关项目所做的必要的修订，需要修订的通常有以下几种情况：订货提前期、保险储备、存货的陆续供应与使用、有数量折扣的订购等不同情况。所以我们还要根据不同情况，建立对应的扩展的经济批量模型。

[主要概念]

流动资产管理　应收账款信用政策分析模型

[基本训练]

□ 知识题

（1）现金资产管理的模型有哪些，目标是什么？

（2）规划求解工具可用来解决哪些问题？

（3）应收账款管理模型主要有哪些？

（4）存货管理模型主要包括哪些，扩展的经济批量模型一般有哪几种情况？

□ 技能题

（1）某企业现有A、B、C、D四种现金持有方案，有关成本资料见表7-24。

表7-24　**现金持有量备选方案表**　金额单位：元

项　目	A	B	C	D
现金持有量	10 000	20 000	30 000	40 000
机会成本率	12%	12%	12%	12%
短缺成本	5 600	2 500	1 000	0

要求：应用成本分析模式，建立最佳现金持有量分析表和分析图。

（2）某企业现金收支状况比较稳定，预计全年（按360天计算）需要现金20 000 000元，现金与有价证券的转换成本为每次100元，有价证券的年利率为10%。企业要求的最低现金余额为180 000元。

要求：①应用存货管理模式建立最佳现金余额分析模型，计算出相应指标。

②通过规划求解工具建立最佳现金资产余额分析模型，计算出相应指标。

（3）某企业全年需要某种材料3 600吨，单价500元，每次采购成本3 600元，每吨材料年保管费用200元。

要求：应用基本的经济订货批量模型，确定该材料经济订货批量、采购间隔期、订购总成本及占用资金额。

□ 能力题

（1）某企业原预测的年度销售收入净额（假定全部为赊销）为2 400万元。其信用条件是：N/30，资金成本率（或有价证券利息率）为10%。假设企业收账政策不变，销售利润率为25%。该企业拟订了三个信用条件的备选方案：A：维持N/30的信用条件；B：将信用条件放宽到N/60；C：将信用条件放宽到N/90。

不同信用条件下备选方案估计的赊销水平、坏账百分比和收账费用等有关数据见表7-25。

表 7-25　**信用条件备选方案表**　金额单位：万元

项　目	A(N / 30)	B(N / 60)	C(N / 90)
年赊销额	2 400	2 640	2 800
应收账款周转率（次数）	12	6	4
应收账款平均余额	2 400÷12＝200	2 640÷6＝440	2 800÷4＝700
坏账损失 / 年赊销额	2%	3%	5%
坏账损失	2 400×2% ＝48	1 640×3% ＝49. 2	2 800×5% ＝140
收账费用	24	40	56

要求：根据以上资料，建立相关模型计算并选择方案。

（2）某企业甲材料的年需要量为 4 000 千克，每千克标准价为 20 元。销售企业规定：客户每批购买量不足 500 千克的，按照标准价格计算；每批购买量 500 千克以上的，1 000千克以下的，价格优惠 2%；每批购买量 1 000 千克以上的，2 000 千克以下的，价格优惠 3%。每批购买量 2 000 千克以上的，价格优惠 4%。已知每批进货费用 60 元，单位材料的年储存成本 3 元。

要求：在考虑数量折扣的情况下，确定该种材料的最优订货批量。

（3）某公司预测年度销售收入 6 000 万元，企业销售毛利率 30%，资金成本率 10%。公司拟订 A、B 两个信用条件方案。A 方案信用条件为 N/60，预计坏账损失率 4%，收账费用 80 万元。B 方案信用条件为 2/10，1/20，N/60，估计有 70%（按销售额计算）的客户会利用 2% 的折扣，10% 的客户会利用 1% 的折扣，坏账损失率 3%，收账费用 60 万元。

要求：根据以上资料，运用信用政策分析模型，确定该企业应选择哪个方案。

（4）某公司需要一种零部件，相关资料如下：每件购买单价 4 元，每件年储存成本为单价的 25%，每次订货成本为 200 元，全年平均日需用量为 1 000 件，公司确定的安全库存量为 3 000 件，交货时间（订货提前期）为 5 天。

要求：应用基本的经济批量模型和扩展的经济批量模型确定经济批量、全年订货次数和再订货点；同时比较订货批量分别为 10 000 件、12 000 件和 15 000 件时的年总成本。

第 8 章

销售预测和利润管理

[学习目标]

通过本章的学习，学生应该掌握销售预测的方法，能够熟练地使用 Excel 工具进行销售预测、制定定价决策，利用数据透视表功能进行销售业绩分析；要求学生在掌握利润管理基本内容的基础上，能够熟练地运用 Excel 工具对利润进行目标分析、因素分析和杠杆分析，学会编制利润计划表和进行完成情况分析。

● 8.1 销售预测

销售是企业生产经营活动中的一个重要环节，是取得营业收入的必要手段。加强销售管理、及时取得销售收入，对于企业再生产过程不断进行、实现资金循环、加速资金周转、获得盈利都有重要的意义。销售预测是指借助于历史销售资料及其他相关的信息，采用适当的方法，对未来一定时期产品的销售数量和销售状态及其变化趋势做出预计。

Excel 的数据分析工具库提供了 3 种统计观测分析工具，即移动平均法、指数平滑法和回归分析法，可直接用于销售预测。

8.1.1 移动平均法

移动平均法是根据过去若干时期的销售数据，计算其平均数，并将计算平均数的时期不断往后推移，每次只用最近若干期的数据进行预测的销售预测方法。

【例 8-1】某企业 2013 年 12 个月的销售数据见表 8-1。

要求：利用移动平均法预测 2014 年 1 月的销售量。

具体操作步骤如下：

（1）从【工具】菜单中选择【数据分析】命令，打开【数据分析】对话框。

（2）在【数据分析】对话框中的【分析工具】框中选择【移动平均】选项，打开【移动平均】对话框，如图 8-1。

（3）在【输入区域】框中输入“ $B $3 ： $B $14”，【间隔】框中输入“3”表明是进行 3 期移动平均，【输出区域】框中输入“ $C $3”，最后选择【图表输出】选项。

表 8-1　　　　　　　　　　　　　**使用移动平均法预测销售量**

	A	B	C	D	E	F	G	H
1	历史数据		预测过程					
2	月份	销售量（万台）	n=3					
3	1	45						
4	2	42						
5	3	56	47.67					
6	4	63	53.67					
7	5	58	59.00					
8	6	46	55.67					
9	7	66	56.67					
10	8	69	60.33					
11	9	75	70.00					
12	10	88	77.33					
13	11	82	81.67					
14	12	85	85.00					

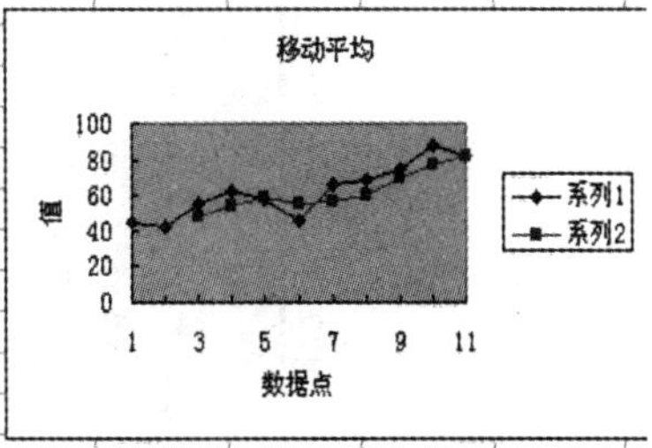

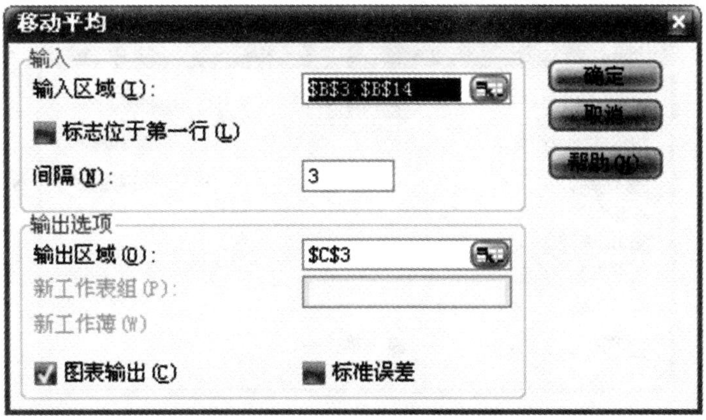

图 8-1　【移动平均】对话框

（4）单击【确定】按钮，则运算结果就显示在单元格区域 C3 ：C14 中，见表8-1，同时图表也显示出来。其中单元格 C14 中的预测数据“85.00”，即为 2007 年1 月的销售预测值。在实际工作中，可以分别采用几个不同的期数进行销售预测分析，从中选择预测误差最小的期数作为移动期数。

8.1.2　指数平滑法

指数平滑法是指根据近期的实际数据和预测数据，并借助于平滑系数进行销售预测的方法。平滑系数 α 的作用是适当消除偶然事件引起的实际数波动，使预测更为精确。平滑系数越大，或阻尼系数越小，近期实际数对预测结果的影响越大；反之，平滑系数越小，或阻尼系数越大，近期实际数对预测结果的影响越小。Excel 中的指数平滑法需要使用阻尼系数。

【例 8-2】某企业 2013 年 12 个月的销售数据见表8-2，假定阻尼系数为 0.8。要求利用指数平滑法预测 2014 年 1 月份的销售量。

具体操作步骤如下：

（1）从【工具】菜单中选择【数据分析】命令，打开【数据分析】对话框，选择【指数平滑】选项，打开【指数平滑】对话框。

（2）在【输入区域】框中输入“ $B $ 3 ： $B $14”，【阻尼系数】框中输入“0.8”，【输出区域】框中输入“ $C $3”，最后选中【图表输出】选项，如图 8-2。

表 8-2　　**使用指数平滑法预测销售量**

	A	B	C
1	历史数据		预测过程
2	月份	销售量(万台)	阻尼系数0.8
3	1	45	
4	2	43	45.00
5	3	56	44.60
6	4	67	46.88
7	5	58	50.90
8	6	43	52.32
9	7	67	50.46
10	8	69	53.77
11	9	78	56.81
12	10	89	61.05
13	11	84	66.64
14	12	87	70.11

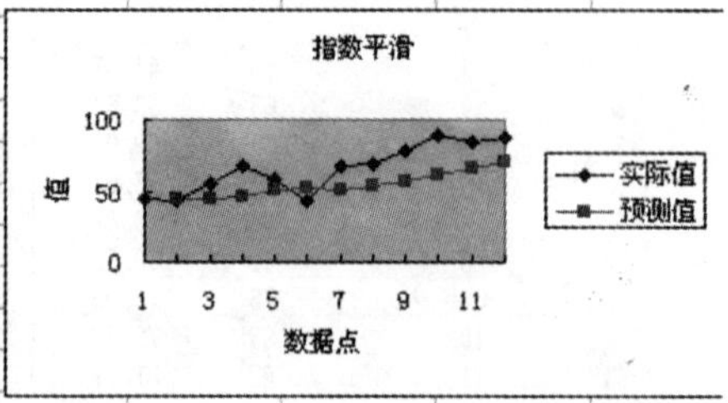

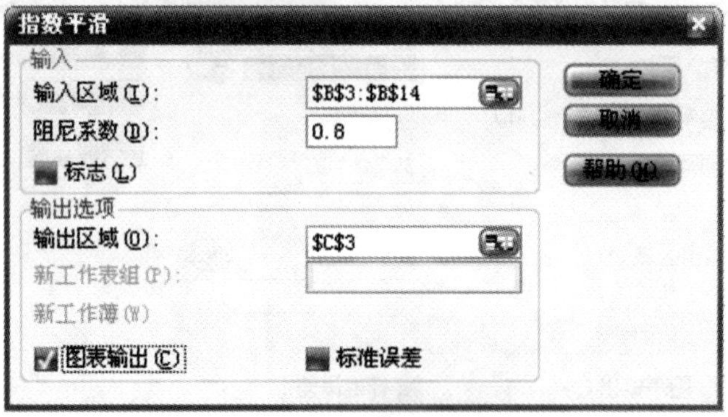

图 8-2　**【指数平滑】对话框**

(3) 单击【确定】按钮，则运算结果就显示在单元格区域 C4 ：C14 中，见表8-2，同时图表也显示出来。其中单元格 C14 中的预测数据“70.11”即为 2014 年 1 月的销售量预测值。

在实际预测中，可以分别利用几个不同的阻尼系数进行预测分析，从中选择预测误差最小的阻尼系数作为预测模型的阻尼系数。

8.1.3　回归分析法

关于回归分析法我们在第 6 章已经介绍，在这里就不再赘述。

● 8.2　利润管理

利润是企业一定时期的经营成果，是企业生产经营活动的效率和效益的最终体现。利润的高低不仅反映企业的盈利水平，而且也反映企业的生存和竞争能力。企业只有最大限度地获取利润，才能在市场经济中求生存、得发展。利润是企业扩大再生产的主要资金来源，也是国家税收的重要保证。

8.2.1　利润管理基础分析

1) 利润管理的基本内容

影响企业获取利润的因素很多，从财务的角度来看，企业利润主要受销售收入和销售成本两大因素影响。销售收入取决于产品销售价格和销售数量两个因素，销售成本按成本习性可分为变动成本和固定成本。因此，当企业产销一种产品时，影响企业利润的因素具体涉及销售价格、销售数量、变动成本和固定成本四个方面。当企业产销多种产品时，影响利润的因素除了上述四个之外还包括产品结构因素。加强企业的利润管理，就是要对影响企业获取利润的有关因素进行认真分析，从而制订不同的方案，从中比较选优，顺利实现企业的经营目标。

企业的利润管理，在通常情况下，主要从三个方面进行：

一是对影响获取利润的若干因素进行分析，不仅要考虑本、量、利等单一因素发生变动的影响，而且要分析这些因素同时发生变化，对利润的综合影响。我们可采用多因素变动分析的方法进行分析。

二是进行目标利润分析，在一定的利润目标要求下，如何综合调整有关的影响因素，求得实现这一目标水平的具体数值。我们可以采用单变量求解分析的方法进行分析。

三是进行企业利润杠杆分析，也称综合经营杠杆分析或联合经营杠杆分析。利润杠杆包括经营杠杆和财务杠杆，围绕企业成本、业务量和利润三者之间的关系，进行本、量、利分析，寻求降低成本、增加利润的途径。为此，我们可以采用单变量求解分析的方法进行分析。

2）利润管理基本分析方法

假设分析是利润分析中常用的方法。这里介绍一种常用的假设工具——单变量求解。

这是一种典型的逆运算过程。通常情况下，我们分析的基本是由一系列的从“因”到“果”的计算模型。但作为决策者，常常考虑：“若结果是……那么必须的原因或条件是……”即如果已知一个公式的预期结果，而用于确定此公式结果的输入值未知，或者需要通过调整其他单元格的数值为某一单元格寻求一个特定值，就可以使用【单变量求解】功能。

通过例 8-3，我们来了解一下单变量求解的计算方法。

【例 8-3】某公司 2014 年的预计利润表见表 8-3。现在，企业决策者希望知道如果 2014 年利润分别增至 35 000 元、40 000 元、42 000 元、45 000 元、50 000 元时，销售收入、成本、费用、税金各是多少？（以销售收入为可变量，并假设成本率、费用率、税率保持不变）

表 8-3　**某公司 2014 年利润表数据**　金额单位：元

利润表项目	2014 年预计数
营业收入	126 000
营业成本	56 700
毛利润	69 300
销售及管理费用	20 000
利息	550
利润总额	48 750
所得税	16 000
税后净利润	32 750

具体操作步骤如下：

（1）新建工作表——单变量求解（表 8-4）。将表 8-3 中的数据键入该工作表中。在键入时，为了单变量求解的方便，既为了使得利润变化之后，成本率、费用率、税金率等不变，成本、费用和税费的键入方法如下：

（B4）= 56 700÷126 000×B3

（B5）= B3-B4

（B6）= 20 000÷126 000×B3

（B7）= 550÷126 000×B3

（B8）= B5-B6-B7

（B9）= 16 000÷126 000×B3

（B10）= B8-B9

输出结果见表 8-4。

表 8-4 **单变量求解表** 金额单位：元

	A	B
1	单变量求解	
2	项目	2013年预计数
3	营业收入	126000
4	营业成本	56700
5	毛利润	69300
6	销售及管理费用	20000
7	利息	550
8	利润总额	48750
9	所得税	16000
10	税后净利润	32750

（2）选择菜单条上的【工具】/【单变量求解】命令，弹出如图 8-3 的对话框：

“目标单元格”表示期望控制的目标，这里填写 B10，指税后利润数；

“目标值”表示期望控制的目标的数值，这里填写 35 000；

“可变单元格”表示可变动的参数，这里直接引用销售收入所对应的 B3 单元格。

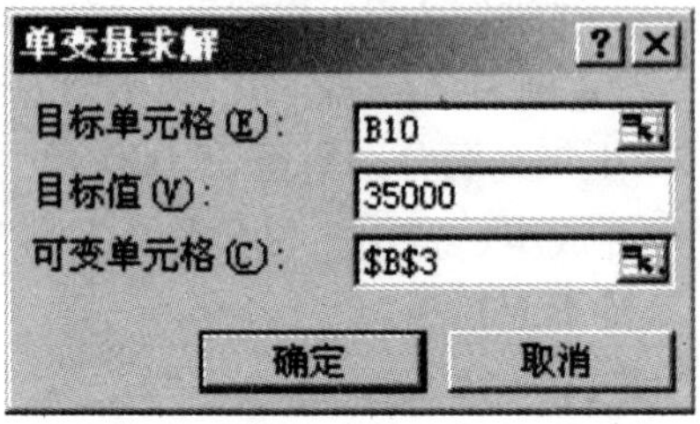

图 8-3 【单变量求解】对话框

（3）单击【确定】按钮，弹出【单变量求解状态】对话框，显示出计算结果。

【小思考 8-1】某公司生产和销售一种产品，其预计的目标利润为 280 000 元，在此目标下，销售单价为 15 元，销售数量为 80 000 件，固定成本 200 000 元，单位变动成本为 9 元。如果目标利润变为 300 000 元，从单个因素来看，影响目标利润的四个基本要素该怎样调整呢？

8.2.2 量本利分析

企业经营的财务目标是获取最大利润，因此要求财务人员能随时掌握不同的产品销售数量下的利润水平，但这又不是一件易事。因为这受收入和成本的影响。尽管收入可以根据销售数量和单价直接反映出来，但成本却不能。不能用单位成本乘以数量来估计总成本，因为数量变化之后，单位成本也会变化。因此财务人员需要一个数学模型，使业务量与利润之间建立起直接的函数关系。反映这种函数关系的方法就是量本利分析法。

1）量本利分析概述

量本利分析是对成本、业务量和利润三者之间关系进行分析，并揭示量、本、利内在变化规律的方法的简称。它是以成本性态分析和变动成本计算法为基础，对企业的固定成本、变动成本、销售量、销售额、单价、利润等变量之间的内在联系进行分析研究，揭示其内在变化规律，为企业预测、决策、规划和控制提供相关财务信息的一种定量分析的方法。

量本利分析是建立在变动成本法的基础之上，这种分析包括保本分析和保利分析。保本分析是量本利分析的核心。

所谓保本是指企业在一定时期内的总收入等于总成本，处于不盈不亏、利润为零的状态。保本分析是研究企业在一定时期内实现某一既定目标利润时，成本和业务量之间相互关系的定量分析方法。这个方法的数学模型主要有损益方程式、贡献毛益方程式和量本利图三种。

（1）损益方程式

利润=销售收入-总成本

=销售收入-销售成本-期间费用

=边际贡献-固定成本

=销售量×（销售单价-单位变动成本）-固定成本

上述基本关系中含有 5 个相互联系的变量，只要其中 4 个变量的值被确定，就可以利用该关系式推算出另一个变量的数值。这就是量本利分析的原理和根本目的。

同时可知，当利润等于零时的销售量就是盈亏平衡点销售量。其计算公式是：

$$\text{盈亏平衡点销售量}=\frac{\text{固定成本}}{\text{单位售价}-\text{单位变动成本}}$$

（2）贡献毛益方程式

贡献毛益=产品的销售收入-变动成本

单位贡献毛益=产品的单价-单位变动成本

$$\text{盈亏平衡点销售量}=\frac{\text{固定成本}}{\text{单位边际贡献}}$$

$$\text{盈亏平衡点销售额}=\frac{\text{固定成本}}{\text{边际贡献率}}$$

（3）量本利图

量本利图即以销售量为横轴，以成本或销售收入金额为纵轴建立一直角坐标系，在坐标系中标出成本与利润之间的关系。

2）量本利分析模型

（1）单一产品量本利分析模型设计步骤

①建立基本数据区。

【例 8-4】某公司生产和销售一种产品，其原定的目标利润为 100 000 元，在此目标下，销售单价为 12. 5 元，销售数量为 70 000 件，固定成本 200 000 元，单位变动成本 7. 5 元，据此设置基本数据区。具体参见表 8-5。

②建立多因素变动分析区。

多因素变动分析是指量、本、利发生变化时对利润的影响的定量分析，即研究销售数量、单价、成本等单一因素发生变化时对利润的影响和多个因素同时发生变化时对利润的影响及程度。

在 Excel 中，我们可以利用用户图形接口工具（滚动条、微调按钮等）建立多因素变动分析区，它能非常方便、直观地进行多因素变动分析。其建立方法主要包括以下两个步骤：

一是：激活【窗体】工具栏。即点击【视图】/【工具】，并选择【窗体】（即选中窗体左边的复选框），【窗体】工具栏便显示在屏幕上。

二是：为各个因素建立一个【滚动条】控件。

在实践中，经常发生一个或多个因素发生变动从而导致利润发生变化的情况。因此，本教材特针对多因素变动分析区，在考虑各因素在合理的范围内变动的基础上，在各因素处建立一个【滚动条】控件，使用户可以通过使用该【滚动条】控件，按一定的变动百分比在合理范围内改变各因素，从而进行量本利的相关分析。

下面以用户要求各因素的变动百分比为-25% ~ +25%，变动增减幅度为1%，建立销售单价的【滚动条】控件为例，讨论其建立的方法。

建立程序如下：

第一，给销售单价建立一个【滚动条】控件：

单击【视图】/【工具】/【窗体】工具栏中的【滚动条】按钮。

在工作表的合适位置（这里为 D4 单元格）拖出一个矩形的【滚动条】控件。

第二，给销售单价【滚动条】控件设置参数：

将鼠标指针移到新建立的【滚动条】控件上，单击右键，出现快捷菜单，选择【设置控件格式】命令，出现【设置格式控件】对话框，选择【控制】选项卡，如图 8-4。

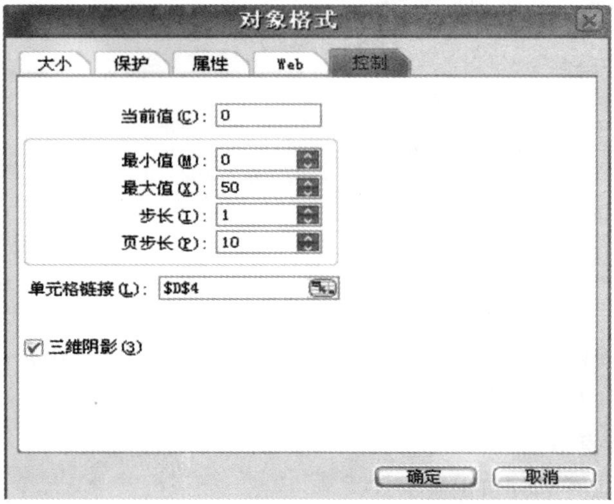

图 8-4 【设置空间格式】对话框

在【控制】选项卡各选项中输入数值，其中：

【最大值】、【最小值】定义由滚动条控件表示的值的范围。此例中，【最大值】框输入 50，【最小值】框输入 0。

【步长】表示当用户单击滚动栏一端箭头时滚动的单位数。此例中，输入 1。

【页步长】表示用户用鼠标在滚动条内空白处单击时滚动的单位数。此例中，输入 10。

【单元格链接】表示将该滚动条的值链接到滚动条所在的单元格。此例中，输入 $D $4。

本来【滚动条】控件的【单元格链接】应链接到 C4 单元格，当移动滚动条时（或单击滚动栏两端箭头时），在 C4 单元格——变动百分比单元格显示出当前值，此时，在【设置格式控件】对话框的当前解选项中也显示该值。但是各个选择项不能输入小数或百分数，如果直接链接到 C4 单元格，则得不到所需的百分数，因此，现将其值存放在 D4 单元格，然后再与 C4 单元格建立链接。

【三维阴影】决定该控件是否有一个三维外观。

单击【确定】按钮，完成【滚动条】控件的参数设置。

第三，建立变动百分比与【滚动条】控件的联系：

D4 单元格存放【滚动条】控件的参数值（最大值=50，最小值=0），为使 C4 单元格与【滚动条】控件建立联系，并使其值从-25% 变化到+25%，应进行以下操作：

单击 C4 单元格，输入公式“=D4/100-25%”；

选择【格式】/【单元格】菜单；

在显示的【单元格式】对话中，选择【数字】选项；

在一系列数字分类中选择【百分比】；

单击【确定】按钮，将 C4 单元格变为百分比格式。

这样，变动百分比与【滚动条】控件建立了联系，并且其值范围从-25% 变化到+25%。

第四，试用和检查【滚动条】控件：

每单击一次滚动栏两端的箭头，变动百分比 C4 单元格中的数值就以 1% 变化。在滚动框与两端之间单击滚动条，变动百分比 C4 单元格中的数值以增量 10% 变化。

其他因素的【滚动条】控件也按此方法建立。

③建立计算公式。

第一，利润 B8 单元格的公式为：

B5＊（B4-B7）-B6

第二，盈亏平衡点销售量=固定成本÷（单价-单位变动成本）

考虑多因素变动影响，保本点 D11 单元格的公式为：

B6＊（1+C6）/（B4＊（1+C4）-B7＊（1+C7））

第三，考虑多因素变动影响，预计利润 B11 单元格的公式为：

（B4＊（1+C4）-B7＊（1+C7））＊B5＊（1+C5）-B6＊（1+C6）

第四，利润增减额 C11 单元格的公式为：“B11-B8”。

（2）多因素变动分析模型的使用

在实际工作中，不仅会出现单一因素变化的情况，常常是某一因素变动的同时，例如外部环境条件发生变化、企业拟采用某些新的经营举措都会使销售单价、成本数量等发生变化，从而产生利润的变化。利用多因素变动分析模型可以方便、及时地分析各种因素单独变化以及多因素同时变化时，对利润的影响，有利于管理者进行决策。

单一产品的多因素变动分析模型见表 8-5。

表 8-5　　　　　　　　单一产品的多因素变动分析模型

	A	B	C	D
1	多因素变动分析模型			
2	基本数据区			
3	因素	原值	变动百分比（%）	
4	销售单价（元）	12.5	0.00%	
5	销售数量（辆）	60000	0.00%	
6	固定成本（元）	200000	0.00%	
7	单位变动成本（元）	7.5	0.00%	
8	利润（元）	100000		
9				
10	分析结果	预计利润（元）	利润增减额	保本销售量
11		100000	0	40000

①单一因素的改变对利润的影响。

【例 8-5】某公司计划采取一项计算机管理程序，以提高工效，使单位变动成本降低 5%，预测其对利润的影响。

【解析过程】只需在多因素变动分析模型中，拖动单位变动成本的滚动条。当单位变动成本的变动百分比的值不断改变时，预计利润的值也自动变化。当单位变动成本的变动百分比的值变为-5%时（此时其他因素的变动百分比的值为 0），预计利润值为122 500 元，利润增减额为 22 500 元，它是实行该管理程序开支的上限。如果实行该管理程序的开支不超过 22 500 元，则可以从当年的新增利润中得到补偿，并可以长期受益。如果开支超过 22 500 元，则需要慎重考虑这项管理程序的可行性。

②多因素的改变对利润的影响。

【例 8-6】某公司按照规定普调工资，使单位变动成本增加 7%，固定成本增加 2%，这将导致利润下降。为了抵消这种影响，该公司拟采取两种措施：一是提高销售单价 7%，因提高价格，使销售数量降低 10%；另一种是降低销售单价 4%，则增加销售数量 18%。试分析该公司应采用哪一种措施更有利。

仍按照表 8-6 的模型进行多因素变动分析模型的方案比较。具体操作步骤如下：

表 8-6　　　　　　　　单一因素的改变对利润的影响

	A	B	C	D
1	多因素变动分析模型			
2	基本数据区			
3	因素	原值	变动百分比（%）	
4	销售单价（元）	12.5	0.00%	
5	销售数量（辆）	70000	0.00%	
6	固定成本（元）	200000	0.00%	
7	单位变动成本（元）	7.5	-7.00%	
8	利润（元）	150000		
9				
10	分析结果	预计利润（元）	利润增减额	保本销售量
11		186750	36750	36199.095

单击单位变动成本的滚动条按钮，使其变动百分比为 7%；

单击固定成本的滚动条按钮，使其变动百分比为 2%（此时其他因素的变动百分比的值为 0）。

因此，可以观察到调整工资以后，如果不采取措施，则利润为 109 250 元，利润增减额为-40 750 元。

采取第一种措施：分别调整销售单价和销售数量滚动条按钮，使其变动百分比分别为7%、-10%，此时，可以观察到调整工资并采取措施一以后，预计利润变为 133 050 元，利润增减额为-16 950 元。

各种因素的变化对利润所产生的影响见表 8-7。

表 8-7　　改变多因素对利润的影响

	A	B	C	D
1	多因素变动分析模型			
2	基本数据区			
3	因素	原值	变动百分比（%）	
4	销售单价（元）	12.5	7.00%	
5	销售数量（辆）	70000	-10.00%	
6	固定成本（元）	200000	2.00%	
7	单位变动成本（元）	7.5	7.00%	
8	利润（元）	150000		
9				
10	分析结果	预计利润（元）	利润增减额	保本销售量
11		133050	-16950	38130.8411

采取第二种措施：分别调整销售单价和销售数量滚动条按钮，使其变动百分比分别为-4%、18%，此时，可以观察到调整工资并采取措施二以后，预计利润变为 124 335 元，利润增减额为-25 665 元。

结论：两种措施比较分析，第一种措施的利润额较高，因此应该采取第一种措施。

③盈亏平衡图。

在 Excel 中绘制盈亏平衡图之前，首先，要根据量、本、利之间的关系，以及成本分类（固定成本和变动成本）的相关数据，计算出贡献毛益及盈亏平衡点销售量。其次，需要得到成本习性表，即预测在不同的销售收入水平下，相应的成本和利润的数值。

【例 8-7】根据 2013 年 6 月份的数据，绘制出振华公司的盈亏平衡图。

第一，绘制出振华公司的量本利关系表，见表 8-8。

表 8-8　　量本利关系表

	A	B	C	D
1	量本利关系表（2013年6月）			
2				
3	单位：振华公司	2013年6月30日		单位：元
4	项目		金额	
5	销售收入		300000	
6	变动成本		124775.25	
7				
8	贡献毛益		175224.75	
9	固定成本		101354.46	
10	营业利润		73870.29	
11	贡献毛益率		0.58	
12	变动成本率		0.42	
13				
14	盈亏平衡点销售额		173527.64	

销售收入来自于利润表中的本月发生数，“C5=［利润表 06］六月份！B5”。

变动成本和固定成本是根据成本分类数据测算出来的。其中：

贡献毛益：C8=C5-C6

营业利润：C10=C8-C9

贡献毛益率：C11＝C8/C5

变动成本率：C12＝C6/C5＝1－C11

盈亏平衡点销售额：C14＝C9/C11

第二，编制成本习性表。

为了分析企业的盈亏平衡点，我们假设企业的决策者经过对企业的收入、成本和利润分析之后，得到企业月份的成本习性表，见表8-9。其中：

销售收入：是假设数据，以供分析之用。

固定成本：来自于“量本利关系表”中的固定成本数据，即“B5＝量本利关系表！$C $9”。

变动成本：来自于“量本利关系表”中的单元格C12，即“C5＝量本利关系表！$C $12＊成本习性表！A4”。

总成本：等于固定成本加变动成本，即“D4＝B4+C4”。

营业利润：等于销售收入减去总成本，即“E4＝A4－D4”。

营业利润率：等于营业利润除以销售收入，即“F5＝E5/A5”。

单元格区域A5 ：F14的数据可以用拖动“填充柄”的方法自动复制。

第三，绘制盈亏平衡图。

单击【插入】/【图表】命令，选择【折线图】，单击【下一步】按钮，弹出一对话框，在【数据区域】中输入“A3 ：A14，B3 ：B14，D3 ：D14”；或在工作表中按住Ctrl键，同时选择“销售收入”、“固定成本”、“变动成本”及其数据所在区域，得到见表8-9的结果。

表8-9 **成本习性表**

	A	B	C	D	E	F
1	成本习性表					
2	单位：振华公司		2013年6月30日		单位：元	
3	销售收入	固定成本	变动成本	总成本	营业利润	营业利润率
4	0	101354.46	0.00	101354.46	-101354.46	
5	50000	101354.46	21000.00	122354.46	-72354.46	-144.71%
6	100000	101354.46	42000.00	143354.46	-43354.46	-43.35%
7	150000	101354.46	63000.00	164354.46	-14354.46	-9.57%
8	200000	101354.46	84000.00	185354.46	14645.54	7.32%
9	250000	101354.46	105000.00	206354.46	43645.54	17.46%
10	300000	101354.46	126000.00	227354.46	72645.54	24.22%
11	350000	101354.46	147000.00	248354.46	101645.54	29.04%
12	400000	101354.46	168000.00	269354.46	130645.54	32.66%
13	450000	101354.46	189000.00	290354.46	159645.54	35.48%
14	500000	101354.46	210000.00	311354.46	188645.54	37.73%

单击【数据源】对话框中的【完成】按钮，即可得到“盈亏平衡图”，如图8-5。

8.2.3 目标利润分析

在量本利分析的诸个相关联的要素中，核心要素是目标利润，它既是企业经营活动的活力和目标，也是量本利分析的中心。如果企业在经营中根据实际情况规划了目标利润后，那么对其他因素的调整就是实现目标利润的条件，主要包括对销售单价、产销量、固定成本和单位变动成本等因素的调整。Excel提供的单变量求解工具能够帮助我们方便地完成此项分析工作。

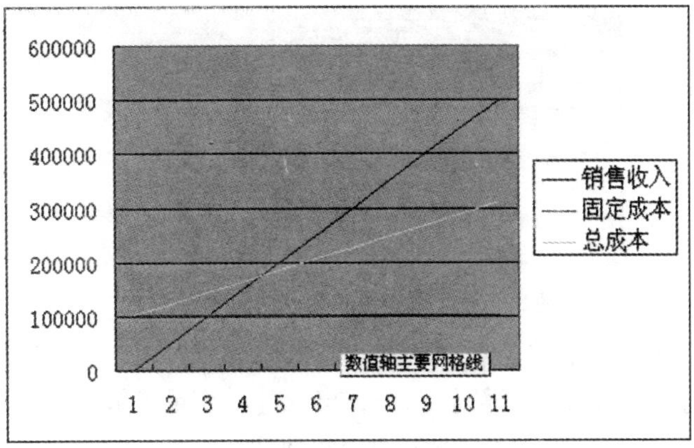

图 8-5　盈亏平衡图

【例 8-8】某公司生产和销售一种产品，其原定的目标利润为 366 000 元，在此目标下，销售单价为 17 元，销售数量为 90 000 件，固定成本 300 000 元，单位变动成本 9.6 元。现在假定该公司将目标利润定为 380 000 元，问：从单个因素来看，影响目标利润的四个基本要素该作怎样的调整。资料见表 8-10。

表 8-10　目标利润分析

	A	B
1	目标利润分析	
2	基本数据区	
3	因素	原值
4	销售单价(元)	17
5	销售数量(辆)	90000
6	固定成本(元)	300000
7	单位变动成本(元)	9.6
8	利润(元)	366000

1）提高销售单价

操作分析步骤如下：

①选择目标单元格即利润所在的单元格 B8；

②执行【工具】/【单变量求解】命令，出现【单变量求解】对话框，如图 8-6；

③此时目标单元格编辑框中已有利润单元格地址 B8，如果该地址有误，可重新输入正确的地址；

④在【目标值】编辑框中输入目标利润 380 000元；

图 8-6　单变量求解对话框

⑤在【可变单元格】编辑框中输入销售单价单元格地址 $B $4；

⑥单击【确定】按钮，屏幕上出现【单变量求解状态】对话框，如图 8-7；

⑦单击【确定】按钮，则在销售单价地址 B4 单元格中以计算结果“17.16”代替原值 17。即当目标利润为 380 000 元时，销售单价应该提高到 17.16 元。

2）增加产销量

操作分析步骤如下：

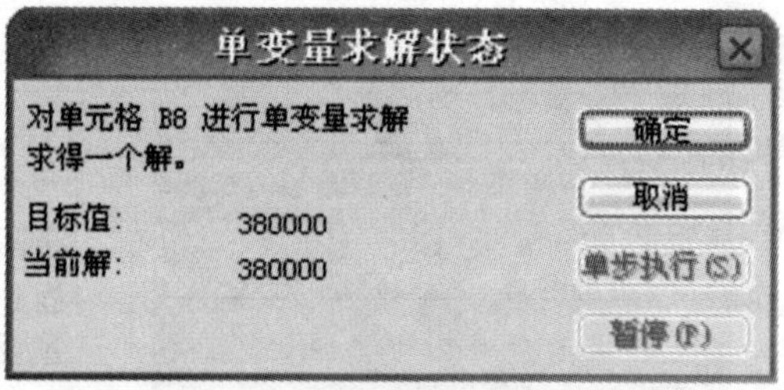

图 8-7 【单变量求解状态】对话框

①选择目标单元格即利润所在的单元格 B8；

②执行【工具】/【单变量求解】命令，出现【单变量求解】对话框；

③在【目标值】编辑框中输入目标利润 380 000 元；

④在【可变单元格】编辑框中输入销售数量单元格地址 $B $5；

⑤单击【确定】按钮，屏幕上出现【单变量求解状态】对话框；

⑥单击【确定】按钮，则在销售数量地址 B5 单元格中以计算结果 91 891. 89 代替原值 90 000。即当目标利润为 380 000 元时，销售数量应该提高到 91 891. 89 元。

3）降低固定成本

操作分析步骤如下：

①选择目标单元格即利润所在的单元格 B8；

②执行【工具】/【单变量求解】命令，出现【单变量求解】对话框；

③在【目标值】编辑框中输入目标利润 380 000 元；

④在【可变单元格】编辑框中输入固定成本单元格地址 $B $6；

⑤单击【确定】按钮，屏幕上出现【单变量求解状态】对话框；

⑥单击【确定】按钮，则在固定成本地址 B6 单元格中以计算结果 286 000 代替原值 300 000。即当目标利润为 380 000 元时，固定成本应该降低到 286 000 元。

4）降低单位变动成本

操作分析步骤如下：

① 选择目标单元格即利润所在的单元格 B8；

②执行【工具】/【单变量求解】命令，出现【单变量求解】对话框如图 8-8；

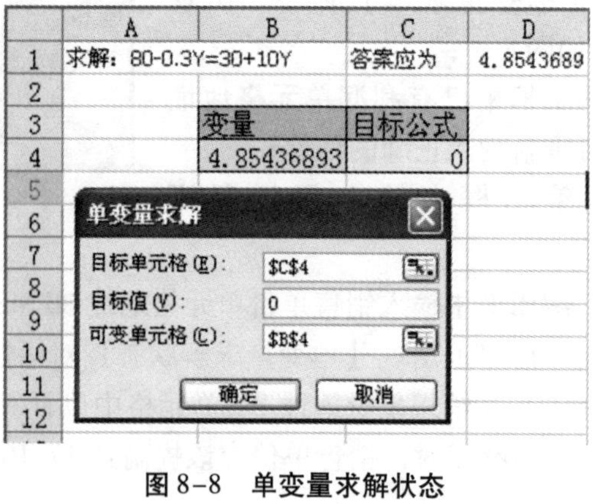

图 8-8 单变量求解状态

③在【目标值】编辑框中输入目标利润 380 000 元；

④在【可变单元格】编辑框中输入单位变动成本单元格地址 $B $7；

⑤单击【确定】按钮，屏幕上出现【单变量求解状态】对话框；

⑥单击【确定】按钮，则在单位变动成本地址 B7 单元格中以计算结果“9.44”代替原值“9.6”，即当目标利润为 380 000 元时，单位变动成本应该降低到 9.44 元。

【小思考 8-2】有一个公式，如 80-0.3Y=30+10Y（如图 8-8），你知道如何求出 Y 的值吗？你还有更好的方法吗？

8.2.4　利润综合杠杆分析

企业经营分析中的一个重要方面是进行企业利润杠杆分析。利润杠杆分析包括经营杠杆分析和财务杠杆分析。

1）经营杠杆分析

经营杠杆分析涉及企业固定运营成本水平及其变动程度分析，而企业经营杠杆能力，就是包括固定制造成本、固定销售费用和固定管理费用等固定性经营成本在内的经营程度杠杆。经营杠杆系数（DOL）就是指因固定性费用的存在所导致的息税前利润随产量变动而变动的程度。其计算公式为：

$$\text{DOL} = \frac{\text{产量变动百分比}}{\text{息税前利润变动百分比}}$$

$$\text{或} = \frac{\text{销售额}-\text{变动成本}}{\text{销售额}-\text{变动成本}-\text{固定成本}}$$

【例 8-9】震源公司目前有两个投资方案 A 、B，其成本资料见表 8-11。

表 8-11　**震源公司成本资料**　金额单位：元

投资方案	固定成本	单位变动成本
A	150 000	40
B	95 000	90

试根据以上资料，结合经营杠杆分析法，分析当销售量为多少时，两个投资方案在成本上没有任何区别，均达到损益平衡点。具体操作步骤如下：

①建立工作表——经营杠杆分析，见表 8-12。

表 8-12　**经营杠杆分析（原始资料）**　金额单位：元

	A	B	C
1	经营杠杆分析		
2			
3	一、原始资料		
4	方案	固定成本	单位变动成本
5	A	150 000	40
6	B	95 000	90
7			

②输入销售量资料，可以用“填充柄”填。

③分别求出方案 A、B 的总成本。B10 = $B $5+ $C $5 * A10；C10 = $B $6+ $C $6 * A10（其余单元格的数值可以采用填充柄的方式填写）。

④求出A、B两方案总成本之间的差额，见表8-13。D10=B10-C10，即可得到销售量为720时的差额（其余单元格的数值可以采用填充柄的方式填写）。

【解析过程】由表8-13可以看出，销售量为800时，方案A、B之间的成本差额为零，也就是说这两个方案损益平衡点的销售量为800。因此，如果公司决策者预测销售量小于800，则应选择B方案；如果预测销售量大于800，则应选择A方案；如果预测销售量等于800，则方案A、B无任何差别，两个方案均可采用。

假如该公司的销售额为120万元，经营杠杆系数DOL为：

$$DOL=\frac{240-140}{240-50-140}=2$$

表8-13　　　　经营杠杆分析（成本比较）　　　　金额单位：元

	A	B	C	D
8	二、成本比较			
9	销售量	方案A的成本	方案B的成本	A、B成本之间的差额
10	720	150200	146200	4000
11	740	150900	147900	3000
12	760	151600	149600	2000
13	780	152300	151300	1000
14	800	153000	153000	0
15	820	153700	154700	-1000
16	840	154400	156400	-2000
17	860	155100	158100	-3000
18	880	155800	159800	-4000

量本利关系表 / 成本习性表 / 经

就绪　　大写　数字

【小知识8-1】经营杠杆原理

经营杠杆原理指在企业生产经营中由于存在固定成本而使利润变动率大于产销量变动率的规律。根据成本性态，在一定产销量范围内，产销量的增加一般不会影响固定成本总额，但会使单位产品固定成本降低，从而提高单位产品利润，并使利润增长率大于产销量增长率；反之，产销量减少，会使单位产品固定成本升高，从而降低单位产品利润，并使利润下降率大于产销量的下降率。所以，产品只有在没有固定成本的条件下，才能使贡献毛益等于经营利润，使利润变动率与产销量变动率同步增减。但这种情况在现实中是不存在的。这样，由于存在固定成本而使利润变动率大于产销量变动率的规律，在管理会计和企业财务管理中就常根据计划期产销量变动率来预测计划期的经营利润。为了对经营杠杆进行量化，企业财务管理和管理会计中把利润变动率相当于产销量（或销售收入）变动率的倍数称之为“经营杠杆系数”、“经营杠杆率”。

2）财务杠杆分析

财务杠杆分析主要是对企业举债经营的水平及其变动程度的分析，因此企业的财务杠杆系数（DFL）就是指因借入资金而产生的各种利息费用所导致的普通股每股盈余随息税前利润变动而变动的程度。其计算公式为：

$$DFL=\frac{\text{每股盈余变动百分比}}{\text{息税前利润变动百分比}}$$

$$\text{或}=\frac{\text{息税前利润}}{\text{税前利润}}$$

【例8-10】震源公司财务杠杆分析见表8-14。

表 8-14　　**财务杠杆分析**

	A	B	C	D
1	财务杠杆分析			
2				单位：万元
3				自有资金：200万元
4	负债比率	0%	60%	70%
5	息税前利润	40	40	40
6	利息费用	0	24	28
7	税前利润	40	16	12
8	所得税	13.2	5.28	3.96
9	税后利润	26.8	10.72	8.04
10	自有资金税后利润率（%）	6.6	2.64	1.98
11	财务杠杆系数	1	2.5	3.33

3）综合杠杆分析

综合杠杆指的是经营杠杆和财务杠杆对利润变动的共同影响，即企业自有资金利润率随产量变动而相应变动的程度。通常用总杠杆系数 DTL 来衡量其大小，公式如下：

DTL = DOL * DFL

根据【例 8-9】、【例 8-10】的数据，可求出总杠杆系数 DTL 的大小，见表 8-15。

表 8-15　　**总杠杆分析**

	A	B	C	D
1	总杠杆系数			
2	资产负债率	0%	60%	70%
3	经营杠杆系数	2	2	2
4	财务杠杆系数	1	2.5	3.33
5	总杠杆系数	2	5	6.66
6				
7				

[本章小结]

收入是实现企业利润的基础。在收入管理中，销售预测是基础。销售预测是借助于历史销售资料及其他相关的信息，采用适当的方法，对未来一定时期产品的销售情况及其变化趋势做出预计。销售预测的方法主要有移动平均法、指数平滑法和回归分析法等。Excel 2003 提供了方便的工具可以直接进行预测。

利润管理是企业财务管理的重要内容之一，本章利用 Excel 2003，重点讲述了三方面内容：一是对影响利润的因素进行多因素分析，二是进行目标利润分析，三是进行企业利润杠杆分析。

[主要概念和观念]

□ 主要概念

量本利分析　目标利润　财务杠杠

□ 主要观念

单变量求解主要用于利润管理中的基础分析的原因

在进行量本利分析时利用 Excel 2003 考察各个要素变动对利润的影响的方法

[基本训练]

□ 知识题

1）阅读理解

（1）什么是单变量求解？

（2）量本利分析法的基本概念是什么？

2）知识应用

（1）如何对单一产品进行量本利分析？

（2）如何进行目标利润分析？

□ 技能题

（1）如何进行经营杠杆、财务杠杆、综合杠杆分析？

（2）量本利分析法的基本关系式是什么？

□ 能力题

1）案例分析

资料：某企业生产销售甲、乙两种产品，其单价分别为 10 元和 8 元，贡献毛益率分别为 30% 和 20%，预计销售量分别为 2 000 件和 500 件，生产固定成本总额为4 000元。

要求：①计算甲、乙两种产品的盈亏临界点销售量；

②计算该企业的预计利润；

③做利润变动分析。

2）单元实训

（1）目的：利用 Excel，直接确定量本利关系式及保本点。

资料：某公司只生产销售一种产品，每月产销量 2 000 件，该产品单价 30 元，单位变动成本 12 元，每月固定成本 5 000 元。

要求：①建立单一产品量本利分析的多因素变动分析模型；

②建立各因素变动百分比分析模型，各因素的变动百分比为-25% ~ +25%；

③如果由于原材料涨价，该公司的单位变动成本增加 5%，固定成本增加 4%。该公司可以提高销售单价 10%，这将导致销售量下降 15%；也可以降低销售单价 5%，这将增加销售量 25%。请说明哪种措施对企业更有利？

（2）目的：利用 Excel 的单变量求解功能进行目标利润分析。

资料：某公司只生产销售一种产品，其原定的目标利润为 280 000 元，在此目标下，销售单价为 15 元，销售数量为 80 000 件，固定成本 200 000 元，单位变动成本9 元。

要求：假定该公司将目标利润定为 300 000 元，从单个因素来看，影响目标利润的四个基本要素应该做怎样的调整。

第9章

财务报表分析

[学习目标]

通过本章的学习，学生应该学会以资产负债表、利润表、现金流量表为基础，利用Excel创建财务报表分析模型，掌握三大报表的结构分析、趋势分析以及财务报表的相关比率分析和综合分析等。

9.1 财务报表分析概述

财务报表分析，是以企业财务报表的相关资料为依据，运用一定的方法和手段，对企业财务报表提供的数据进行系统和深入的分析、研究，揭示相关指标之间的相互联系、指标变动情况以及形成原因，评价和剖析企业的财务状况与经营成果。财务报表分析不仅可以为有关各方提供全面、详细的财务信息，而且有助于企业管理层进行正确的经营决策。做好财务报表分析工作具有十分重要的意义。

9.1.1 财务报表分析的主体及分析目的

财务报表分析是企业财务管理工作的一项重要内容。财务报表分析的主体是指与企业有现实或潜在的利益关系，并希望通过分析企业财务状况而获得企业财务信息的单位或个人。也就是说，财务分析的主体绝不仅限于企业本身，还包括与企业利益有密切关系的相关各方，包括投资人、债权人、企业经营者、政府以及其他与企业经济利益有关系的单位或个人。这些利益主体出于不同的经济利益考虑，在利用企业财务报表进行分析时，虽然使用的资料相同，但分析的目的和重点有所不同。财务报表分析主体的多元性，决定了企业财务报表分析目标的多元性。

1）企业投资人

企业投资人最关心的是其资本的保值增值能力，也就是投资的回报率情况。对于一般投资人或短期投资人来讲，他们可能更关心股息的高低和发放红利的多少。而对于拥有企业控制权的投资人，则会从长远利益出发，分析和考虑企业的竞争实力与未来发展前景。

2）企业债权人

企业债权人最关心的是其提供信用的安全性，也就是企业是否有足够的偿还能力，来保证债权人的本息被及时足额的偿还。对于一般债权人来说，他们不能参与企业剩余收益的分配，他们要求的只是按时收回其贷款本金并得到相应的利息收益。当然对于提供长期信用的债权人来说，他们还会关心企业的未来发展前景与长期获利能力。另外，从风险角度考虑，债权人会密切关注企业的财务结构变化，因为这些都会影响到企业偿债能力与财务风险，并进一步影响到债权人提供信用的安全性。

3）企业经营者

企业经营者是把握和控制企业的核心力量，他们受投资人的委托来经营和管理企业，必须对企业进行全方位的分析，全面了解和掌握企业经营管理各个方面的信息，包括企业目前的营运能力、偿债能力、获利能力、财务与资本结构、未来发展潜力以及所面临的风险等，以便及时地发现问题、矛盾，分析原因，采取对策，更好地完成经营者的使命。

4）政府相关部门

总体说来，政府各相关职能部门是企业经营的宏观管理者和服务者，在财政、工商、审计、税务和开发等方面对企业进行监管的同时，还提供必要的咨询及市场服务。政府借助财务报表分析，检查企业财经、税收法规的遵守情况，企业的社会效益状况等。另外，对于国有企业而言，因为政府具有投资者的身份，所以更关心国有企业的投资效益，更注重企业的长远发展，追求企业长期利益的持续稳定增长。

5）其他财务报表分析主体

其他财务报表分析主体是指除上述主体外的一些与企业可能有潜在利益关系的单位和个人，比如潜在的投资人、债权人以及潜在的合作单位和个人等。他们出于自身利益考虑，在与企业进行合作前，都会对企业的相关财务状况进行分析和考察，以便做出对自己有利的决策。

9.1.2　财务报表分析的主要内容和主要方法

1）财务报表分析的主要内容

财务报表分析主要利用资产负债表、利润表和现金流量表所提供的资料，对企业的财务状况和发展前景等方面进行系统分析。主要包括企业财务状况（结构）分析、营运能力分析、偿债能力分析和盈利能力分析等。

2）财务报表分析的主要方法

财务报表分析所采用的方法很多，常用的分析方法主要有：

①结构分析法；

②趋势分析法；

③相关比率分析法；

④综合分析法。

需要特别指出的是，我们在这里只讲如何创建和使用财务报表分析模型，重在利用 Excel 表计算各项分析指标，至于指标结果深层次的原因分析，在此我们不进行研究。

9.2　资产负债表分析模型

资产负债表是反映企业在某一特定日期（月末、年末）所拥有的资产、负债和所有者权益等财务状况的会计报表。在计算机会计处理程序下，企业的财务报表等资料都是按程序自动生成的（利润表和现金流量表同理），如某企业 2013 年的资产负债表的具体格式见表 9-1：

表 9-1 **资产负债表**

	A	B	C	D	E	F
1	资产负债表					
2	2013年12月31日					金额单位:元
3	项目	年初数	期末数	项目	年初数	期末数
4	流动资产：			流动负债：		
5	货币资金	612600	805800	短期借款	300000	200000
6	交易性金融资产	0	0	交易性金融负债	0	0
7	应收票据	260000	240000	应付票据	360000	402000
8	应收账款	846630	847100	应付账款	865900	892600
9	预付账款	483000	380000	预收账款	126380	134650
10	应收利息	0	0	应付职工薪酬	891000	900000
11	应收股利	0	0	应交税费	156320	178650
12	其他应收款	86000	258000	应付股利	143460	256260
13	存货	2016830	2103200	其他应付款	130000	568000
14	流动资产合计	4305060	4634100	其他流动负债	1000	2100
15	非流动资产：			流动负债合计	2974060	3534260
16	可供出售金融资产	0	0	非流动负债：		
17	长期应收款	0	0	长期借款	2300000	2000000
18	长期股权投资	0	0	应付债券	0	0
19	固定资产	5850000	6075000	递延所得税负债	18650	20360
20	在建工程	125000	0	其他非流动负债	0	0
21	工程物资		0	非流动负债合计	2300000	2000000
22	固定资产清理		0	负债合计	5274060	5534260
23	无形资产	180000	150000	股东权益：		
24	商誉			股本	5000000	5000000
25	长期待摊费用			资本公积	17800	17800
26	递延所得税资产	23800	24960	盈余公积	180000	298000
27	其他非流动资产			未分配利润	12000	34000
28	非流动资产合计	6178800	6249960	股东权益合计	5209800	5349800
29	资产总计	10483860	10884060	负债及股东权益总计	10483860	10884060
30						

2013年资产负债表 / 资产负债表结构分析 / 11~13资产负债表 / 资产负债表趋势分析模型

对于资产负债表的分析，这里只进行资产负债表的结构分析和趋势分析，而财务报表中的相关比率分析，我们将在第 5 节中集中讲解。

9.2.1 资产负债表的结构分析模型

资产负债表的结构分析主要是分析资产负债表中的各个项目在总资产中所占的比重，在分析时，以资产负债表中的资产总计为基准，将其他各项目的数据与资产总计相比，求出各个项目在总资产中所占的结构百分比，即可得出资产负债表的结构分析模型。实际上也就是编制一个结构比资产负债表。

【例 9-1】某企业 2013 年的资产负债表见表 9-1，试对该企业 2013 年末的资产负债表进行结构分析。

【解析过程】建立新的工作表“资产负债表结构分析模型”或“结构比资产负债表”。将表 9-1 中资产负债表的项目和期末数复制到该表中，见表 9-2。

表 9-2 资产负债表结构分析（一） 金额单位：元

	A	B	C	D	E	F
1	资产负债表结构分析模型					
2	项目	期末数	结构比	项目	期末数	结构比
3	流动资产：			流动负债：		
4	货币资金	805800		短期借款	200000	
5	交易性金融资产	0		交易性金融负债	0	
6	应收票据	240000		应付票据	402000	
7	应收账款	847100		应付账款	892600	
8	预付账款	380000		预收账款	134650	
9	应收利息	0		应付职工薪酬	900000	
10	应收股利	0		应交税费	178650	
11	其他应收款	258000		应付股利	256260	
12	存货	2103200		其他应付款	568000	
13	流动资产合计	4634100		其他流动负债	2100	
14	非流动资产：			流动负债合计	3534260	
15	可供出售金融资产	0		非流动负债：		
16	长期应收款	0		长期借款	2000000	
17	长期股权投资	0		应付债券	0	
18	固定资产	6075000		递延所得税负债	20360	
19	在建工程	0		其他非流动负债	0	
20	工程物资	0		非流动负债合计	2000000	
21	固定资产清理	0		负债合计	5534260	
22	无形资产	150000		股东权益：		
23	商誉			股本	5000000	
24	长期待摊费用			资本公积	17800	
25	递延所得税资产	24960		盈余公积	298000	
26	其他非流动资产			未分配利润	34000	
27	非流动资产合计	6249960		股东权益合计	5349800	
28	资产总计	10884060		负债及股东权益总计	10884060	

然后就可以在表 9-2 中进行资产负债表的结构分析，具体步骤如下：

（1）在单元格 C4 处输入公式“=B4/B $ 28”，求出得数；

（2）选择自动填充选项，按鼠标由单元格 C4 拖动至 C28 处；

（3）在单元格 F4 处输入公式“=E4/E $ 28”，求出得数；

（4）同样用自动填充选项，将 F 列单元格进行自动填充；

（5）C 列和 F 列数字部分区域设置【单元格格式】中【数字】为【百分比】型，小数点后保留两位。

经过上述操作过程，即可得到表 9-3 的效果。

根据上面模型计算显示的结果，即可以对企业资产负债表的结构进行分析。

为了更直观地反映企业的总资产结构，还可以从资产的构成和来源两个方面来绘制出企业总资产的结构图，以饼形图表示，如图 9-1、图 9-2。

9.2.2 资产负债表的趋势分析模型

趋势分析是采用连续几期财务报表数据（通常至少 3 期的财务数据），分析财务单位的各期经营状况及其变化趋势的方法。通过连续几期财务报表数据的比较，可以大体了解企业的发展趋势和变化情况，同时也可以进一步分析企业发生变化的原因。一般情况下，企业各年度的各项财务指标波动的幅度应该不大。我们所要关注的是某一年度异常的变动，这种异常的变动包括某一年度的指标突然趋向有利方向或不利方向，以及波动幅度突然增大。找出指标异动的年度，重点分析这一年度与指标变动有关的因素，比如企业重大经营决策、宏观经济政策和形势变化以及决定这些指标的财务数据所采用的会计政策等。

表 9-3 **资产负债表结构分析（二）** 金额单位：元

	A	B	C	D	E	F
1	资产负债表结构分析模型					
2	项目	期末数	结构比	项目	期末数	结构比
3	流动资产：			流动负债：		
4	货币资金	805800	7.40%	短期借款	200000	1.84%
5	交易性金融资产	0	0.00%	交易性金融负债	0	0.00%
6	应收票据	240000	2.21%	应付票据	402000	3.69%
7	应收账款	847100	7.78%	应付账款	892600	8.20%
8	预付账款	380000	3.49%	预收账款	134650	1.24%
9	应收利息	0	0.00%	应付职工薪酬	900000	8.27%
10	应收股利	0	0.00%	应交税费	178650	1.64%
11	其他应收款	258000	2.37%	应付股利	256260	2.35%
12	存货	2103200	19.32%	其他应付款	568000	5.22%
13	流动资产合计	4634100	42.58%	其他流动负债	2100	0.02%
14	非流动资产：			流动负债合计	3534260	32.47%
15	可供出售金融资产	0	0.00%	非流动负债：		
16	长期应收款	0	0.00%	长期借款	2000000	18.38%
17	长期股权投资	0	0.00%	应付债券	0	0.00%
18	固定资产	6075000	55.82%	递延所得税负债	20360	0.19%
19	在建工程	0	0.00%	其他非流动负债	0	0.00%
20	工程物资	0	0.00%	非流动负债合计	2000000	18.38%
21	固定资产清理	0	0.00%	负债合计	5534260	50.85%
22	无形资产	150000	1.38%	股东权益：		0.00%
23	商誉		0.00%	股本	5000000	45.94%
24	长期待摊费用		0.00%	资本公积	17800	0.16%
25	递延所得税资产	24960	0.23%	盈余公积	298000	2.74%
26	其他非流动资产		0.00%	未分配利润	34000	0.31%
27	非流动资产合计	6249960	57.42%	股东权益合计	5349800	49.15%
28	资产总计	10884060	100.00%	负债及股东权益总计	10884060	100.00%

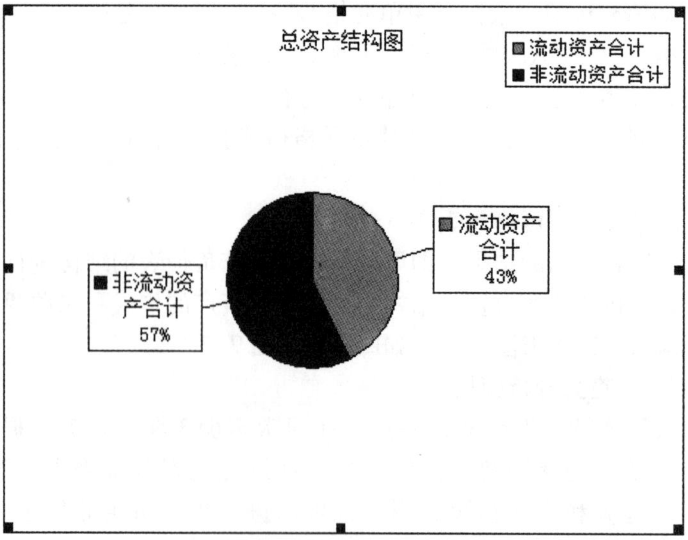

图 9-1 企业总资产结构饼形图示（一）

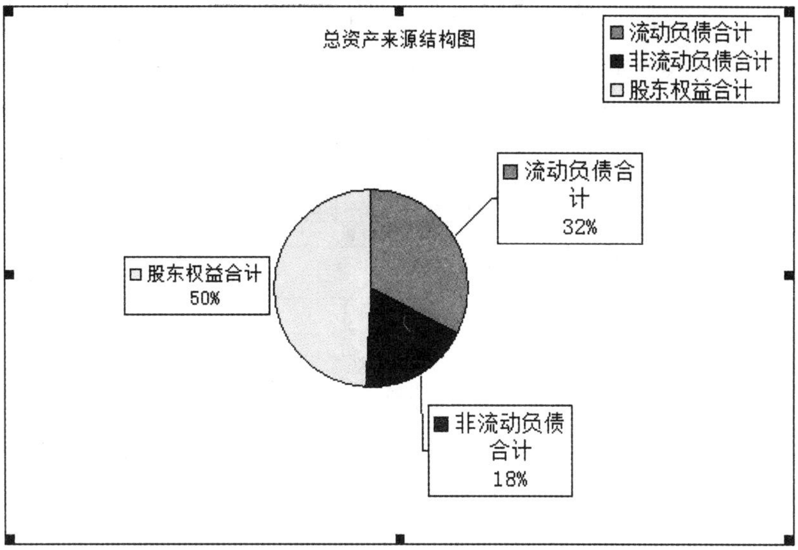

图 9-2　企业总资产结构饼形图示（二）

对于资产负债表的趋势分析，通常可以通过编制比较资产负债表进行。在编制比较资产负债表时，为了全面地反映财务指标的变动趋势，应该在使用报表的绝对数进行增减变动比较的同时，计算出增减变动的百分比，从相对意义上进行比较，使得分析更具有实际意义。

【例 9-2】某企业 2011—2013 年的资产负债表见表 9-4，试对该企业近三年的资产负债表各项目进行趋势分析。

表 9-4　**2011—2013 年资产负债表**　金额单位：元

	A	B	C	D	E	F	G	H
1	资产负债表							
2	2011—2013年							
3	项目	2011年	2012年	2013年	项目	2011年	2012年	2013年
4	流动资产：				流动负债：			
5	货币资金	582550	612600	805800	短期借款	280000	300000	200000
6	交易性金融资产	0	0	0	交易性金融负债	0	0	0
7	应收票据	256000	260000	240000	应付票据	313600	360000	402000
8	应收账款	788600	846630	847100	应付账款	845260	865900	892600
9	预付账款	325000	483000	380000	预收账款	221760	126380	134650
10	应收利息	0	0	0	应付职工薪酬	821300	891000	900000
11	应收股利	0	0	0	应交税费	138320	156320	178650
12	其他应收款	66400	86000	258000	应付股利	168000	143460	256260
13	存货	2101850	2016830	2103200	其他应付款	1120	130000	568000
14	流动资产合计	4120400	4305060	4634100	其他流动负债	15000	1000	2100
15	非流动资产：				流动负债合计	2804360	2974060	3534260
16	可供出售金融资产	0	0	0	非流动负债：			
17	长期应收款	0	0	0	长期借款	2100000	2300000	2000000
18	长期股权投资	0	0	0	应付债券	0	0	0
19	固定资产	5867000	5850000	6075000	递延所得税负债	109600	18650	20360
20	在建工程	0	125000	0	其他非流动负债	0	0	0
21	工程物资	0	0	0	非流动负债合计	2209600	2300000	2000000
22	固定资产清理	0	0	0	负债合计	5013960	5274060	5534260
23	无形资产	214000	180000	150000	股东权益：			
24	商誉	0	0	0	股本	5000000	5000000	5000000
25	长期待摊费用	0	0	0	资本公积	17800	17800	17800
26	递延所得税资产	18350	23800	24960	盈余公积	172000	180000	298000
27	其他非流动资产	0	0	0	未分配利润	15990	12000	34000
28	非流动资产合计	6099350	6178800	6249960	股东权益合计	5205790	5209800	5349800
29	资产总计	10219750	10483860	10884060	负债及股东权益总计	10219750	10483860	10884060

【解析过程】建立新的工作表“资产负债表趋势分析模型”或“比较资产负债表”。利用表 9-4 中资产负债表中的数据资料，采用环比法计算各项目的增减额和增减的百分比，见表 9-5。

表 9-5　**资产负债表趋势分析模型**　金额单位：元

	A	B	C	D	E	F	G	H	I	J
1	资产负债表趋势分析模型									
2	（按环比计算）									
3	项目	2012年		2013年		项目	2012年		2013年	
4		增减额	增减%	增减额	增减%		增减额	增减%	增减额	增减%
5	流动资产：	0				流动负债：				
6	货币资金	30050	5.16%	193200	31.54%	短期借款	20000	7.14%	-100000	-33.33%
7	交易性金融资产	0	0.00%	0	0.00%	交易性金融负债	0	0.00%	0	0.00%
8	应收票据	4000	1.56%	-20000	-7.69%	应付票据	46400	14.80%	42000	11.67%
9	应收账款	58030	7.36%	470	0.06%	应付账款	20640	2.44%	26700	3.08%
10	预付账款	158000	48.62%	-103000	-21.33%	预收账款	-95380	-43.01%	8270	6.54%
11	应收利息	0	0.00%	0	0.00%	应付职工薪酬	69700	8.49%	9000	1.01%
12	应收股利	0	0.00%	0	0.00%	应交税费	18000	13.01%	22330	14.28%
13	其他应收款	19600	29.52%	172000	200.00%	应付股利	-24540	-14.61%	112800	78.63%
14	存货	-85020	-4.05%	86370	4.28%	其他应付款	128880	11507.14%	438000	336.92%
15	流动资产合计	184660	4.48%	329040	7.64%	其他流动负债	-14000	-93.33%	1100	110.00%
16	非流动资产：	0				流动负债合计	169700	6.05%	560200	18.84%
17	可供出售金融资产	0	0.00%	0	0.00%	非流动负债：	0			
18	长期应收款	0	0.00%	0	0.00%	长期借款	200000	9.52%	-300000	-13.04%
19	长期股权投资	0	0.00%	0	0.00%	应付债券	0	0.00%	0	0.00%
20	固定资产	-17000	-0.29%	225000	3.85%	递延所得税负债	-90950	-82.98%	1710	9.17%
21	在建工程	125000	0.00%	-125000	-100.00%	其他非流动负债	0	0.00%	0	0.00%
22	工程物资	0	0.00%	0	0.00%	非流动负债合计	90400	4.09%	-300000	-13.04%
23	固定资产清理	0	0.00%	0	0.00%	负债合计	260100	5.19%	260200	4.93%
24	无形资产	-34000	-15.89%	-30000	-16.67%	股东权益：	0			
25	商誉	0	0.00%	0	0.00%	股本	0	0.00%	0	0.00%
26	长期待摊费用	0	0.00%	0	0.00%	资本公积	0	0.00%	0	0.00%
27	递延所得税资产	5450	29.70%	1160	4.87%	盈余公积	8000	4.65%	118000	65.56%
28	其他非流动资产	0	0.00%	0	0.00%	未分配利润	-3990	-24.95%	22000	183.33%
29	非流动资产合计	79450	1.30%	71160	1.15%	股东权益合计	4010	0.08%	140000	2.69%
30	资产总计	264110	2.58%	400200	3.82%	负债及股东权益总计	264110	2.58%	400200	3.82%

2013年资产负债表 / 资产负债表结构分析 / 11~13资产负债表 / 资产负债表趋势分析模型

具体操作步骤如下：

（1）“B6='03～05 资产负债表'！C5-'03～05 资产负债表'！B5”；

（2）“C6 =B6/'03～05 资产负债表'！B5”；

（3）“D6 ='03～05 资产负债表'！D5-'03～05 资产负债表'！C5”；

（4）“E6 =D6/'03～05 资产负债表'！C5”；

（5）“D6 ='03～05 资产负债表'！D5-'03～05 资产负债表'！C5”；

（6）按上述同样方法完成 G、H、I、J 四列的操作，然后利用填充柄完成全部数据的计算；

（7）为 C、E、H、J 列区域设置【单元格格式】中【数字】为【百分比】型，小数点后保留两位。

完成上述操作步骤，即可得到表 9-5 的效果。

另外，还可以根据 2011—2013 年资产负债表的资料，绘制企业资产、负债及所有者权益有关项目的变化图（折线图或柱状图），如图 9-3。

上述趋势分析也可以用柱状图表示，如图 9-4。

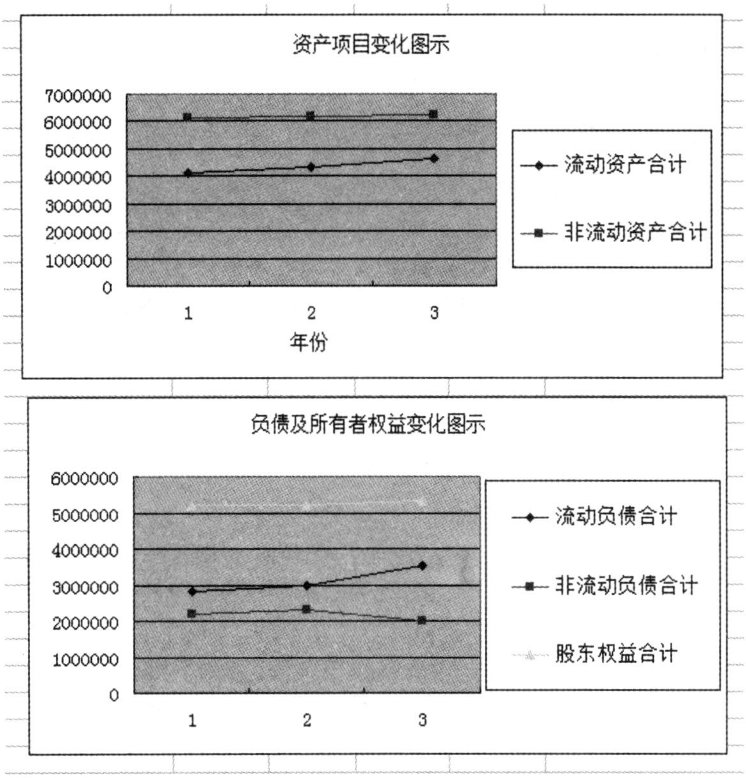

图 9-3　资产、负债及所有者权益变化图（一）

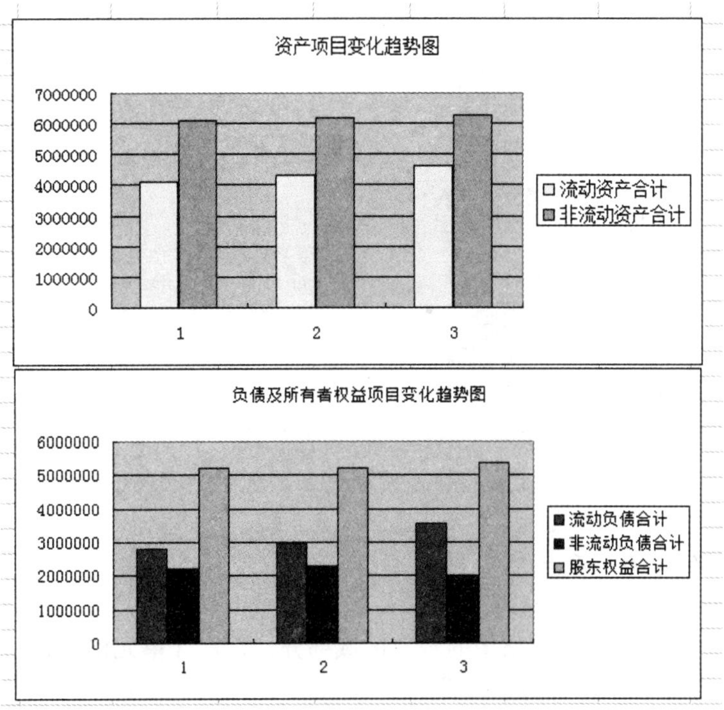

图 9-4　资产、负债及所有者权益变化图（二）

● 9.3 利润表分析模型

利润表（损益表）是反映企业一定时期内经营成果（利润或亏损）的实际情况的财务报表。通过利润表，可以反映企业一定时期内的经营成果，可以评价企业利润计划的完成情况，可以分析利润增减变动情况及原因，还可以结合其他资料，预测企业的获利能力、偿债能力、营运能力以及企业发展前景等。

对利润表的分析，通常也需要进行结构分析和趋势分析，分析的依据就是企业利润表（损益表）中的数据资料。

9.3.1 利润表结构分析模型

利润表的结构分析主要将企业主营业务收入作为总体，计算分析其他各主要项目占主营业务收入的比重，通常是通过编制结构比利润表进行的。重点是分析企业成本费用和利润占销售收入的百分比。

【例9-3】某企业2013年利润表见表9-6。试对该企业进行利润表结构分析。

表9-6 **2013年利润表**

	A	B	C
1	利润表		
2	2013年度		
3			金额单位：元
4	项目	本期金额	上期金额
5	一、营业收入	4800000	3500000
6	减：营业成本	2940000	1980000
7	营业税金及附加	212000	185000
8	销售费用	58320	56000
9	管理费用	179210	185000
10	财务费用	32600	33600
11	资产减值损失	0	0
12	加：公允价值变动收益	0	0
13	投资收益	-30000	3000
14	二、营业利润	1347870	1063400
15	加：营业外收入	59130	12300
16	减：营业外支出	5800	9810
17	三、利润总额	1401200	1065890
18	减：所得税	407690	254500
19	四、净利润	993510	811390
20	五、每股收益		
21	（一）基本每股收益		
22	（二）稀释每股收益		

【解析过程】建立新的工作表“结构比利润表”或“利润表结构分析模型”，并将表9-6中利润表的项目和本年累计数复制并粘贴过来，利用利润表中的数据资料直接建立模型计算即可。具体操作步骤如下：

（1）C6 =B6/B $6，E6 =D6/D $6；

（2）利用填充柄完成其余数字的计算；

（3）选中C列和E列单元格中的数字区域部分，设置【单元格格式】中【数字】为【百分比】型，小数点后保留两位。

完成上述操作后，即可得到见表9-7的模型。

也可以在上述模型的基础上，绘制利润表结构分析图，这样能够更直观地显现出利润表中各项目占收入的百分比，如图 9-5。

表 9-7　　**利润表结构分析模型**

	A	B	C	D	E
1	利润表结构分析模型				
2	2013年度				
3					金额单位：元
4	项目	本年数		上年数	
5		实际金额	结构比	实际金额	结构比
6	一、营业收入	4800000	100.00%	3500000	100.00%
7	减：营业成本	2940000	61.25%	1980000	56.57%
8	营业税金及附加	212000	4.42%	185000	5.29%
9	销售费用	58320	1.22%	56000	1.60%
10	管理费用	179210	3.73%	185000	5.29%
11	财务费用	32600	0.68%	33600	0.96%
12	资产减值损失	0	0.00%	0	0.00%
13	加：公允价值变动收益	0	0.00%	0	0.00%
14	投资收益	-30000	-0.63%	3000	0.09%
15	二、营业利润	1347870	28.08%	1063400	30.38%
16	加：营业外收入	59130	1.23%	12300	0.35%
17	减：营业外支出	5800	0.12%	9810	0.28%
18	三、利润总额	1401200	29.19%	1065890	30.45%
19	减：所得税	407690	8.49%	254500	7.27%
20	四、净利润	993510	20.70%	811390	23.18%
21	五、每股收益				
22	（一）基本每股收益				
23	（二）稀释每股收益				

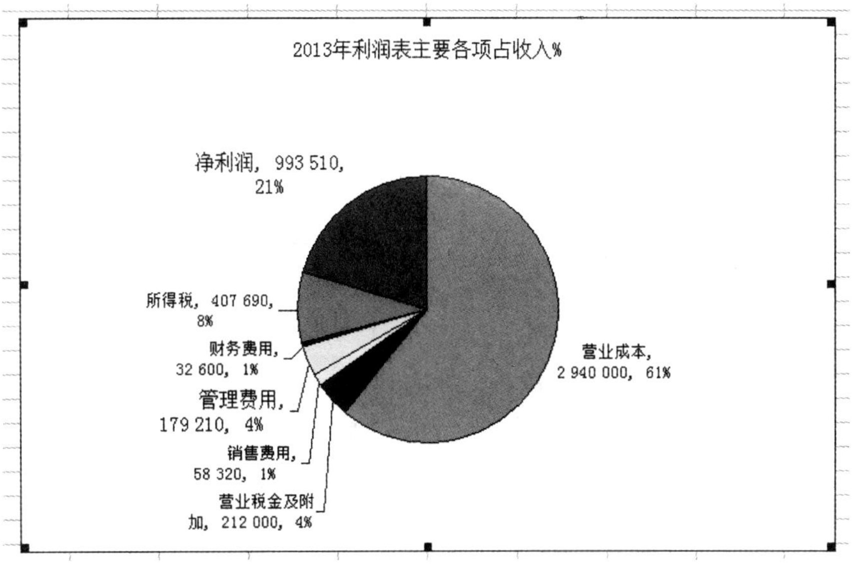

图 9-5　利润表结构分析图

9.3.2　利润表趋势分析模型

利润表趋势分析就是利用连续近几期（一般 3 ~ 5 期）利润表中的相关数据资料，通过对比分析企业经营成果状况及变化趋势，在此基础上进一步分析企业经营成果发生变化的原因，以便企业更好地进行下一个循环的经营决策。

【例 9-4】假如某企业 2013 年的利润见表 9-6，2011 年的利润资料见表 9-8。试利用上述资料进行利润表的趋势分析。

表 9-8　　2011 年利润表

	A	B	C
1	利润表		
2	2011年度		
3			金额单位：元
4	项目	本期金额	上期金额
5	一、营业收入	3280000	3197000
6	减：营业成本	1968000	1911800
7	营业税金及附加	163000	157300
8	销售费用	54620	52800
9	管理费用	168920	159800
10	财务费用	31800	34800
11	资产减值损失	0	0
12	加：公允价值变动收益	0	0
13	投资收益	4000	3000
14	二、营业利润	897660	883500
15	加：营业外收入	38120	10500
16	减：营业外支出	12850	8700
17	三、利润总额	922930	885300
18	减：所得税	230700	254500
19	四、净利润	692230	630800
20	五、每股收益		
21	（一）基本每股收益		
22	（二）稀释每股收益		

【解析过程】建立新的工作表命名为“利润表趋势分析模型”或“比较利润表”，将 2011 年至 2013 年的利润表资料复制到工作表中。然后利用各年利润表中的资料进行计算分析，即可得到表 9-9 的效果。

表 9-9　　利润表趋势分析模型（比较利润表）

	A	B	C	D	E	F	G	H	I	J	K
1	利润表趋势分析模型（比较利润表）										
2											金额单位：元
3	项目	分析年份				比上年增减					
4		2010年	2011年	2012年	2013年	2011		2012		2013	
5						增减额	增减%	增减额	增减%	增减额	增减%
6	一、营业收入	3197000	3280000	3500000	4800000	83000	2.60%	220000	6.71%	1300000	37.14%
7	减：营业成本	1911800	1968000	1980000	2940000	56200	2.94%	12000	0.61%	960000	48.48%
8	营业税金及附加	157300	163000	185000	212000	5700	3.62%	22000	13.50%	27000	14.59%
9	销售费用	52800	54620	56000	58320	1820	3.45%	1380	2.53%	2320	4.14%
10	管理费用	159800	168920	185000	179210	9120	5.71%	16080	9.52%	-5790	-3.13%
11	财务费用	34800	31800	33600	32600	-3000	-8.62%	1800	5.66%	-1000	-2.98%
12	资产减值损失	0	0	0	0	0	0.00%	0	0.00%	0	0.00%
13	加：公允价值变动收益	0	0	0	0	0	0.00%	0	0.00%	0	0.00%
14	投资收益	3000	4000	3000	-30000	1000	33.33%	-1000	-25.00%	-33000	-1100%
15	二、营业利润	883500	897660	1063400	1347870	14160	1.60%	165740	18.46%	284470	26.75%
16	加：营业外收入	10500	38120	12300	59130	27620	263.05%	-25820	-67.73%	46830	380.73%
17	减：营业外支出	8700	12850	9810	5800	4150	47.70%	-3040	-23.66%	-4010	-40.88%
18	三、利润总额	885300	922930	1065890	1401200	37630	4.25%	142960	15.49%	335310	31.46%
19	减：所得税	254500	230700	254500	407690	-23800	-9.35%	23800	10.32%	153190	60.19%
20	四、净利润	630800	692230	811390	993510	61430	9.74%	119160	17.21%	182120	22.45%
21	五、每股收益										
22	（一）基本每股收益										
23	（二）稀释每股收益										

具体操作步骤如下：

（1）“F6 =C6-B6”，“G6 =F6/B6”，“H6 =D6-C6”；

（2）利用自动填充柄，完成其余表内数据的计算；

（3）选中百分比各列的数字区域，设置【单元格格式】中【数字】为【百分比】型，小数点保留两位。

在上述分析的基础上，绘制收入、成本、利润趋势图，如图 9-6。

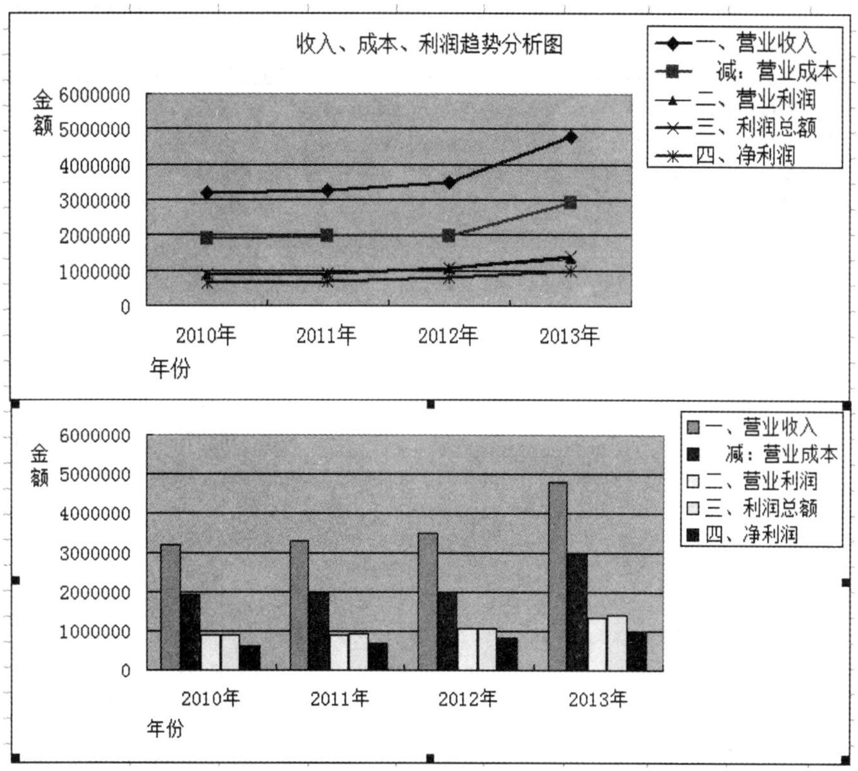

图 9-6　收入、成本、利润趋势图

● 9.4　现金流量表分析模型

现金流量表是以企业现金流量为反映对象的财务状况变动表，该表反映了企业一定时期内现金的流入和流出情况，同时也反映企业获得现金和现金等价物的能力。对现金流量表的分析，通常也需要进行结构分析和趋势分析，通过对现金流量表的分析，可以知道企业一定时期内现金流量的发生及构成情况，掌握其变动趋势，可以进一步预测企业未来现金流量的情况。

9.4.1　现金流量表的结构分析模型

现金流量表的结构分析一般包括总体结构分析和分类结构分析两个方面。

1）现金流量表的总体结构分析

现金流量表的总体结构分析是指对企业一定时期不同活动产生的现金流量的构成情况进行分析，它是将现金流量表中的“现金及现金等价物净增加额”作为总体，计算分析企业各项活动产生的现金流量占总体的比重情况。

【例 9-5】假如 X 公司 2011 年、2012 年和 2013 年的现金流量表见表 9-10，试对该公司现金流量表进行总体结构分析。

表 9-10　　X 公司近 3 年的现金流量表

	A	B	C	D
1	X公司近3年的现金流量表			金额单位：元
2	项目	2013年	2012年	2011年
3	一、经营活动产生的现金流量			
4	销售商品、提供劳务收到的现金	992567958	867541673	694100991
5	收到的税费返还	4918226	4185998	28115486
6	经营活动现金流入小计	997486184	871727671	722216477
7	购买商品、接收劳务支付的现金	832624736	712343181	516531840
8	支付给职工以及为职工支付的现金	45990448	39028992	30494288
9	支付的各项税款	53018080	50203686	31867155
10	支付的其他与经营活动有关的现金	23449492	52501068	30266155
11	经营活动现金流出小计	955082756	854076927	609159438
12	经营活动产生的现金流量净额	42403428	17650744	113057039
13	二、投资活动产生的现金流量			
14	收回投资所收到的现金	52863410	42641504	8228600
15	分得股利或利润所收到的现金	935227	8340725	4283587
16	取得债券利息收入所收到的现金	6821821	7499271	2016427
17	处置固定资产、无形资产和其他长期资产收回的现金净额	4756846	2983671	7443346
18	投资活动现金流入小计	65377304	61465171	21971959
19	购建固定资产、无形资产和其他长期资产支付的现金	21807188	10162812	12037804
20	投资支付的现金	5400000	52948500	21000000
21	支付的其他与投资活动有关的现金	152360	214830	186720
22	投资活动现金流出小计	27359548	63326142	33224524
23	投资活动产生的现金流量净额	38017756	-1860972	-11252565
24	三、筹资活动产生的现金流量			
25	吸收投资所收到的现金	10000000	5000000	65384800
26	取得借款收到的现金	863000000	865000000	853000000
27	筹资活动现金流入小计	873000000	870000000	918384800
28	偿还债务所支付的现金	657300000	494000000	357234000
29	分配股利、利润或偿付利息支付的现金	33096026	84342904	53217100
30	筹资活动现金流出小计	690396026	578342904	410451100
31	筹资活动产生的现金流量净额	182603974	291657096	507933700
32	四、汇率变动对现金的影响	0	0	0
33	五、现金及现金等价物净增加额	263025158	307446869	609738174

【解析过程】建立新的工作表，将其命名为“现金流量表结构分析——总体结构分析”，并将相关项目输入各单元格，见表 9-11。

然后利用现金流量表中的数据进行计算分析，设置【单元格格式】中【数字】为【百分比】型。具体操作步骤（以 2013 年资料为例）如下：

（1）B4 =现金流量表！B6/（现金流量表！B6+现金流量表！B18+现金流量表！B27）；

（2）B7 =现金流量表！B18/（现金流量表！B6+现金流量表！B18+现金流量表！B27）；

（3）B10 =现金流量表！B27/（现金流量表！B6+现金流量表！B18+现金流量表！B27）；

（4）B13 =B4+B7+B10。

选取单元格区域 B4：B13，将其复制到单元格区域 C4：D13，便可得到 2012 年和 2011 年的现金流入总体结构。

表 9-11 **X 公司现金流量表的总体结构分析（一）** 金额单位：元

	A	B	C	D	E	F	G	H	I	J
1	X公司现金流量表的总体结构分析									
2	项目	现金流入构成			现金流出构成			现金净额构成		
3		2013年	2012年	2011年	2013年	2012年	2011年	2013年	2012年	2011年
4	经营活动现金流入小计									
5	经营活动现金流出小计									
6	经营活动产生的现金流量净额									
7	投资活动现金流入小计									
8	投资活动现金流出小计									
9	投资活动产生的现金流量净额									
10	筹资活动现金流入小计									
11	筹资活动现金流出小计									
12	筹资活动产生的现金流量净额									
13	汇率变动对现金的影响									
14	现金及现金等价物净增加额									

依据同样的原理，计算现金流出构成和现金净额构成各有关项目，即可得到表 9-12 的分析模型结果。

表 9-12 **X 公司现金流量表的总体结构分析（二）** 金额单位：元

	A	B	C	D	E	F	G	H	I	J
1	X公司现金流量表的总体结构分析									
2	项目	现金流入构成			现金流出构成			现金净额构成		
3		2013年	2012年	2011年	2013年	2012年	2011年	2013年	2012年	2011年
4	经营活动现金流入小计	51.5%	48.3%	43.4%						
5	经营活动现金流出小计				57.1%	57.1%	57.9%			
6	**经营活动产生的现金流量净额**							16.1%	5.7%	18.5%
7	投资活动现金流入小计	3.4%	3.4%	1.3%						
8	投资活动现金流出小计				1.6%	4.2%	3.2%			
9	**投资活动产生的现金流量净额**							14.5%	-0.6%	-1.8%
10	筹资活动现金流入小计	45.1%	48.2%	55.2%						
11	筹资活动现金流出小计				41.3%	38.7%	39.0%			
12	**筹资活动产生的现金流量净额**							69.4%	94.9%	83.3%
13	**现金及现金等价物净增加额**	100.0%	100.0%	100.0%	100.0%	100.0%	100.0%	100.0%	100.0%	100.0%

另外，还可以在上述分析模型基础上，绘制出现金流量结构图，图 9-7 是以饼状图表示的现金流量结构图。

2）现金流量表的分类结构分析

现金流量表的分类结构分析是指对企业一定时期的经营活动、投资活动和筹资活动的现金流入、流出具体项目构成进行的分析。它是以每项经济活动的现金流量为总体，计算该项活动内各项业务的现金流量占总体的比重，来反映企业各项经济活动中每一个项目现金流量发生及构成的详细信息。

【例 9-6】我们仍以前面的现金流量表（见表 9-10）的资料为例，进行现金流量表的分类结构分析。

【解析过程】在现金流量表的分类结构分析中，可以不涉及总体结构内容，因此为简化起见，可以建立下列工作表，将其命名为“现金流量表结构分析——分类结构分析”，仅以 2013 年资料为例，见表 9-13。

然后利用 2013 年现金流量表的数据进行计算分析，设置【单元格格式】中【数字】为【百分比】型，小数点后保留两位。具体操作步骤如下：

	A	B	C	D	E	F	G	H	I	J
1	X公司现金流量表的总体结构分析									
2	项目	现金流入构成			现金流出构成			现金净额构成		
3		2013年	2012年	2011年	2013年	2012年	2011年	2013年	2012年	2011年
4	经营活动现金流入小计	51.5%	48.3%	43.4%						
5	经营活动现金流出小计				57.1%	57.1%	57.9%			
6	**经营活动产生的现金流量净额**							16.1%	5.7%	18.5%
7	投资活动现金流入小计	3.4%	3.4%	1.3%						
8	投资活动现金流出小计				1.6%	4.2%	3.2%			
9	**投资活动产生的现金流量净额**							14.5%	-0.6%	-1.8%
10	筹资活动现金流入小计	45.1%	48.2%	55.2%						
11	筹资活动现金流出小计				41.3%	38.7%	39.0%			
12	**筹资活动产生的现金流量净额**							69.4%	94.9%	83.3%
13	**现金及现金等价物净增加额**	100.0%	100.0%	100.0%	100.0%	100.0%	100.0%	100.0%	100.0%	100.0%

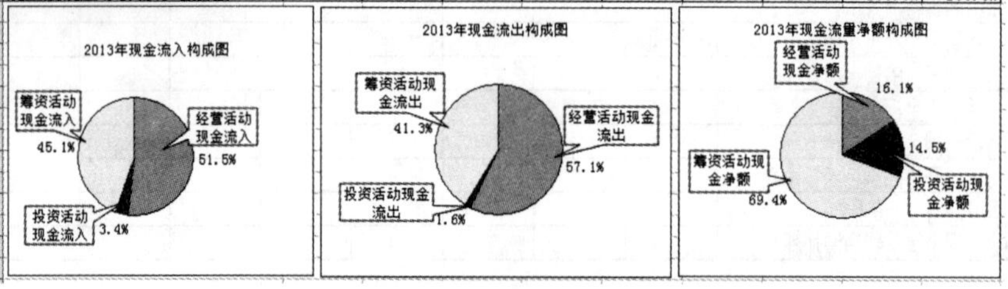

图9-7 ×公司现金流量表的总体结构分析图

表9-13 **现金流量表分类结构分析（一）** 金额单位：元

	A	B	C	D
1	**现金流里表分类结构分析**			
2	项目	2013年	现金流入构成	现金流出构成
3	一、经营活动产生的现金流量			
4	销售商品、提供劳务收到的现金	992567958		
5	收到的税费返还	4918226		
6	经营活动现金流入小计	997486184		
7	购买商品、接收劳务支付的现金	832624736		
8	支付给职工以及为职工支付的现金	45990448		
9	支付的各项税款	53018080		
10	支付的其他与经营活动有关的现金	23449492		
11	经营活动现金流出小计	955082756		
12	经营活动产生的现金流里净额	42403428		
13	二、投资活动产生的现金流里			
14	收回投资所收到的现金	52863410		
15	分得股利或利润所收到的现金	935227		
16	取得债券利息收入所收到的现金	6821821		
17	处置固定资产、无形资产和其他长期资产收回的现金净额	4756846		
18	投资活动现金流入小计	65377304		
19	购建固定资产、无形资产和其他长期资产支付的现金	21807188		
20	投资支付的现金	5400000		
21	支付的其他与投资活动有关的现金	152360		
22	投资活动现金流出小计	27359548		
23	投资活动产生的现金流里净额	38017756		
24	三、筹资活动产生的现金流里			
25	吸收投资所收到的现金	10000000		
26	取得借款收到的现金	863000000		
27	筹资活动现金流入小计	873000000		
28	偿还债务所支付的现金	657300000		
29	分配股利、利润或偿付利息支付的现金	33096026		
30	筹资活动现金流出小计	690396026		
31	筹资活动产生的现金流里净额	182603974		
32	四、汇率变动对现金的影响	0		
33	五、现金及现金等价物净增加额	263025158		
34				

①在单元格区域 C4：C6 输入数组公式｛=B4：B6/B6｝；
②在单元格区域 C14：C18 输入数组公式｛=B14：B18/B18｝；
③在单元格区域 C25：C27 输入数组公式｛ =B25：B27/B27｝；
④在单元格区域 D7：D11 输入数组公式｛ =B7：B11/B11｝；
⑤在单元格区域 D19：D22 输入数组公式｛ =B19：B22/B22｝；
⑥在单元格区域 D28：D30 输入数组公式｛ =B28：B30/B30｝。

按上述步骤操作后，就可以得到表 9-14“现金流量表结构分析——分类结构分析”。

表 9-14　　现金流量表分类结构分析（二）　　金额单位：元

	A	B	C	D
1	现金流量表分类结构分析			
2	项目	2013年	现金流入构成	现金流出构成
3	一、经营活动产生的现金流量			
4	销售商品、提供劳务收到的现金	992567958	99.51%	
5	收到的税费返还	4918226	0.49%	
6	经营活动现金流入小计	997486184	100%	
7	购买商品、接收劳务支付的现金	832624736		87.18%
8	支付给职工以及为职工支付的现金	45990448		4.82%
9	支付的各项税款	53018080		5.55%
10	支付的其他与经营活动有关的现金	23449492		2.46%
11	经营活动现金流出小计	955082756		100.00%
12	经营活动产生的现金流量净额	42403428		
13	二、投资活动产生的现金流量			
14	收回投资所收到的现金	52863410	80.86%	
15	分得股利或利润所收到的现金	935227	1.43%	
16	取得债券利息收入所收到的现金	6821821	10.43%	
17	处置固定资产、无形资产和其他长期资产收回的现金净额	4756846	7.28%	
18	投资活动现金流入小计	65377304	100.00%	
19	购建固定资产、无形资产和其他长期资产支付的现金	21807188		79.71%
20	投资支付的现金	5400000		19.74%
21	支付的其他与投资活动有关的现金	152360		0.56%
22	投资活动现金流出小计	27359548		100.00%
23	投资活动产生的现金流量净额	38017756		
24	三、筹资活动产生的现金流量			
25	吸收投资所收到的现金	10000000	1.15%	
26	取得借款收到的现金	863000000	98.85%	
27	筹资活动现金流入小计	873000000	100.00%	
28	偿还债务所支付的现金	657300000		95.21%
29	分配股利、利润或偿付利息支付的现金	33096026		4.79%
30	筹资活动现金流出小计	690396026		100.00%
31	筹资活动产生的现金流量净额	182603974		
32	四、汇率变动对现金的影响	0		
33	五、现金及现金等价物净增加额	263025158		
34				

9.4.2　现金流量表的趋势分析模型

现金流量表的趋势分析就是利用连续近几期（一般 3～5 期）现金流量表中的相关数据资料，通过对比分析企业各种经济活动产生的现金流量的变动趋势的一种分析方法。企业也可以在此基础上进一步分析现金流量发生变化的原因，以便更好地进行下一个循环的经营决策。

【例 9-7】我们仍以前面的现金流量表（见表 9-10）的资料为例，进行现金流量表的趋势分析。

【解析过程】建立新的工作表，将其命名为“现金流量表的趋势分析模型”，然后根据现金流量表中的资料，采用环比法计算各年较上年的增减额和增减百分比，见表 9-15。

表 9-15　　**现金流量表趋势分析**　　金额单位：元

	A	B	C	D	E	F	G	H
1	现金流量表趋势分析							
2	项目	2013年（较上年）			2012年（较上年）			2011年
3		金额	增减额	增减%	金额	增减额	增减%	金额
4	一、经营活动产生的现金流量							
5	销售商品、提供劳务收到的现金	992567958	125026285	14.41%	867541673	173440682	24.99%	694100991
6	收到的税费返还	4918226	732228	17.49%	4185998	-23929488	-85.11%	28115486
7	经营活动现金流入小计	997486184	125758513	14.43%	871727671	149511194	20.70%	722216477
8	购买商品、接收劳务支付的现金	832624736	120281555	16.89%	712343181	195811341	37.91%	516531840
9	支付给职工以及为职工支付的现金	45990448	6961456	17.84%	39028992	8534704	27.99%	30494288
10	支付的各项税款	53018080	2814394	5.61%	50203686	18336531	57.54%	31867155
11	支付的其他与经营活动有关的现金	23449492	-29051576	-55.34%	52501068	22234913	73.46%	30266155
12	经营活动现金流出小计	955082756	101005829	11.83%	854076927	244917489	40.21%	609159438
13	经营活动产生的现金流量净额	42403428	24752684	140.24%	17650744	-95406295	-84.39%	113057039
14	二、投资活动产生的现金流量							
15	收回投资所收到的现金	52863410	10221906	23.97%	42641504	34412904	418.21%	8228600
16	分得股利或利润所收到的现金	935227	-7405498	-88.79%	8340725	4057138	94.71%	4283587
17	取得债券利息收入所收到的现金	6821821	-677450	-9.03%	7499271	5482844	271.91%	2016427
18	处置固定资产、无形资产和其他长期资产收回的现金净额	4756846	1773175	59.43%	2983671	-4459675	-59.91%	7443346
19	投资活动现金流入小计	65377304	3912134	6.36%	61465171	39493211	179.74%	21971959
20	购建固定资产、无形资产和其他长期资产支付的现金	21807188	11644376	114.58%	10162812	-1874992	-15.58%	12037804
21	投资支付的现金	5400000	-47548500	-89.80%	52948500	31948500	152.14%	21000000
22	支付的其他与投资活动有关的现金	152360	-62470	-29.08%	214830	28110	15.05%	186720
23	投资活动现金流出小计	27359548	-35966594	-56.80%	63326142	30101618	90.60%	33224524
24	投资活动产生的现金流量净额	38017756	39878728	-2142.90%	-1860972	9391593	-83.46%	-11252565
25	三、筹资活动产生的现金流量							
26	吸收投资所收到的现金	10000000	5000000	100.00%	5000000	-60384800	-92.35%	65384800
27	取得借款收到的现金	863000000	-2000000	-0.23%	865000000	12000000	1.41%	853000000
28	筹资活动现金流入小计	873000000	3000000	0.34%	870000000	-48384800	-5.27%	918384800
29	偿还债务所支付的现金	657300000	163300000	33.06%	494000000	136766000	38.28%	357234000
30	分配股利、利润或偿付利息支付的现金	33096026	-51246878	-60.76%	84342904	31125804	58.49%	53217100
31	筹资活动现金流出小计	690396026	112053122	19.37%	578342904	167891804	40.90%	410451100
32	筹资活动产生的现金流量净额	182603974	-109053122	-37.39%	291657096	-216276604	-42.58%	507933700
33	四、汇率变动对现金的影响	0	0		0	0		0
34	五、现金及现金等价物净增加额	263025158	-44421710	-14.45%	307446869	-302291306	-49.58%	609738174

表 9-15 的具体操作步骤如下：

①C5 ＝B5－E5；

②D5 =C5/E5，并设置【单元格格式】中【数字】为【百分比】型，保留两位小数；

③F5 =E5-H5；

④G5 =F5/H5，并设置【单元格格式】中【数字】为【百分比】型，保留两位小数；

⑤利用自动填充选项完成其余数字的计算。

9.5 财务比率分析模型

财务比率分析是把财务报表中的一些相关项目进行对比，得出一系列的财务比率，以发现和评价企业财务现状、揭示经营中存在问题的一种财务分析方法。

财务比率分析是财务报表分析的重中之重。一般说来，企业财务比率分析包括的内容是多方面的，比如偿债能力分析、营运能力分析、盈利能力分析、发展能力分析等。我们在这里只介绍如何利用 Excel 表建立相关模型，进行企业的偿债能力、营运能力和盈利能力分析。

9.5.1 企业偿债能力分析模型

我们知道，企业的偿债能力分析包括短期偿债能力分析和长期偿债能力分析。所以，反映企业偿债能力的财务比率主要有两个方面：一是衡量企业短期偿债能力的指标，包括流动比率、速动比率和现金比率三项；二是衡量企业长期偿债能力的指标，包括资产负债率、权益乘数产权比率和已获利息倍数等项指标。

关于上述反映企业偿债能力财务比率指标的计算公式，我们已经学过，主要指标可以归纳如下：

流动比率=流动资产÷流动负债

速动比率=速动资产÷流动负债

现金比率=货币资产÷流动负债

资产负债率=（负债总额÷资产总额）×100%

权益乘数=资产总额÷股东权益总额

产权比率=（负债总额÷股东权益总额）×100%

已获利息倍数=（利润总额+利息费用）÷利息费用

这里重点强调的是，如何运用 Excel 建立企业偿债能力分析模型。

【例 9-8】假如某企业 2013 年的资产负债表和利润表分别见表 9-1 和表 9-6 显示的结果，试对该企业的偿债能力进行相关比率分析。

由于财务比率分析是利用已有的资产负债表和利润表资料进行计算分析的，所以在建立分析模型时，需要打开和使用本章前面的资产负债表和利润表所在的工作簿和工作表，然后进行相关操作。为了方便起见，我们也可以把 2013 年的资产负债表和利润表复制到一个新的工作簿中，从而进行相关的财务比率分析。

【解析过程】打开一个新的工作簿，命名为“财务比率分析”，先将 2013 年的资产负债表和利润表分别复制到该工作簿的两个工作表中，同时再建立一个新的工作表，命名为“财务比率分析模型——偿债能力分析”，填写好反映企业偿债能力的财务比率，见表 9-16。

表 9-16　　　　**偿债能力分析模型（一）**

	A	B
1	财务比率分析模型一偿债能力分析	
2		
3	财务比率名称	财务比率
4	一、短期偿债能力	
5	流动比率	
6	速动比率	
7	现金比率	
8	二、长期偿债能力	
9	资产负债率	
10	权益乘数	
11	产权比率	
12	已获利息倍数	

将各项财务比率指标的计算公式输入相应的单元格中，具体步骤如下：

①B5 ='13 年资产负债表'！ C14/'13 年资产负债表'！ F15；

②B6 = （'13 年资产负债表'！ C14-'13 年资产负债表'！ C13）/'13 年资产负债表" F15；

③B7 = （'13 年资产负债表'！ C5+'13 年资产负债表'！ C6）/'13 年资产负债表' ！ F15；

④B9 ='13 年资产负债表'！ F22/'13 年资产负债表'！ C29；

⑤B10 ='13 年资产负债表'！ C29/'13 年资产负债表'！ F28；

⑥B11 ='13 年资产负债表'！ F22/'13 年资产负债表'！ F28；

⑦B12 = （'13 年利润表'！ B17+'13 年利润表'！ B10）/'13 年利润表'！ B10；

⑧根据指标常规表达方式，分别设置【单元格格式】中【数字】项目为“数值”型或“百分比”型即可。

完成上述操作过程，即可得到偿债能力分析模型的最后结果，见表 9-17。

表 9-17　　　　**偿债能力分析模型（二）**

	A	B
1	财务比率分析模型一偿债能力分析	
2		
3	财务比率名称	财务比率
4	一、短期偿债能力	
5	流动比率	1.31
6	速动比率	0.72
7	现金比率	0.23
8	二、长期偿债能力	
9	资产负债率	50.85%
10	权益乘数	2.03
11	产权比率	103.45%
12	已获利息倍数	43.98

当然，为了更直观起见，在创建“财务比率分析模型——偿债能力分析”工作表时，也可以先将偿债能力分析所需要的相关基础数据资料，转填到该表上，建立“基本数据区域”，再建立“偿债能力分析区域”，进行相应的操作，这样就不必在计算过程中打开

前面的资产负债表和利润表了。该分析模型见表 9-18。

表 9-18 **偿债能力分析模型（三）** 金额单位：元

	A	B	C	D	E
1	财务比率分析模型—偿债能力分析				
2	基本数据区域			分析区域	
3	项目	金额		财务比率名称	财务比率
4	货币资金	805800		一、短期偿债能力	
5	交易性金融资产	0		流动比率	1.31
6	存货	2103200		速动比率	0.72
7	流动资产合计	4634100		现金比率	0.23
8	资产总额	10884060		二、长期偿债能力	
9	流动负债合计	3534260		资产负债率	50.85%
10	负债总额	5534260		权益乘数	2.03
11	股东权益总额	5349800		产权比率	103.45%
12	财务费用（利息）	32600		已获利息倍数	43.98
13	利润总额	1401200			

9.5.2 企业营运能力分析模型

营运能力分析又称运营效率分析或经营能力分析，是用来反映企业经营资产的周转情况和资产管理效率的财务比率，所以也称作资产管理比率。反映企业营运能力的财务比率主要包括存货周转率、应收账款周转率、流动资产周转率和总资产周转率等。

营运能力分析所需要的数据来源于资产负债表和利润表等有关资料。计算公式如下：

$$存货周转率=\frac{营业成本}{平均存货}$$

$$应收账款周转率=\frac{赊销收入}{平均应收账款}$$

$$流动资产周转率=\frac{营业收入}{平均流动资产}$$

$$总资产周转率=\frac{营业收入}{平均资产总额}$$

$$资产保值增值率=\frac{期末股东权益总额}{期初股东权益总额}\times 100\%$$

根据以上公式，结合前面的资产负债表和利润表资料，就可以建立企业营运能力分析模型进行相关分析了。

【例 9-9】现在我们仍以前面的资产负债表和利润表的资料为例，对企业的营运能力进行分析。

同偿债能力分析一样，仍然需要打开和使用前面的资产负债表和利润表所在的工作表，直接调用表中的相关数据，然后进行相关操作。这里为简便起见，我们假定企业的销售收入均为赊销收入。

【解析过程】建立新的工作表命名为“财务比率分析模型——营运能力分析”，填写好反映企业营运能力的相关财务比率，因为计算这些财务比率时需要运用相关资产的平均值，所以，可以先计算这些资产的平均值，再按公式计算相关财务比率，据此建立的模型，见表 9-19。

表 9-19　　**财务比率分析模型——营运能力分析（一）**　　金额单位：元

	A	B	C
1	财务比率分析模型一营运能力分析		
2	项　目		数　额
3	基本数据	平均存货	
4		平均应收账款	
5		平均流动资产	
6		平均资产总额	
7		期末股东权益总额	
8		期初股东权益总额	
9		营业收入	
10		营业成本	
11	分析指标	存货周转率	
12		应收账款周转率	
13		流动资产周转率	
14		总资产周转率	
15		资本保值增值率	

①C3 =（'13 年资产负债表'！B13+'13 年资产负债表'！C13）/2；

②用同样方法计算 C4 至 C6 单元格数额；

③C7、C8、C9、C10 单元格直接由资产负债表和利润表原数额复制过来即可；

④C11 =C10/C3；

⑤C12 =C9/C4；

⑥C13 =C9/C5；

⑦C14 =C9/C6；

⑧C15 =C7/C8；

⑨根据常规表达方式，设置相应的单元格格式。

完成上述操作过程，即可得到见表 9-20 的效果。

表 9-20　　**财务比率分析模型——营运能力分析（二）**　　金额单位：元

	A	B	C
1	财务比率分析模型一营运能力分析		
2	项　目		数　额
3	基本数据	平均存货	2060015
4		平均应收账款	846865
5		平均流动资产	4469580
6		平均资产总额	10683960
7		期末股东权益总额	5349800
8		期初股东权益总额	5209800
9		营业收入	4800000
10		营业成本	2940000
11	分析指标	存货周转率	1.43
12		应收账款周转率	5.67
13		流动资产周转率	1.07
14		总资产周转率	0.45
15		资本保值增值率	102.69%

进行营运能力分析时，同样可以在“财务比率分析模型——营运能力分析”工作表上分别建立基本数据区域和分析区域，这样就不必再从资产负债表和利润表上提取数据了。请参照表 9-18 的模式，创建营运能力分析模型。

9.5.3　企业盈利能力分析模型

盈利能力分析也称获利能力分析，通俗点讲，就是指对企业赚取利润的能力的分析，这是企业内外各方面都十分关心的问题。反映企业盈利能力的主要财务比率包括营业利润率、成本费用利润率、总资产报酬率和净资产收益率等。

以上财务比率的计算公式为：

$$营业利润率=\frac{营业利润}{营业收入净额}\times100\%$$

$$成本费用利润率=\frac{利润总额}{成本费用总额}\times100\%$$

$$总资产报酬率=\frac{利润总额}{平均资产总额}\times100\%$$

$$净资产收益率=\frac{净利润}{平均净资产}\times100\%$$

根据上面的公式，结合企业资产负债表和利润表，我们可以运用 Excel 建立“企业盈利能力分析模型”进行相关分析。

【例 9-10】我们可以继续以前面的资产负债表和利润表的资料为例，对企业的盈利能力进行分析。

由于仍然需要应用资产负债表和利润表的资料，所以应继续打开和使用前两节的资产负债表和利润表所在的工作表，直接调用表中的相关数据，进行相关操作。

【解析过程】建立新的工作表命名为“财务比率分析模型—盈利能力分析”，填写好反映企业盈利能力的相关财务比率，见表 9-21。

表 9-21　**盈利能力分析模型（一）**

	A	B
1	财务比率分析模型一盈利能力分析	
2	分析指标	计算结果
3	营业利润率	
4	成本费用利润率	
5	总资产报酬率	
6	净资产收益率	

在上述相关单元格内输入对应的计算公式即可，具体操作步骤如下：

①B3 ='13 年利润表'！B14/'13 年利润表'！B5；

②B4 ='13 年利润表'！B17/（'13 年利润表'！B6+'13 年利润表'！B8+'13 年利润表'！B9+'13 年利润表'！B10）；

③B5 ='13 年利润表"！B17/（（"13 年资产负债表"！B29+"13 年资产负债表"！C29）/2）；

④B6 ='13 年利润表"！B19/（（"13 年资产负债表"！E28+"13 年资产负债表"！F28）/2）；

⑤将计算结果的单元格格式中【数字】设置为“百分比”型。

完成上述操作过程即可得到表 9-22。

表 9-22 **盈利能力分析模型（二）**

	A	B
1	财务比率分析模型—盈利能力分析	
2	分析指标	计算结果
3	营业利润率	28.08%
4	成本费用利润率	43.65%
5	总资产报酬率	13.11%
6	净资产收益率	18.82%

【小思考 9-1】在利用 Excel 进行财务报表分析时，在单元格输入公式过程中，需要在每个单元格里输入原始计算公式吗?

由于 Excel 具有强大的数据处理功能，所以在上述单元格输入公式过程中，其实只需要用鼠标点击资产负债表、利润表或现金流量表中相应项目的数据和运算符号就可以了，并不需要逐个地输入原始计算公式。

● 9.6 财务综合分析与评价模型

财务综合分析就是将各项财务分析指标作为一个整体，系统、全面、综合地对企业财务状况和经营情况进行剖析、解释和评价。财务综合分析的方法很多，其中应用比较广泛的，也是这类方法的主要代表有杜邦分析体系和沃尔比重评分法。另外，我国现行的企业财务综合分析中，通常根据《企业效绩评价操作细则》的规定，列出了企业效绩评价指标体系的基本指标、修正指标和评议指标三个层次共 28 项指标，并据以对企业财务状况进行综合分析。本节我们只介绍杜邦财务分析体系和沃尔比重评分法模型的应用。

9.6.1 杜邦财务分析体系模型

杜邦财务分析体系是以净资产收益率为核心，将其分解为若干财务指标，利用各项财务指标间的内在关系，对企业综合经营理财及经济效益进行系统分析评价的方法。这种方法首先由美国著名的杜邦公司创建和运用，故称杜邦财务分析体系，简称杜邦体系。

我们知道，杜邦财务分析体系是一种分解财务比率的方法，其基本结构如图 9-8。

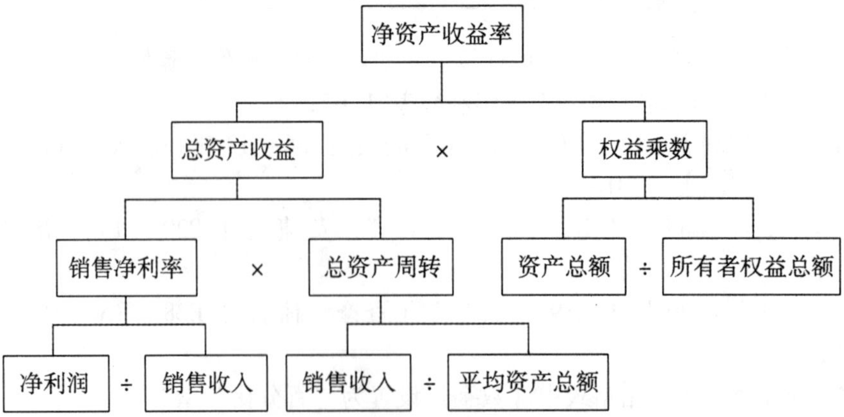

图 9-8 杜邦财务分析体系

根据图 9-8 杜邦财务分析体系中各指标之间的关系，我们可以利用 Excel 表进行相关操作。

【例 9-11】我们可以继续以本章前面例题中企业的报表资料为例，利用杜邦财务分析体系，建立杜邦分析模型，进行相关分析。

首先创建新的工作簿“财务综合分析工作簿”，打开一个工作表，命名为“杜邦分析体系模型”，然后按杜邦分析体系设计表格，并按设计好的表格样式在相应单元格位置输入公式，完成后即可得到下面结果，见表 9-23。

表 9-23　　**杜邦财务分析模型（一）**　　金额单位：元

	A	B	C	D	E	F	G	H	I
1						杜邦财务分析模型			
2									
3						净资产收益率			
4						18.92%			
5									
6			总资产收益率					权益乘数	
7			9.30%					2.03	
8									
9		销售净利率			总资产周转率		资产总额		股东权益总额
10		20.70%			0.45		10884060		5349800
11									
12	净利润		营业收入	营业收入		平均资产总额			
13	993510		4800000	4800000		10683960			
14	注：权益乘数=1÷（1-资产负债率），实际上是权益除数的倒数，故称为权益乘数.								

杜邦分析体系不是建立新的指标体系进行财务分析，而是以净资产收益率（也称权益报酬率或权益净利率）为核心，通过对该指标的层层分解，建立起相关指标之间的内在联系，从而对企业经济效益及其原因进行系统分析与评价。所以在计算指标时，应自下而上进行。上述模型中各单元格具体操作步骤如下：

①依次将前面资产负债表、利润表及财务比率分析表中的资产总额、股东权益总额、净利润、营业收入、平均资产总额复制到相应的单元格中；

②B10 = A13/C13；

③E10 = D13/F13；

④C7 = B10 * E10；

⑤H7 = G10/I10；

⑥F4 = C7 * H7。

完成上述操作过程，就可以得到表 9-23。

为了直观地看出各指标之间的相互联系，可以用数学符号和相关连线对表 9-23 进行进一步处理，便可以得到下面的效果，见表 9-24。

表 9-24　　　　**杜邦财务分析模型（二）**　　　　金额单位：元

	A	B	C	D	E	F	G	H	I	J
1					杜邦财务分析模型					
2										
3					净资产收益率					
4						18.92%				
5										
6			总资产收益率			×		权益乘数		
7			9.30%					2.03		
8										
9		销售净利率	×		总资产周转率		资产总额	÷	股东权益总额	
10		20.70%			0.45		10884060		5349800	
11										
12	净利润	÷	营业收入	营业收入	÷	平均资产总额				
13	993510		4800000	4800000		10683960				
14	注：权益乘数=1÷（1-资产负债率），实际上是权益除数的倒数，故称为权益乘数.									

【小知识 9-1】杜邦体系与杜邦公司

美国杜邦公司创造的杜邦财务分析体系（The Du Pont System）是一种比较实用的财务分析体系，杜邦财务分析体系为改善企业内部经营管理提供了有益的分析框架。

杜邦（DuPont）公司由法裔移民 Eleuthere Irence du Pont de Nemours 于 1802 年在美国特拉华州创立，初期以制造黑火药为主。经过近 200 年的发展，公司已成为历史悠久、业务多元化的化学及能源跨国企业之一，每年总营业额达 420 亿美元，年盈利为 33 亿美元，在《财富》杂志列举的全美五百强企业中排行第 13 位，同时名列化工行业榜首。杜邦来到中国发展已有近 20 年历史。至今，在中国已成立了 9 家合资企业并拥有 3 家独资生产企业。

从 1987 年开始至今，杜邦在我国多家重点大学设立奖学金，其中有北京化工大学、北京农业大学、大连理工大学、上海交通大学、中国纺织大学、西安交通大学、四川联合大学、湖南大学、中山大学等，已有数千名大学生受惠。

【小思考 9-2】根据杜邦财务分析体系，你能在 Excel 表中建立其他格式的杜邦分析模型吗？

提示：Excel 表是一个具有强大功能的数据处理工具，使用者可以根据需要定义各个单元格，也可以在各个单元格输入相应的数字或计算公式，从而得到所需要的结果，所以我们可以在 Excel 表中建立其他格式的杜邦分析模型。比如上面的例题是按自上而下的方向对净资产收益率进行分解，我们也可以按从左到右的方向对净资产收益率进行分解。

9.6.2 沃尔比重综合评分模型

沃尔比重综合评分法的基本原理是，把企业相关财务比率用线性关系结合起来，按不同财务比率对企业影响的大小，分别给定各自的分数比重（权数），然后通过与标准比率进行比较，确定各项指标的得分及总体指标的累计分数，从而对企业财务状况进行综合评价。

【例 9-12】我们可以继续以前面企业的报表资料为例，介绍沃尔比重综合评分法的模型创建及应用。

在“财务综合分析工作簿”中，打开一个工作表，命名为“沃尔比重评分模型”，然后按沃尔比重评分法的基本原理，根据企业情况，选择我们认为重要的财务比率，赋予其相应的权数，并确定各项财务比率的标准值，从而可以编制出沃尔比重综合评分表，见表 9-25。

表 9-25 沃尔比重综合评分表

	A	B	C	D	E	F
1	沃尔比重综合评分表					
2	财务比率	①权重比	②标准值	③实际值	④相对比例③/②	⑤评分①×④
3	流动比率	0.10	2	1.31	0.66	0.07
4	速动比率	0.10	1	0.72	0.72	0.07
5	资产负债率	0.20	60%	50.85%	0.85	0.17
6	流动资产周转率	0.10	1.5	1.05	0.70	0.07
7	总资产周转率	0.10	0.5	0.45	0.90	0.09
8	营业利润率	0.10	30%	20.08%	0.67	0.07
9	净资产收益率	0.15	25%	18.82%	0.75	0.11
10	总资产报酬率	0.15	15%	13.11%	0.87	0.13
11	合　　计	1.00				0.78

[本章小结]

企业财务报表主要包括资产负债表、利润表和现金流量表。

对资产负债表的分析，可以深入了解企业某一时刻所拥有的经济资源及其构成情况、企业资金的来源及其构成情况、企业的短期偿债能力和长期偿债能力，也可以了解企业不同时期财务状况的变动情况。本章的资产负债表分析主要从资产负债表的结构分析、趋势分析两个方面来进行。

利润表是反映企业一定时期经营成果的报表，对利润表进行分析可以了解企业一定时期经营成果的形成情况及获利能力，判断企业未来的发展趋势，从而做出正确决策。利润表的分析主要可以从利润表的结构分析、趋势分析两个方面来进行。

现金流量表是反映企业一定时期经营活动、投资活动和筹资活动产生的现金流量信息的报表，通过对现金流量表进行分析，可以了解企业一定时期现金流量的发生及构成情况，并进一步分析企业的偿债能力，预测企业未来产生现金流量的情况。现金流量表的分析主要从现金流量表的结构分析、趋势分析两个方面来进行。

财务比率分析则是综合运用上述财务报表中的一些相关项目进行对比，得出一系列的财务比率，以评价企业财务现状、揭示经营中存在问题的一种财务分析方法。主要的财务比率分析包括：偿债能力分析、营运能力分析和盈利能力分析等。

要对企业的财务状况和经营成果进行系统地评价，就应当把各种财务分析指标结合在一起，进行系统的分析，综合分析的方法主要有杜邦分析法与沃尔比重综合评分法两种。

[主要概念]

资产负债表分析　利润表分析　现金流量表分析　财务比率分析

[基本训练]

□ 知识题

(1) 在资产负债表结构分析模型中，结构比例的数字是如何计算的?

(2) 你能根据利润表趋势分析模型，绘制出收入、成本、利润图（线型图和柱状图）吗?

(3) 现金流量表的结构分析一般有哪两个方面? 各自是如何进行分析的?

(4) 财务比率分析通常包括哪几个方面的指标? 各是根据哪个财务报表的资料计算的?

(5) 杜邦分析法是以哪个指标为核心进行指标分解的?

□ 技能题

(1) 运达公司 2013 年资产负债表资料见表 9-26。

要求：建立资产负债表结构分析模型，进行资产负债表的结构分析。

表 9-26 **运达公司 2013 年资产负债表**

	A	B	C	D	E	F
1	资产负债表					
2	2013年12月31日					金额单位:元
3	项目	年初数	期末数	项目	年初数	期末数
4	流动资产：			流动负债：		
5	货币资金	602600	705800	短期借款	400000	300000
6	交易性金融资产	0	0	交易性金融负债	0	0
7	应收票据	264000	356000	应付票据	258000	402000
8	应收账款	746630	647100	应付账款	455900	692600
9	预付账款	433000	437000	预收账款	127380	134000
10	应收利息	0	0	应付职工薪酬	891000	900000
11	应收股利	0	0	应交税费	166320	179650
12	其他应收款	186000	218890	应付股利	186000	280000
13	存货	2016920	2203200	其他应付款	134550	98000
14	流动资产合计	4249150	4567990	其他流动负债		2100
15	非流动资产：			流动负债合计	2619150	2988350
16	可供出售金融资产	0	0	非流动负债：		
17	长期应收款	0	0	长期借款	1500000	1600000
18	长期股权投资	0	0	应付债券	0	0
19	固定资产	5760000	6035000	递延所得税负债	18650	20360
20	在建工程	125000	128000	其他非流动负债	0	0
21	工程物资	0	0	非流动负债合计	1500000	1600000
22	固定资产清理	0	0	负债合计	4119150	4588350
23	无形资产	172000	167000	股东权益：		
24	商誉			股本	6000000	6000000
25	长期待摊费用			资本公积	17800	17800
26	递延所得税资产	22800	25860	盈余公积	180000	284000
27	其他非流动资产			未分配利润	12000	33700
28	非流动资产合计	6079800	6355860	股东权益合计	6209800	6335500
29	资产总计	10328950	10923850	负债及股东权益总计	10328950	10923850

(2) 运达公司 2011—2013 年度利润表资料见表 9-27。

要求：运用 Excel 表进行利润表的结构分析和趋势分析。并绘制出收入、成本、利润趋势分析柱状图。

(3) 运达公司 2011—2013 年度的现金流量表见表 9-28。

要求：根据资料，运用 Excel 表进行现金流量表趋势分析。

表 9-27 2011—2013 年利润表

	A	B	C	D
1	2011—2013年利润表			
2				金额单位：元
3	项目	2011年	2012年	2013年
4	一、营业收入	13500000	14680000	16875000
5	减：营业成本	8180000	9026000	10896000
6	营业税金及附加	685000	719000	816000
7	销售费用	156000	218320	237620
8	管理费用	525000	579210	609270
9	财务费用	83600	88300	97600
10	资产减值损失	0	0	0
11	加：公允价值变动收益	0	0	0
12	投资收益	53000	30000	26000
13	二、营业利润	3923400	4079170	4244510
14	加：营业外收入	27300	46130	35180
15	减：营业外支出	12810	11800	21800
16	三、利润总额	3937890	4113500	4257890
17	减：所得税	854500	928650	1024470
18	四、净利润	3083390	3184850	3233420
19	五、每股收益			
20	（一）基本每股收益			
21	（二）稀释每股收益			

表 9-28 2011—2013 年现金流量表

	A	B	C	D
1	**2011—2013年现金流里表**			**金额单位：元**
2	项目	2013年	2012年	2011年
3	一、经营活动产生的现金流里			
4	销售商品、提供劳务收到的现金	92567958	867541673	694100991
5	收到的税费返还	918226	4185998	28115486
6	经营活动现金流入小计	93486184	871727671	722216477
7	购买商品、接收劳务支付的现金	32624736	712343181	516531840
8	支付给职工以及为职工支付的现金	5990448	39028992	30494288
9	支付的各项税款	3018080	50203686	31867155
10	支付的其他与经营活动有关的现金	3449492	52501068	30266155
11	经营活动现金流出小计	45082756	854076927	609159438
12	经营活动产生的现金流里净额	48403428	17650744	113057039
13	二、投资活动产生的现金流里			
14	收回投资所收到的现金	5863410	42641504	8228600
15	分得股利或利润所收到的现金	135227	8340725	4283587
16	取得债券利息收入所收到的现金	821821	7499271	2016427
17	处置固定资产、无形资产和其他长期资产收回的现金净额	756846	2983671	7443346
18	投资活动现金流入小计	7577304	61465171	21971959
19	购建固定资产、无形资产和其他长期资产支付的现金	4537188	2162812	3307804
20	投资支付的现金	1400000	52948500	8000000
21	支付的其他与投资活动有关的现金	82360	214830	186720
22	投资活动现金流出小计	6019548	55326142	11494524
23	投资活动产生的现金流里净额	1557756	6139029	10477435
24	三、筹资活动产生的现金流里			
25	吸收投资所收到的现金	3000000	5000000	5384800
26	取得借款收到的现金	63000000	65000000	53000000
27	筹资活动现金流入小计	66000000	70000000	58384800
28	偿还债务所支付的现金	57300000	6000000	7234000
29	分配股利、利润或偿付利息支付的现金	3096026	4342904	3217100
30	筹资活动现金流出小计	60396026	10342904	10451100
31	筹资活动产生的现金流里净额	5603974	59657096	47933700
32	四、汇率变动对现金的影响	0	0	0
33	五、现金及现金等价物净增加额	55565158	83446869	171468174

□ 能力题

（1）依据操作题中运达公司2013年资产负债表和利润表的资料，运用Excel表建立模型，对该公司进行相关财务比率分析，要求计算出偿债能力、营运能力和盈利能力的相关指标。

（2）依据上面运达公司2013年资产负债表和利润表的资料，根据杜邦分析体系，运用Excel表建立杜邦分析模型，计算相关指标进行综合分析。

第 10 章

综合案例

● 10.1 综合案例一

10.1.1 综合案例目标

通过本案例的学习，要求学生练习使用函数 IF（），练习设置单元格的有效数据范围，练习使用函数 NPV（）计算净现值，练习在工作表中进行方案管理，练习设置共享工作簿。

10.1.2 案例情况介绍

某企业目前有两种投资方案：方案一：新建厂房生产新产品，方案二：扩建厂房生产现有产品。如采用新建厂房（方案一）则需投资 300 万元，如果采用扩建厂房（方案二）则需投资 100 万元，但是新产品的市场前景不能确定，主要面临 5 种可能的市场前景，各前景的说明及预计发生概率见表 10-1。

表 10-1　　**各前景的说明及预计发生概率**

前　景	说　明	概　率
前景 1	新产品畅销	25%
前景 2	一年后新产品畅销	35%
前景 3	两年后新产品畅销	20%
前景 4	三年后新产品畅销	10%
前景 5	新产品滞销	10%

如果新产品畅销，预计年净收益为 180 万元；如果新产品滞销，预计年净收益为 20 万元。如果继续生产现有产品，则每年净收益均为 20 万元。已知基本折现率为 15%，厂房使用年限为 4 年。

要求：根据上述条件选择投资方案。

10.1.3 案例解析

对于这类看似简单的问题，在最终确定究竟使用那种方案，必须考虑多种因素。通常情况下，常用方法是考虑各种方案的预计净现值并加以比较。

具体步骤是：①建立工作簿，将本案例有关资料输入到所设立的工作簿中，便于以后计算；②先由各种前景的概率计算出各年的期望年净收益；③使用各种函数，用函数计算净现值；④比较各种方案的净现值。

步骤一：建立工作簿

新建名为“投资风险分析”的工作簿，并在其中建立计算净现值的表格（见表 10-2）。

表 10-2 **建立净现值计算表格** 金额单位：万元

	A	B	C	D	E	F
1						
2	基本数据：					
3	基准折现率：	15%				
4	投资(万元)：					
5	产品：					
6						
7	计算表格：					
8		年净收益				概率
9		1	2	3	4	
10	前景1					25%
11	前景2					35%
12	前景3					20%
13	前景4					10%
14	前景5					10%
15	年净收益期望值					
16	净现值					
17						

步骤二：输入逻辑公式

在本例中，要计算两种不同方案的预计净现值，并加以比较。可在一张表格中计算两种不同方案的预计净现值，使用逻辑函数 IF ( )来计算各种前景下的各年净收益。

使用函数 IF （）计算各年净现值操作步骤如下：

(1) 将单元格 B4 命名为“投资”，将单元格 B5 命名为“产品”。

(2) 单击选中 B10 单元格。

根据前景说明可知：如果企业生产的产品为新产品，而且畅销，则年净收益为 180 万元，如果企业生产的产品是现有产品或新产品滞销，则年净收益为 20 万元。

(3) 单击【粘贴函数】按钮，弹出【粘贴函数】对话框（如图 10-1）。

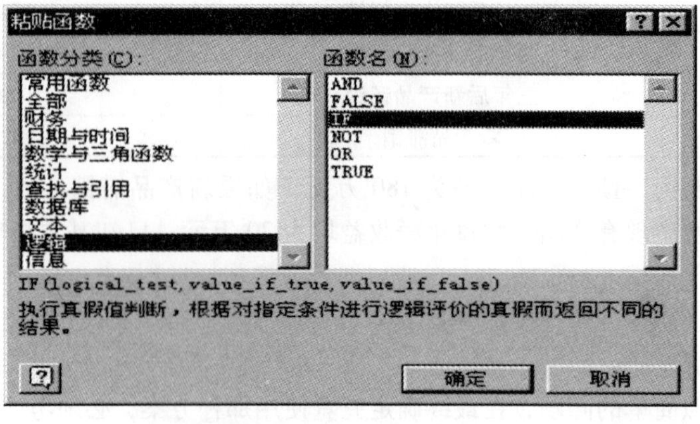

图 10-1 粘贴 IF( ) 函数

(4) 在【函数分类】列表框中单击选中“逻辑”，在【函数名】列表框中单击选中“IF”，单击【确定】，弹出【IF 函数】框（如图 10-2）。

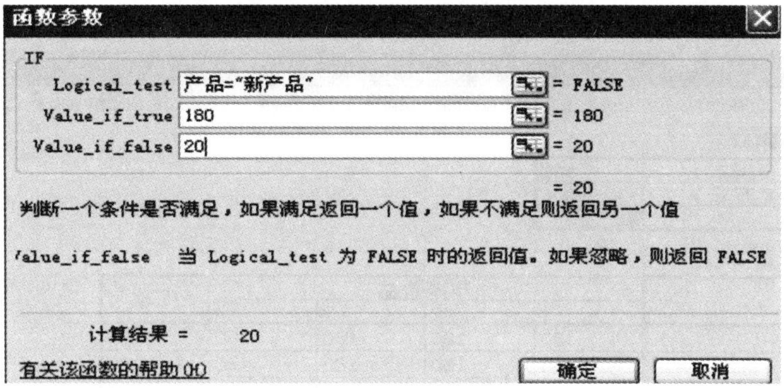

图 10-2　使用函数 IF()

（5）在【Logical_ test】编辑框中键入“产品="新产品"”。

（6）在【Value_ if_ true】编辑框中键入“180”，在【Value_ if_ false】编辑框中键入“20”，单击【确定】按钮。

由于“产品”单元格中还没有数值，即不为“新产品”，所以 B10 单元格中显示数值“20”，见表 10-3。

表 10-3　　**逻辑函数计算结果**　　金额单位：万元

投资风险分析

	A	B	C	D	E	F	G
1							
2	基本数据：						
3	基准折现率：	15%					
4	投资（万元）：						
5	产品：						
6							
7	计算表格：						
8		年净收益				概率	
9		1	2	3	4		
10	前景1	20				25%	
11	前景2					35%	
12	前景3					20%	
13	前景4					10%	
14	前景5					10%	
15	年净收益期望值						
16	净现值						

将 B10 单元格中的公式复制到 C10：E10 单元格中。再用同样的方法在 B11 单元格中输入公式“=IF（AND（B9>1，产品=" 新产品"），180，20）”，并复制到 C11：E11 单元格中；在 B12 单元格中输入公式：“=IF（AND（B9>2，产品=" 新产品"），180，20）”，并复制到 C12：E12 单元格中；在 B13 单元格中输入公式“=IF（AND（B9>3，产品=" 新产品"），80，20）”，并复制到 C13：E13 中；在 B14 单元格中输入 20，然后复制到 C14：E14 单元格中。这样做的原因是根据已知条件中表 10-1 各前景的说明及发生概率而确定的。由于“产品”单元格中没有数值，即既不为“新产品”，也不为“现有产品”，所以所有的年净收益单元格中都显示数值“20”。

按照生产新产品的方案在“投资”单元格和“产品”单元格中键入数据，计算表格中显示对应的年净收益数值，见表 10-4。

表 10-4 生产新产品时的年净收益

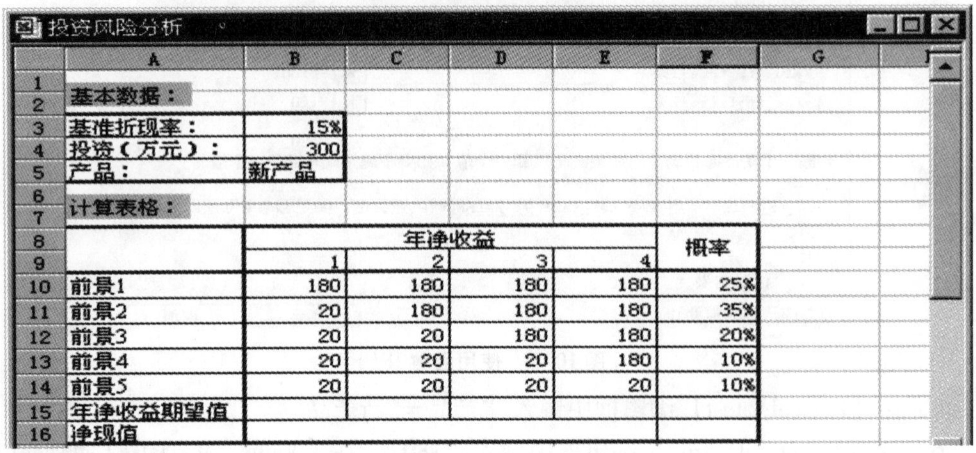

投资风险分析

	A	B	C	D	E	F
1						
2	基本数据：					
3	基准折现率：	15%				
4	投资（万元）：	300				
5	产品：	新产品				
6						
7	计算表格：					
8		年净收益				概率
9		1	2	3	4	
10	前景1	180	180	180	180	25%
11	前景2	20	180	180	180	35%
12	前景3	20	20	180	180	20%
13	前景4	20	20	20	180	10%
14	前景5	20	20	20	20	10%
15	年净收益期望值					
16	净现值					

步骤三：设置单元格的有效数据范围

在上个步骤中，用于计算年净收益的逻辑函数引用了“产品”单元格。计算结果由“产品”单元格中的数据决定。如果在向该单元格中输入数据时稍出差错，例如，不小心多键入了一个空格，将会造成年净收益的计算错误。

为了避免这种情况的发生，为该单元格设置有效数据的范围，使该单元格的数据输入只能从下拉列表中选择。操作步骤如下：

(1) 选定“产品”单元格（B5）。

(2) 单击【数据】菜单中的【有效性】命令，弹出【数据有效性】对话框（如图 10-3）。

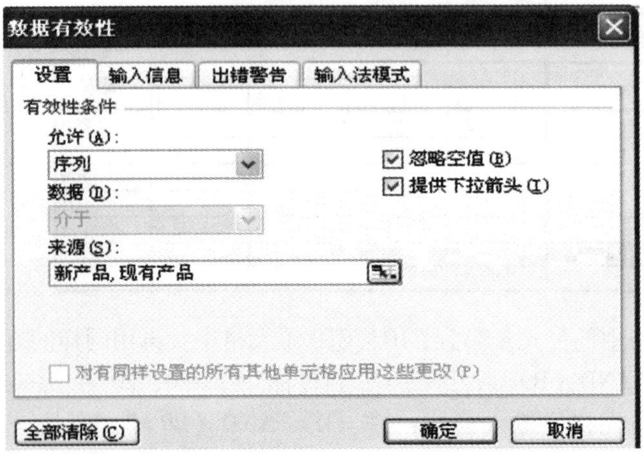

图 10-3 设置单元格的有效数据范围

(3) 在【允许】下拉列表中选择【序列】。

(4) 在【来源】编辑框中键入“新产品，现有产品”。

注意：在【来源】编辑框中键入的可选单元格数据系列中，必须用英文输入法下的逗号来分隔。

(5) 选中【提供下拉箭头】复选框。

(6) 单击【出错警告】选项卡（如图 10-4）。

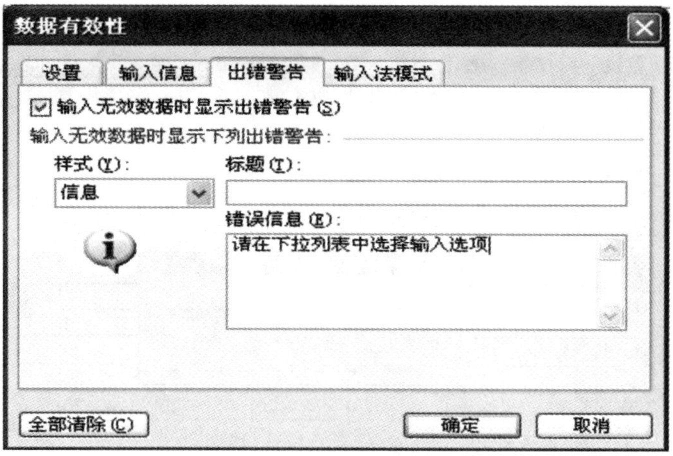

图 10-4　设置错误警告信息

（7）确定选中【输入无效数据时显示出错警告】复选框。

（8）在【样式】下拉列表框中选择【信息】。

（9）在【错误信息】编辑框中键入“请在下拉列表中选择输入选项”。

（10）单击【确定】按钮。

经过上述步骤，Excel 为“产品”单元格设置下拉列表。当单击该单元格时，将在单元格右侧显示下拉箭头按钮，单击下拉箭头按钮，显示在【有效数据】对话框中设置的列表选项，见表 10-5。

表 10-5　为单元格设置下拉列表

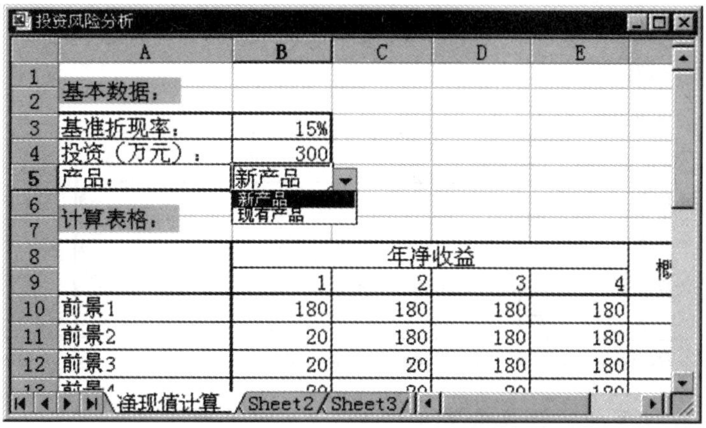

如果在单元格中输入了错误的数据，例如在“新”字与“产”字之间多输入了一个空格，完成输入时，Excel 将显示出错信息，见表 10-6。

步骤四：计算净现值

下面计算投资的净现值。所谓净现值是指未来各期支出（负值）和收入（正值）的当前值的总和。它是用来比较方案优劣的重要指标。

1）计算年净收益期望值

在用函数 NPV（）计算净现值时，需要用到各期的净收益值。在计算净现值之前首先计算年净收益期望值。

表 10-6　　　　显示出错信息

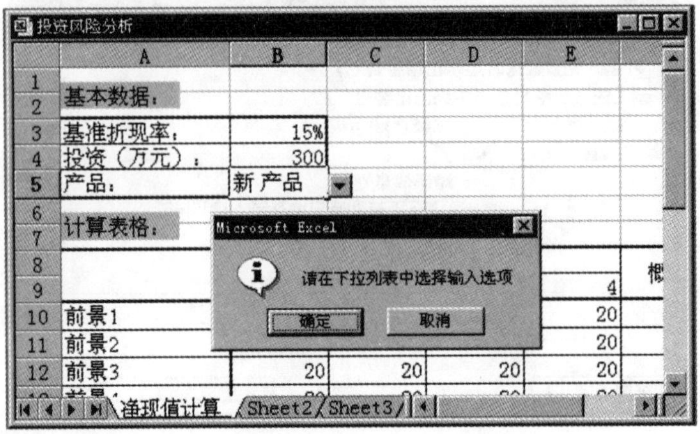

在 B15 单元格中键入计算第一年期望净现值的计算公式。

“=B10 * $F10+B11 * $F11+B12 * $F12+B13 * $F13+B14 * $F14” 或者使用函数公式 “=SUMPRODUCT（B10 :B14,$F10 :$F14)”。

选中该单元格，用鼠标拖拉填充柄，将公式复制到 C15 :E15 单元格中。计算表格中显示各期的年净收益期望值，见表 10-7。

表 10-7　　　　计算年净收益期望值

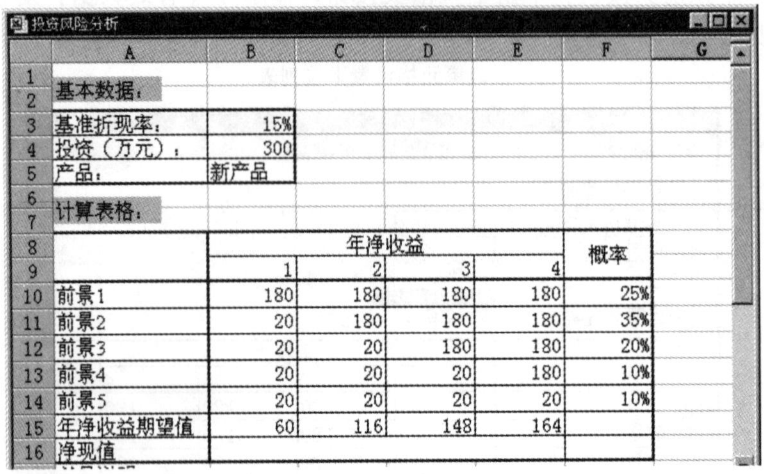

	A	B	C	D	E	F
1						
2	基本数据:					
3	基准折现率:	15%				
4	投资（万元）:	300				
5	产品:	新产品				
6						
7	计算表格:					
8		年净收益				概率
9		1	2	3	4	
10	前景1	180	180	180	180	25%
11	前景2	20	180	180	180	35%
12	前景3	20	20	180	180	20%
13	前景4	20	20	20	180	10%
14	前景5	20	20	20	20	10%
15	年净收益期望值	60	116	148	164	
16	净现值					

2）使用函数 NPV（）计算净现值

下面用函数 NPV（）计算净现值，操作步骤如下：

(1) 单击 B16 单元格。

提示：在对单元格进行合并及居中操作后，合并的单元格的引用采用合并区域左上角的单元格的引用。

(2) 单击【粘贴函数】按钮。

(3) 在【粘贴函数】对话框中，在【函数分类】列表框中选择【财务】，在【函数名】列表框中选择【NPV】。

(4) 单击【确定】，弹出【NPV 函数】框（如图 10-5）。

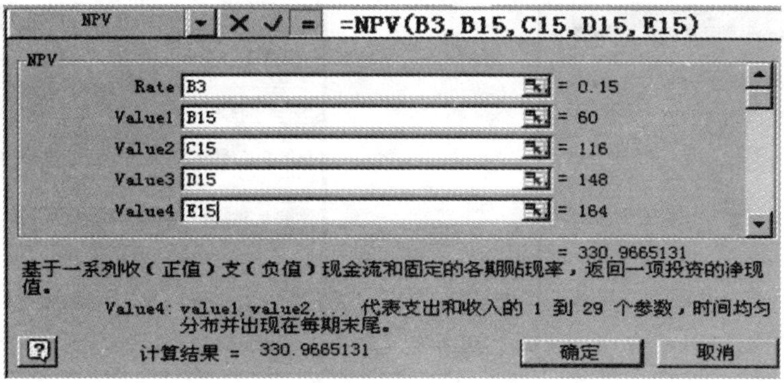

图 10-5　设置 NPV( ) 函数的参数

（5）在【Rate】编辑框中键入“基准折现率”单元格的引用。

（6）在各【Value】编辑框中键入各期年净收益期望值的单元格引用。

（7）单击【确定】。

（8）由于函数 NPV（）没有考虑初始投资的现金流，所以应在原来的基础上减去初始投资额。在编辑框中原公式的后面加上“-投资”，公式成为“=NPV（B3，B15，C15，D15，E15）-投资”。

经过上述步骤，计算表格中显示出净现值的计算结果（见表 10-8）。

表 10-8　　**计算净现值**

投资风险分析

	A	B	C	D	E	F	G
3	基准折现率：	15%					
4	投资（万元）：	300					
5	产品：	新产品					
6							
7	计算表格：						
8		年净收益				概率	
9		1	2	3	4		
10	前景1	180	180	180	180	25%	
11	前景2	20	180	180	180	35%	
12	前景3	20	20	180	180	20%	
13	前景4	20	20	20	180	10%	
14	前景5	20	20	20	20	10%	
15	年净收益期望值	60	116	148	164		
16	净现值	30.97					

步骤五：多方案求解

在表 10-8 的计算表格中，只显示出一种方案的计算结果。在基本数据表格中，输入另一种方案的数据，可得出另一方案的净现值。对于这种多方案的问题，使用【方案管理器】可以更好地管理数据和信息，还可创建方案总结报告和方案数据透视表，便于对各方案进行分析比较。

1）创建方案

创建方案的步骤如下：

（1）单击【工具】菜单中的【方案】命令，弹出【方案管理器】对话框（如图 10-6）。

（2）单击【添加】按钮，弹出【添加方案】对话框（如图 10-7）。

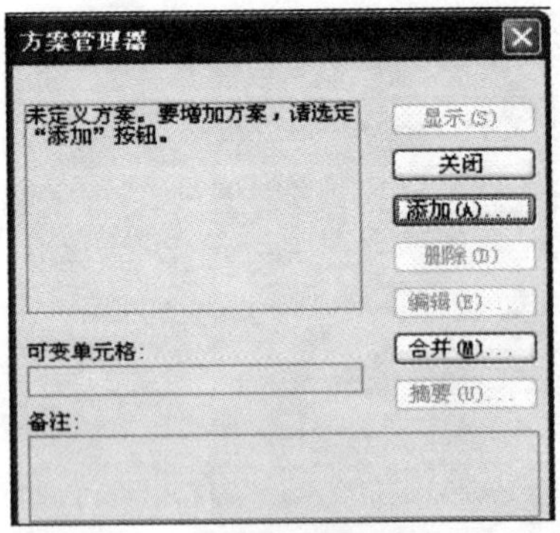

图 10-6 【方案管理器】对话框

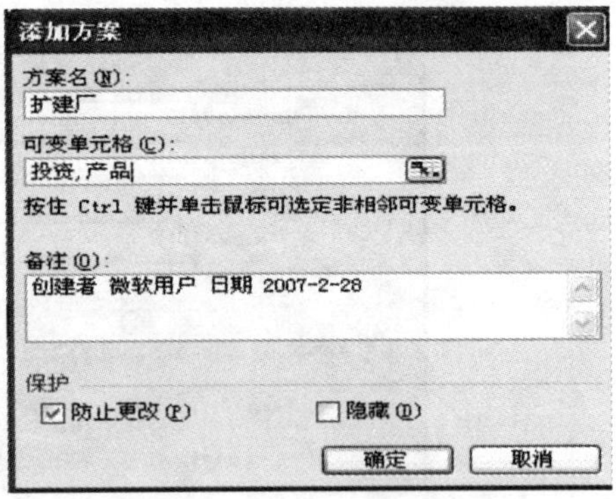

图 10-7 【添加方案】对话框

(3) 在【方案名】编辑框中，键入方案名称“扩建厂”。

(4) 在【可变单元格】编辑框中，键入“投资，产品”。

提示：对话框中【保护】标题下的复选框用于设置对方案的保护。选中【防止更改】复选框可禁止对方案的更改，选中【隐藏】复选框，可隐藏方案。在这里设置了对方案的保护后，还应对工作表进行保护，方法是：将鼠标指向【工具】菜单中的【保护】选项，然后单击子菜单中的【保护工作表】命令。在编辑或删除方案之前，必须清除【防止更改】复选框。

(5) 单击【确定】按钮，弹出【方案变量值】对话框（如图 10-8）。

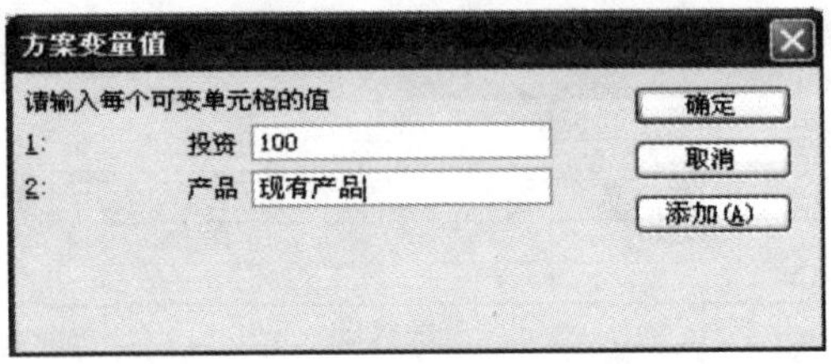

图 10-8 【方案变量值】对话框

(6) 在【方案变量值】对话框中，键入投资额为“100”，产品为“现有产品”。

(7) 单击【添加】按钮，重复步骤 3 到步骤 6，创建名为“新建厂”的方案，投资额为“300”，产品为“新产品”。

(8) 单击【确定】按钮，在方案管理器中显示已有的方案（如图 10-9）。

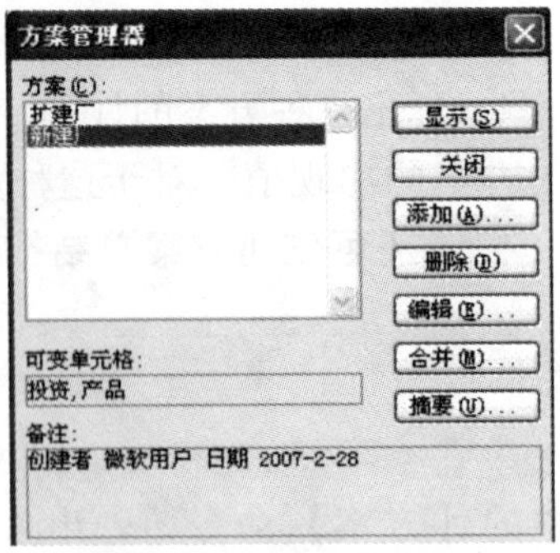

图 10-9 在【方案管理器】中显示已有的方案列表

此时在【方案】列表框中单击选中一种方案，单击【删除】按钮可将其删除，单击

【编辑】按钮，进入【编辑方案】对话框，可对其进行编辑。

（9）单击【关闭】按钮。

经过上述步骤，方案的创建完成。

2）显示方案

目前，计算表格中显示的是“新建厂”方案的数据，下面在表格中显示“扩建厂”方案的计算结果。操作步骤如下：

（1）单击【工具】菜单中的【方案】命令。

（2）在【方案管理器】对话框中，单击选中【方案】列表框中的“扩建厂”选项。

（3）单击【显示】按钮。

（4）单击【关闭】按钮。

在计算表格中显示出对“扩建厂”方案的计算结果（表 10-9）。

表 10-9　“扩建厂”方案的计算结果

	A	B	C	D	E	F	G
1							
2	基本数据:						
3	基准折现率:	15%					
4	投资(万元):	100					
5	产品:	现有产品					
6							
7	计算表格:						
8		年净收益				概率	
9		1	2	3	4		
10	前景1	20	20	20	20	25%	
11	前景2	20	20	20	20	35%	
12	前景3	20	20	20	20	20%	
13	前景4	20	20	20	20	10%	
14	前景5	20	20	20	20	10%	
15	年净收益期望值	20	20	20	20		
16	净现值	-42.90					

由于扩建厂方案的净现值为-42.9 万元，所以不应采用“扩建厂”方案。

步骤六：共享工作簿

投资决策的确定绝不是简单地比较各方案的预计净现值就可以决定的，毕竟净现值只是需要考虑的一个重要的方面，而且计算得出的结果只是预测结果。投资决策的确定，还需要考虑其他方面的各种因素。

在企业管理中进行科学的决策，应避免一人说了算。众人讨论的结果会更加科学、可靠。电脑网络使得人们不必坐在一起，就可以进行讨论。在用联网的电脑进行决策讨论时，应共享所有的决策参考数据。将这个辅助投资风险分析的工作簿设置为共享工作簿，可使多人同时参阅该工作簿或对该工作簿进行操作，例如在工作簿中添加批注。

1）共享工作簿简介

通过建立共享工作簿，可以与其他人同时审阅和编辑同一份工作，还可以查看各自所做的改动。

当多人一起在共享工作簿上工作时，Excel 会保持信息不断被更新。在一个共享工作簿中，各个用户可以输入数据，插入行和列，添加和更改公式，还可以更改格式。每个用户能够独立地筛选工作表来显示感兴趣的数据行。Excel 可以为每一位用户保留各自的视面，其中包含用户的各种筛选设置。

各用户都可通过单击【保存】按钮，来按自己所做的更改更新共享工作簿，还可得到所有其他用户保存的更改内容。Excel 能够自动按指定的时间间隔对改动进行更新。在保存一个共享工作簿时，可以用自己所做的改动替换他人作出的相冲突的改动，也可以审查每一种改动来决定是否接受。

通过保存冲突日志，可以保留被接受改动的记录，并可以查看一个记录着详细改动情况的日志工作表，其中包含用户间互相冲突的改动内容。保留冲突日志还使用户能够合并共享工作簿的各种副本。

在共享工作簿时，既可以给每个人相同的权限，也可以通过保护共享工作簿来限制权限。

2）设置共享工作簿

下面将这个辅助投资风险分析的工作簿设置为共享工作簿，操作步骤如下：

（1）单击【工具】菜单中的【共享工作簿】命令，弹出【共享工作簿】对话框（如图 10-10）。

（2）单击【编辑】选项卡，选中【允许多用户同时编辑，同时允许工作簿合并】复选框，然后单击【确定】。

（3）单击【确定】，保存工作簿。

（4）在【文件】菜单中单击【另存为】命令，然后将共享工作簿保存在其他用户可以访问到的一个网络资源上。

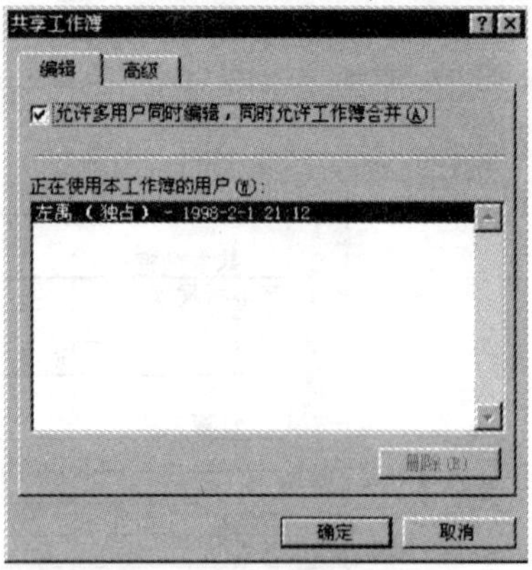

图 10-10 【共享工作簿】对话框

注意：如果要将共享工作簿复制到一个网络资源上，应确保该工作簿与其他工作簿或文档的任何链接都保持完整。可以使用【编辑】菜单中的【链接】命令对链接定义进行修正。这一步骤同时也启用了冲突日志，使用它可以查看对共享工作簿的更改信息，以及在有冲突时修改的取舍情况。

3）撤销工作簿的共享状态

如果不再需要其他人对共享工作簿进行更改，可以将自己作为打开并操作该工作簿的唯一用户。撤销工作簿的共享状态的操作如下：

（1）单击【工具】菜单中的【共享工作簿】命令，然后单击【编辑】选项卡。

（2）确认自己是在【正在使用本工作簿的用户】框中的唯一用户，如果还有其他用户，他们都将丢失未保存的工作内容。

（3）清除【允许多用户同时编辑，同时允许工作簿合并】复选框，然后单击【确定】按钮。

（4）当提示到对其他用户的影响时，单击【是】按钮。

注意：一旦撤销了工作簿的共享状态，将中断所有其他用户与共享工作簿的联系、关闭冲突日志，并清除已存储的冲突日志，此后就不能再查看冲突日志，或是将共享工作簿的此备份与其他备份合并。为了确保其他用户不会丢失工作进度，应在撤销工作簿共享之前确认所有其他用户都已得到通知，这样，他们就能事先保存并关闭共享工作簿。

4）保护共享工作簿

能够访问保存有共享工作簿的网络资源的所有用户，都可以访问共享工作簿。如果希望控制对共享工作簿的某些访问，可以通过保护共享工作簿和冲突日志来实现。

与一般工作簿一样，也可以为共享工作簿指定一个打开时输入的密码，且方法相同。

防止他人对共享工作簿进行更改的操作步骤如下：

（1）为设置共享工作簿的改动密码，先撤销对工作簿的共享。

（2）隐藏不希望其他用户看到的某些行和列，取消允许其他人进行更改的指定区域的锁定。

（3）在【工具】菜单中将鼠标指向【保护】子菜单，然后单击【保护并共享工作簿】命令，弹出【保护共享工作簿】对话框（如图 10-11）。

（4）选中【以追踪修订方式共享】复选框。

（5）设置其他用户在关闭冲突日志或撤销工作簿共享状态时须输入的密码，在【密码】框中键入密码，单击【确定】。

（6）在【确认密码】对话框中再输入一遍密码，单击【确定】。

（7）在出现提示时，单击【确定】保存工作簿，这样可以共享此工作簿并且启用冲突日志。

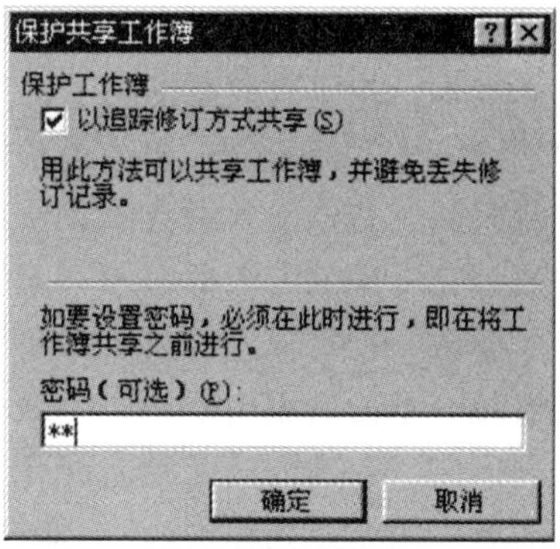

图 10-11 【保护共享工作簿】对话框

注意：

为工作簿提供共享保护以后，其他用户就不能撤销工作簿共享状态或者关闭冲突日志。

在一个已经共享的工作簿中，可以启用对共享和冲突日志的保护，但是不能为这种保护指定密码。如果需指定密码，必须首先撤销工作簿的共享状态。

10.1.4 案例小结

在本案例中，重点涉及了几个方面的问题：①逻辑公式的建立；②设置单元格的有效数据范围；③财务函数 NPV（）的使用；④多方案求解问题以及工作簿的共享。

其中，函数 IF（）用于执行真假值判断，根据逻辑测试的真假值，返回不同的结果。可以使用函数 IF（）对数值和公式进行条件检测。

通过对单元格有效数据范围的设置，可以防止由于数据输入错误造成的计算错误。本例中，为单元格设置了有效数据的下拉列表。

对于多方案的问题，使用【方案管理器】可以更好地管理数据和信息。还可创建方案总结报告和方案数据透视表，便于对各方案进行分析比较。

通过建立共享工作簿，可以与其他人同时审阅和编辑同一份工作，还可以查看各自所作的改动。

10.1.5 疑难解答

问题一：有效数据有哪些类型？

答：【数据有效性】对话框中显示的选项根据【许可】和【数据】下拉列表框中设置的不同而不同。

可选的有效数据的类型如下：任何数值，对输入数据不作任何限制。如果希望不检查输入的正确性而只显示输入信息可使用此设置。

自定义，这种设置允许输入公式、使用表达式或者引用其他单元格中的计算值来判定输入数值的正确性。公式必须以等号“=”开始，且得出的必须是 True 或 False。

日期，指定输入的数值必须为日期。在【数据】下拉列表框中单击选定一个操作符，接着填充下面的编辑框，如“起始日期”、“终止日期”，可指定输入日期的范围。

小数，指定输入的数值必须为数字或小数。在【数据】下拉列表框中单击选定一个操作符，接着填充下面的编辑框，如“最小值”、“最大值”，可指定输入小数的范围。

序列，为有效数据指定序列。在【来源】编辑框中输入工作簿上包含有效数据的区域的引用或名称，或者以逗号为间隔符直接键入有效数据（例如，销售部、生产部、技术部、公关部）。选中【提供下拉箭头】复选框，将在用户单击单元格时显示一下拉箭头，让用户在有效数据序列中选择。

文本，指定有效数据的字符数。在【数据】下拉列表框中单击选定一个操作符，接着填充下面的编辑框，如“最小值”、“最大值”，可指定输入数据字符数的范围。

时间，指定输入的数值必须为时间。在【数据】下拉列表框中单击选定一个操作符，接着填充下面的编辑框，如“起始时间”、“终止时间”，可指定输入时间的范围。

整数，指定输入的数值必须为整数。在【数据】下拉列表框中单击选定一个操作符，接着填充下面的编辑框，如“最小值”、“最大值”，可指定输入整数的范围。

问题二：为何【数据】菜单中的“有效性”命令不能使用？

答：由于下列原因，“有效性”命令将不能使用：

正在输入数据。当设置了有效数据范围或信息的单元格中正在进行编辑时，“有效性”命令不能使用。

工作表内容可能处于保护状态。如果要取消保护，指向【工具】菜单中的【保护】子菜单，再单击【撤销工作表保护】命令。

工作簿可能是共享工作簿的，尽管仍可以继续输入数据，并且输入信息和错误信息也照常显示，但是在工作簿被共享时，“有效性”命令不能使用。

问题三：使用共享工作簿有哪些限制？

答：使用共享工作簿时，Excel 的某些功能无效，如果需要使用这些功能，应在将工作簿共享之前进行操作，或撤销工作簿的共享状态。

在共享工作簿中，不能完成下列操作：

（1）删除工作表。

（2）合并单元格。

（3）查看合并单元格的单元格。

（4）定义或使用条件格式。

（5）在工作簿共享之前查看条件格式的使用效果。

（6）设置或更改数据有效性的限制和消息。

（7）在工作簿共享之前查看所设置的限制和消息的效果。

（8）成块插入或删除单元格。

（9）插入或删除整个行和列。

（10）插入或更改图表、图片、对象或超级链接。

（11）使用绘图工具。

（12）设置密码来保护单独的工作表或整个工作簿。

（13）更改或删除密码。

（14）保存、查看或更改方案。

（15）创建组或分级显示数据。

（16）插入自动分类汇总。

（17）创建模拟运算表。

（18）创建数据透视表或更改已存在的数据透视表布局。

（19）写入、更改、查看、记录或分配宏。

可以将共享工作簿中所录制的宏保存到另一个未共享的工作簿中。在共享工作簿中，还可以使用工作簿共享之前创建的宏，但在这种情况下，如果所使用的宏中包含某个此时无效的操作，宏将在运行到此无效操作时停止运行。

问题四：如何为工作簿保存冲突日志？

答：如果为工作簿保存冲突日志，Excel 会同时开启工作簿共享。保存冲突日志的操作步骤如下：

（1）单击【工具】菜单中的【共享工作簿】命令。

（2）单击【编辑】选项卡。

（3）选定【允许多用户同时编辑，同时允许工作簿合并】复选框。

（4）单击【高级】选项卡（如图 10-12）。

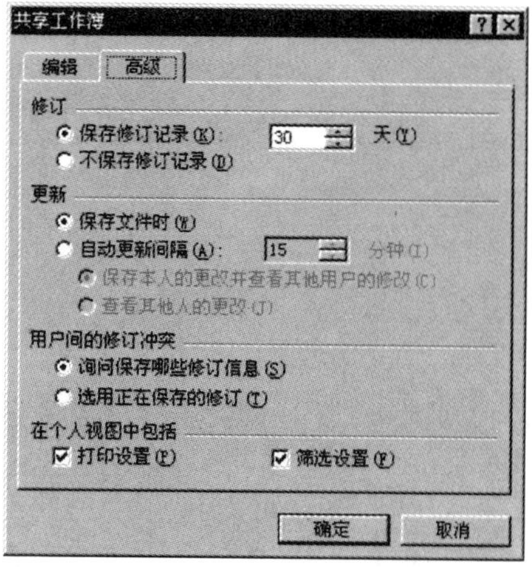

图 10-12　保存冲突日志

（5）在【修订】标题下，单击【保存修订记录】，接着在“天”微调编辑框中键入希望保留冲突日志的天数。

（6）单击【确定】按钮。当弹出对话框提示保存工作簿时，再次单击【确定】按钮。

问题五：如何查看共享工作簿中有关相互冲突更改的信息？

答：在创建共享工作簿以后，冲突日志就被启用，可以查看以前有关相互冲突更改的信息。如果关闭冲突日志，Excel 将不再保留有关相互冲突更改的信息。查看冲突日志的操作步骤如下：

（1）指向【工具】菜单中的【修订】子菜单，然后单击【突出显示修订】命令，弹出【突出显示修订】对话框（如图 10-13）。

（2）选中【时间】选框，然后单击【时间】框中的“全部”。

（3）确认【修订人】和【位置】复选框已被清除。

（4）选中【在新工作表上显示修订】复选框，然后单击【确定】按钮。

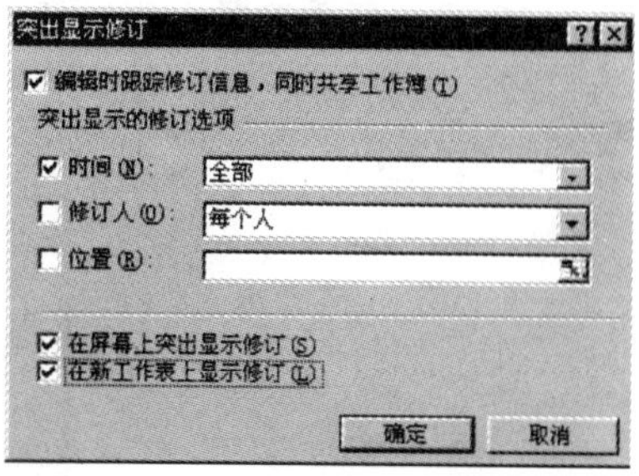

图 10-13　【突出显示修订】对话框

Excel 在工作簿中插入“冲突日志”工作表（见表 10-10），可在其中查看工作表的更改记录。

被保留的相互冲突的更改在“操作类型”列中显示为“成功”，用于在冲突日志工作表中说明被舍弃更改的数据行，将在“操作失败”列中显示行号。

表 10-10 查看冲突日志

投资风险分析 [共享]

操作号	日期	时间	操作人	更改	工作表	区域	新值	旧值	操作类型	操作失败
1	1998-2-2	0:50	左禹	单元格更改	净现值计算	B4	300	100		
2	1998-2-2	0:50	左禹	单元格更改	净现值计算	B5	新产品	现有产品		

日志的结尾是 1998-2-2 的 0:50 对所作修改进行保存。

方案总结 / 净现值计算 / Sheet2 / Sheet3 / 日志

10.2 综合案例二

10.2.1 案例综合目标

财务预算表达的主要是资金、收入、成本、费用和利润之间的关系，其中利润是企业主要奋斗目标。为了实现这一目标，各级部门就必须根据具体的财务目标安排各自的经营活动，使企业总体目标得到保障。利用 Excel 进行财务预算编制，建立预算管理制度，有助于企业有效地调整和控制生产经营活动，促进企业实现经营目标。

10.2.2 案例情况介绍

（1）曙光公司 2013 年度销量表，见表 10-11。

表 10-11 曙光公司 2013 年度销量表

时间	销售量（件）
第一季度销售量	1 900
第二季度销售量	2 700
第三季度销售量	3 500
第四季度销售量	2 500
销售单价（元）	105

每季度的销售额在当季度收到货款的占 80%，其余部分在下季度收取。该公司各季度的期末存货按一季度销售量的 10% 计算，年末存货预计为 220 件。各季度的期末存料量是预计下一季度生产需要量的 20%。预算期末存料量预计为 900 千克。预算期末材料单价为 10 元，每季度的购料款于当季付款的占 60%，其余在下季支付。

（2）预计预算期制造费用。制造费用按标准总工时分配，见表 10-12。

表 10-12 预计预算期制造费用开支

项目	金额（元）
职工工资	63000
生活福利	6500
修理费	19000
设备折旧	9400
办公用品	15000
水电费	12000
物料消耗	8000
劳动保护	5800
租赁费	20000
差旅费	15000
保险费	13600
其他	9600
合计	196900

（3）预计财务费用各项开支数额，见表 10–13。

表 10–13　　预计财务费用各项开支数

	A	B
1		
2	项目	金额（元）
3	利息支出	3310
4	利息收入	2940
5	汇兑损失	5600
6	汇兑收益	3500
7	手续费	9870
8	其他	16750
9	合计	41970

预计销售费用各项开支数额及计算比例如下：工资第一、三季度为 1 200 元，第二、四季度为 1 300 元；第二、三季度广告费开支分别为 800 元、1 200 元；业务费、运输费、保险费为预计销售费的 1‰。根据资料预算，该公司计划预算期第一季度以分期付款方式购入一套设备，价值 76 800 元。第一季度付款 33 000 元，第二季度付款 15 300元，第三季度付款 12 000 元，余款第四季度支付。按税后利润的 20% 计提盈余公积和公益金，按税后利润的 30% 分给投资单位利润。该公司按年末应收账款余额的 3‰计提坏账准备。

（4）预计预算期管理费用项目开支，见表 10–14。

表 10–14　　预计预算期管理费用项目开支

	A	B
1		
2	项目	金额（元）
3	职工工资	33000
4	生活福利	3500
5	设备折旧	4600
6	办公用品	17200
7	差旅费	10500
8	保险费	3640
9	物料消耗	6500
10	低值易耗品摊销	2140
11	无形资产摊销	5820
12	递延资产摊销	4800
13	坏账损失	800
14	业务招待费	5000
15	工会经费	7382
16	职工教育费	6250
17	税金	400
18	车船税	80
19	印花税	50
20	其他	975
21	合计	112637

（5）公司定额成本，见表 10–15。

表 10–15　　公司定额成本资料

	A	B
1		
2	单位产品材料消耗定额（千克）	1.8
3	单位产品定时定额（工时）	5.5
4	单位工时的工资率（元）	5.8

（6）初期资产负债表，见表 10–16。

表 10-16 **资产负债表**

编制单位：曙光公司 201×年 12 月 31 日 单位：元

资产	年初数	年末数	负债和所有者权益	年初数	年末数
流动资产			流动负债		
货币资金			交易性金融负债		
交易性金融资产			应付账款		
应收账款			预收款项		
预付款项			其他应付款		
存货（材料 750×12+产成品 260×80）			流动负债合计		
其他流动资产			非流动负债		
流动资产合计			长期借款		
非流动资产			非流动负债合计		
长期股权投资			负债合计		
…			所有者权益		
固定资产			实收资本		
无形资产			资本公积		
…			盈余公积		
…			未分配利润		
非流动资产合计			所有者权益合计		
资产总计			负债和所有者权益总计		

其中，存货=材料数量×材料单价+产成品数量×产成品单价，这里的四个数分别为 750，12，260，80。

（7）预计各季度销售税金、预计投资收益、营业外收入和支出等，见表 10-17。

表 10-17 **各季度销售税金**

季度	金额（元）		
第一季度	12040		
第二季度	15460		
第三季度	16260		
第四季度	12510		
预计预期投资收益和营业外收入支出（元）			
季度	投资收益	营业外收入	营业外支出
第一季度			6500
第二季度			2200
第三季度			300
第四季度	20000	41560	17680

10.2.3 案例解析

要编制这样的财务预算，先要在打开的空工作簿中，将有关原始资料放在相应的工作表中，我们这里就用“资料 1”、“资料 2”、……“资料 6”工作表来存放这些原始数据，为了能够快速查到每个工作表中的数据，也可以将工作表的名字设为“销售量资料”等，见表 10-18。

原始资料中还有一些数据在上述工作表中没有体现，这是为避免此类的工作表过多。在实际工作中应该将所有数据都存在工作表里，以避免数据丢失。

表 10-18　　　　　　　　　　**各季度销售税金**

季度	金额（元）
第一季度	12040
第二季度	15460
第三季度	16260
第四季度	12510

预计预期投资收益和营业外收入支出（元）

季度	投资收益	营业外收入	营业外支出
第一季度			6500
第二季度			2200
第三季度			300
第四季度	20000	41560	17680

\资料1／资料2／资料3／资料4／资料5／资料6＼销售量资料／

利用这些原始资料，我们就可以进行现金预算了。下面的这些工作表，就是引用这些原始数据，进行计算和预测得出的。现金支出各项目的预算主要来自生产预算、采购预算、直接工资预算、制造费用预算等。

（1）销售预算的编制，见表 10-19。

表 10-19　　　　　　　　　　**全年分季度的销售预算**

摘　要	第一季度	第二季度	第三季度	第四季度	全　年
预计销售量（件）	1900	2700	3500	2500	10600
销售单价（元）	105	105	105	105	105
预计销售金额（元）	199500	283500	367500	262500	1113000
期初应收账款（元）	26900				26900
一季度销售收入（元）	159600	39900			199500
二季度销售收入（元）		226800	56700		283500
三季度销售收入（元）			294000	73500	367500
四季度销售收入（元）				210000	210000
现 金 合 计	186500	266700	350700	283500	1087400

本表中的第 3、4 行数据引自“曙光公司 2013 年度销量表”，其余数据为计算所得。

以 B 栏公式为例，B3、B4 取自“曙光公司 2013 年度销量表”；B5 = B3 * B4，B6 取自“资产负债表”；B7 = B5 * 0.8 是根据“曙光公司 2013 年度销量表”的说明部分：“每季的销售在当季收到货款的占 80%，其余部分在下季度收取”；C 列的公式与 B 列大体相同，只是 C7 = B5 - B7 较特殊，是反映收到上季度欠款的预算数。

下面我们来介绍一下工作表中的公式情况，操作方法如下：单击【工具】菜单中的【选项】命令，单击【视图】选项卡，在【窗口】选择区中选中【公式】（见图 10-14），单击【确定】按钮。

这时就可以看到所有单元格中，凡是有公式的地方都显示成公式的形式了，见表10-20。

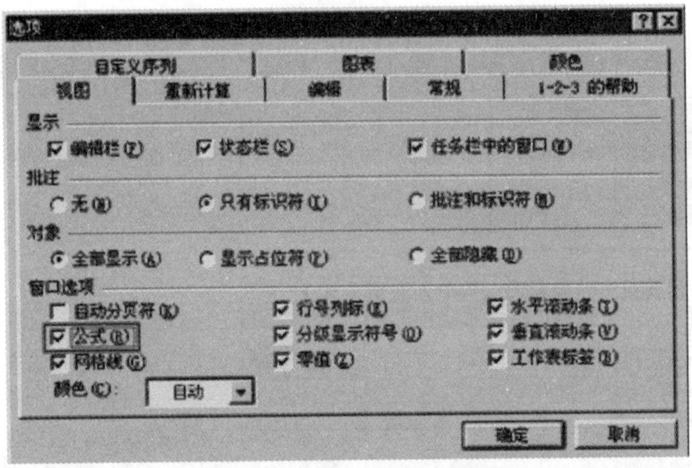

图 10-14 【公式】对话框

表 10-20 全年分季度的销售预算

	A	B	C	D	E	F
1						
2	摘 要	第一季度	第二季度	第三季度	第四季度	全 年
3	预计销售量（件）	=资料1!B2	=资料1!B3	=资料1!B4	=资料1!B5	=SUM(B3:E3)
4	销售单价（元）	=资料1!B8	=资料1!B8	=资料1!B8	=资料1!B8	=资料1!B8
5	预计销售金额（元）	=B3*B4	=C3*C4	=D3*D4	=E3*E4	=F3*F4
6	期初应收账款（元）	=资料8!B5				=SUM(B6:E6)
7	一季度销售收入（元）	=B5*0.8	=B5-B7			=SUM(B7:E7)
8	二季度销售收入（元）		=C5*0.8	=C5-C8		=SUM(B8:E8)
9	三季度销售收入（元）			=D5*0.8	=D5-D9	=SUM(B9:E9)
10	四季度销售收入（元）				=E5*0.8	=SUM(B10:E10)
11	现 金 合 计	=SUM(B6:B10)	=SUM(C6:C10)	=SUM(D6:D10)	=SUM(E6:E10)	=SUM(F6:F10)

这样我们可以一目了然地看到每个单元格中数据的来源和算法。

(2) 生产预算表的编制，见表 10-21。

表 10-21 生产预算

1						
2	摘 要	第一季度	第二季度	第三季度	第四季度	全 年
3	预计销售量（件）	1900	2700	3500	2500	10600
4	加：预计期末存货量	270	350	250	220	220
5	预计需要量合计	2170	3050	3750	2720	10820
6	减：期初存货量	200	270	350	250	250
7	预计产量	1970	2780	3400	2470	10570
8	直接材料消耗：					
9	单位产品材料消耗定额（千克）	3546	5004	6120	4446	19026
10	直接人工消耗：					
11	单位产品材料消耗定额（千克）	10835	15290	18700	13585	58135

预计产量的计算公式为：

预计产量=预计销售量+预计期末存货量-期初存货量

在该工作表中：

预计销售量取自“销售预算表”。

预计期末存货量的计算公式为：

预计期末存货量=下一季度销售量×10%

第四季度的存货量由预计预算期制造费用中给出，见表 10-12。

第一季度期初存货数量根据上年度资产负债表得到，见表 10-16。

直接材料消耗和直接人工消耗的计算公式为：

直接材料消耗 = 预计生产量×单位产品材料消耗定额

直接人工消耗 = 预计生产量×单位产品工时定额

通过生产预算表中各部分内容所涉及公式的分析和解释，我们可以看到，编制生产预算表本身并不复杂，只是编制过程中不仅需要大量的原始数据，还需要掌握很多财务预算的相关知识。

材料采购现金支出预算表，见表 10-22。

表 10-22　　**材料采购现金支出预算（一）**

	A	B	C	D	E	F
1						
2	摘　要	第一季度	第二季度	第三季度	第四季度	全　年
3	预计生产需要量（件）	3546	5004	6120	4446	19116
4	加：预计期末存料量（千克）	1000.8	1224	889.2	900	900
5	预计需要量合计	4546.8	6228	7009.2	5346	20016
6	减：期初存料量（千克）	820	1000.8	1224	889.2	900
7	预计材料采购量（千克）	3726.8	5227.2	5785.2	4456.8	19116
8	预计计划单价（元）	10	10	10	10	10
9	预计购料金额（元）	37268	52272	57852	44568	191160
10	期初应付账款（元）	22500				22500
11	一季度购料（元）	22360.8	14907.2			37268
12	二季度购料（元）		31363.2	20908.8		52272
13	三季度购料（元）			34711.2	23140.8	57852
14	四季度购料（元）				26740.8	26740.8
15	现金支出合计	44860.8	46270.4	55620	49881.6	196632.8

材料采购现金支出预算表中的相关公式，见表 10-23。

表 10-23　　**材料采购现金支出预算（二）**

	A	B	C	D	E	F
1						
2	摘　要	第一季度	第二季度	第三季度	第四季度	全　年
3	预计生产需要量（件）	=产生预算!B9	=产生预算!C9	=产生预算!D9	=产生预算!E9	=SUM(B3:E3)
4	加：预计期末存料量（千克）	=C3*0.2	=D3*0.2	=E3*0.2	900	=E4
5	预计需要量合计	=SUM(B3:B4)	=SUM(C3:C4)	=SUM(D3:D4)	=SUM(E3:E4)	=SUM(F3:F4)
6	减：期初存料量（千克）	820	=B4	=C4	=D4	=E4
7	预计材料采购量（千克）	=B5-B6	=C5-C6	=D5-D6	=E5-E6	=F5-F6
8	预计计划单价（元）	10	10	10	10	10
9	预计购料金额（元）	=B7*B8	=C7*C8	=D7*D8	=E7*E8	=F7*F8
10	期初应付账款（元）	=资料6!D4				=SUM(B10:E10)
11	一季度购料（元）	=B9*0.6	=B9-B11			=SUM(B11:E11)
12	二季度购料（元）		=C9*0.6	=C9-C12		=SUM(B12:E12)
13	三季度购料（元）			=D9*0.6	=D9-D13	=SUM(B13:E13)
14	四季度购料（元）				=E9*0.6	=SUM(B14:E14)
15	现金支出合计	=SUM(B10:B14)	=SUM(C10:C14)	=SUM(D10:D14)	=SUM(E10:E14)	=SUM(B15:E15)

（3）直接工资预算表的编制，见表 10-24。

表 10-24　　**直接工资预算（一）**

	A	B	C	D	E	F
1						
2	摘　要	第一季度	第二季度	第三季度	第四季度	全　年
3	预计生产需要工时总数（工时）	10835	15290	18700	13585	58135
4	单位工时的工资率（元）	5.8	5.8	5.8	5.8	5.8
5	预计直接工资支出总额（元）	62843	88682	108460	78793	337183

直接工资预算表中的相关公式，见表 10-25。

表 10-25　　直接工资预算（二）

	A	B	C	D	E	F
1						
2	摘　要	第一季度	第二季度	第三季度	第四季度	全　年
3	预计生产需要工时总数（工时）	=产生预算!B11	=产生预算!C11	=产生预算!D11	=产生预算!E11	=产生预算!F11
4	单位工时的工资率（元）	=资料5!B4	=资料5!B4	=资料5!B4	=资料5!B4	=资料5!B4
5	预计直接工资支出总额（元）	=B3*B4	=C3*C4	=D3*D4	=E3*E4	=F3*F4

（4）制造费用表的编制，见表 10-26。

表 10-26　　制造费用

1	A	B	C
2	项目	金额（元）	费用分配率（元/小时）
3	职工工资	63000	
4	生活福利	6500	
5	修理费	19000	
6	设备折旧	9400	
7	办公用品	15000	
8	水电费	12000	
9	物料消耗	8000	
10	劳动保护	5800	
11	租赁费	20000	
12	差旅费	15000	
13	保险费	13600	
14	其他	9600	
15	合计	196900	
16	减：折旧	9400	
17	制造费用全年现金支出	187500	
18	制造费用每季现金支出	46875	3.39

制造费用表中的相关公式，见表 10-27。

表 10-27　　制造费用的计算公式

	A	B	C
1			
2	项目	金额（元）	费用分配率（元/小时）
3	职工工资	=资料2!B3	
4	生活福利	=资料2!B4	
5	修理费	=资料2!B5	
6	设备折旧	=资料2!B6	
7	办公用品	=资料2!B7	
8	水电费	=资料2!B8	
9	物料消耗	=资料2!B9	
10	劳动保护	=资料2!B10	
11	租赁费	=资料2!B11	
12	差旅费	=资料2!B12	
13	保险费	=资料2!B13	
14	其他	=资料2!B14	
15	合计	=资料2!B15	
16	减：折旧	=B6	
17	制造费用全年现金支出	=B15-B16	
18	制造费用每季现金支出	=B17/4	=B15/工资预算!F3

（5）管理费用表的编制，见表 10-28。

表 10-28　　管理费用

	A	B
1		
2	项目	金额（元）
3	管理费用合计	112637
4	减：折旧	4600
5	低值易耗品摊销	2140
6	无形资产摊销	5820
7	递延资产摊销	4800
8	管理费用全年现金支出总额	95277
9	管理费用每季现金支出总额	23819.25

管理费用表中的相关公式，见表 10-29。

表 10-29　　管理费用的计算公式

	A	B
1		
2	项目	金额（元）
3	管理费用合计	=资料4!B21
4	减：折旧	=资料4!B5
5	低值易耗品摊销	=资料4!B10
6	无形资产摊销	=资料4!B11
7	递延资产摊销	=资料4!B12
8	管理费用全年现金支出总额	=B3-SUM(B4:B7)
9	管理费用每季现金支出总额	=B8/4

（6）财务费用表的编制，见表 10-30。财务费用表的相关公式，见表 10-31。

表 10-30　　财务费用

1	A	B
2	项目	金额（元）
3	利息支出	3310
4	减：利息收入	-2940
5	汇兑损失	5600
6	减：汇兑收益	-3500
7	工时费	3500
8	手续费	6200
9	其他费用	16750
10	合计	28920

表 10-31　　财务费用的计算公式

1	A	B
2	项目	金额（元）
3	利息支出	=资料3!B3
4	减：利息收入	=-资料3!B4
5	汇兑损失	=资料3!B5
6	减：汇兑收益	=-资料3!B6
7	工时费	3500
8	手续费	6200
9	其他费用	=资料3!B8
10	合计	=SUM(B3:B9)

（7）销售费用预算表的编制，见表 10-32。

表 10-32　　销售费用预算　　金额单位：元

1	A	B	C	D	E	F
2	摘　要	第一季度	第二季度	第三季度	第四季度	全　年
3	工资	1200	1300	1200	1300	5000
4	福利费	144	156	144	156	600
5	业务费	199.5	283.5	367.5	262.5	1113
6	广告费		800	1200		2000
7	包装费	199.5	283.5	367.5	262.5	1113
8	运输费	199.5	283.5	367.5	262.5	1113
9	保管费	199.5	283.5	367.5	262.5	1113
10	合计	2142	3390	4014	2506	12052

销售费用预算表的相关公式，见表 10-33。

表10-33 **销售费用预算的计算公式** 金额单位：元

1						
2	摘　要	第一季度	第二季度	第三季度	第四季度	全　年
3	工资	1200	1300	1200	1300	=SUM(B3:E3)
4	福利费	=B3*0.12	=C3*0.12	=D3*0.12	=E3*0.12	=F3*0.12
5	业务费	=销售预算!B5*0.001	=销售预算!C5*0.001	=销售预算!D5*0.001	=销售预算!E5*0.001	=销售预算!F5*0.001
6	广告费		800	1200		=SUM(B6:E6)
7	包装费	=B5	=C5	=D5	=E5	=F5
8	运输费	=B5	=C5	=D5	=E5	=F5
9	保管费	=B5	=C5	=D5	=E5	=F5
10	合计	=SUM(B3:B9)	=SUM(C3:C9)	=SUM(D3:D9)	=SUM(E3:E9)	=SUM(F3:F9)

（8）现金收支预算表的编制，见表10-34。

表10-34 **现金收支预算的编制** 金额单位：元

	A	B	C	D	E	F
1						
2	摘　要	第一季度	第二季度	第三季度	第四季度	全　年
3	期初现金金额	48000	4204.973	10693.35	22830.12	50000
4	加现金收入					
5	收回应收帐款及销货现金收入	186500	266700	350700	283500	1087400
6	其他现金收入				61560	61560
7	可供使用现金合计	234500	270905	361393.3	367890.1	1198960
8	减现金支出					
9	采购直接材料	44860.8	46270.4	55620	49881.6	196632.8
10	支付直接工资	62843	88682	108460	78793	337183
11	支付制造费用	46875	46875	46875	46875	187500
12	支付管理费用	23819.25	23819.25	23819.25	23819.25	95277
13	支付财务费用	7230	7230	7230	7230	28920
14	支付销售费用	2142	3390	4014	2506	12052
15	支付销售税金	12040	15460	16260	12510	56270
16	支付所得税	15984.98	15984.98	15984.98	15984.98	63939.91
17	购置固定资产	33000	15300	12000	26400	86700
18	分给其他单位的利润				38751.46	38751.46
19	其他现金支出	6500	2200	300	17680	26680
20	现金支出合计	255295	265211.6	290563.2	320431.3	1131501
21	现金多余（或不足）	-20795	5693.346	70830.12	47458.83	67458.83
22	资金的筹集运用					
23	向银行借款	25000	5000			30000
24	归还借款			-30000		-30000
25	短期证券投资			-18000	-10000	-28000
26	出售短期投资证券				14000	14000
27	运用资金合计				1600	1600
28	筹集运用资金合计	4204.973	10693.35	22830.12	37458.83	53458.83

现金收支预算表的相关公式，见表10-35。

现金收支预算表是财务部门在各业务部门编制完成的分预算的基础上编制出来的，在本表的编制过程中几乎用到了上面所有表的数据和内容。

根据“其他现金支出”以上的各项数据可计算得到“现金支出合计”，并可以对“现金多余或不足”做出调整。

在第23行到28行中，我们对数据做了如下调整：

第一季度结束时，“购买固定资产”支出33 000元，此时公司“合计现金支出”为-20 795元，故“向银行借款”25 000元；

表 10-35 **现金收支预算编制的计算公式** 金额单位：元

	A	B	C	D	E	F
1						
2	摘　要	第一季度	第二季度	第三季度	第四季度	全　年
3	期初现金金额	=资料6!B4	=B28	=C28	=D28	50000
4	加现金收入					
5	收回应收帐款及销货现金收入	=销售预算!B11	=销售预算!C11	=销售预算!D11	=销售预算!E11	=销售预算!F11
6	其他现金收入				=41560+20000	=SUM(E6)
7	可供使用现金合计	=SUM(B3:B6)	=SUM(C3:C6)	=SUM(D3:D6)	=SUM(E3:E6)	=SUM(F3:F6)
8	减现金支出					
9	采购直接材料	=材料采购!B15	=材料采购!C15	=材料采购!D15	=材料采购!E15	=材料采购!F15
10	支付直接工资	=工资预算!B5	=工资预算!C5	=工资预算!D5	=工资预算!E5	=工资预算!F5
11	支付制造费用	=制造费用!B18	=B11	=B11	=B11	=SUM(B11:E11)
12	支付管理费用	=管理费用!B9	=B12	=B12	=C12	=SUM(B12:E12)
13	支付财务费用	=财务费用!B10/4	=B13	=B13	=C13	=SUM(B13:E13)
14	支付销售费用	=销售费用!B10	=销售费用!C10	=销售费用!D10	=销售费用!E10	=销售费用!F10
15	支付销售税金	=资料7!B3	=资料7!B4	=资料7!B5	=资料7!B6	=SUM(B15:E15)
16	支付所得税	公式见书中正文	=B16	=B16	=B16	=SUM(B16:E16)
17	购置固定资产	33000	15300	12000	26400	=SUM(B17:E17)
18	分给其他单位的利润				=$B$16*4/0.33*0.2	=SUM(B18:E18)
19	其他现金支出	6500	2200	300	=资料7!D14	=SUM(B19:E19)
20	现金支出合计	=SUM(B9:B19)	=SUM(C9:C19)	=SUM(D9:D19)	=SUM(E9:E19)	=SUM(B20:E20)
21	现金多余（或不足）	=B7-B20	=C7-C20	=D7-D20	=E7-E20	=F7-F20
22	资金的筹集运用					
23	向银行借款	25000	5000			=SUM(B23:E23)
24	归还借款			-30000		=SUM(B24:E24)
25	短期证券投资			-18000	-10000	=SUM(B25:E25)
26	出售短期投资证券				14000	=SUM(B26:E26)
27	运用资金合计				1600	=SUM(B27:E27)
28	筹集运用资金合计	=B7-B20+SUM(B22:B26)	=C7-C20+SUM(C22:C26)	=D7-D20+SUM(D22:D26)	=E7-E20+SUM(E22:E25)	=F7-F20+SUM(F22:F26)

第二季度时，“向银行借款”5 000 元。

第三季度时，有了较大盈余，就一并归还了银行的借款，并将一部分资金用于证券投资，提高资金的利用效率。

第四季度“出售短期投资证券”获利 1 600 元，同时又进行“短期证券投资”10 000元。

当然，我们可以根据这些资料和实际的资金运筹能力，优化上面的数据表。比如，借贷可以更多些，购买固定资产的时间可以向后推迟等。

10.2.4 举一反三

可以看到，使用 Excel 编制预算的思路和手工编制预算基本相同。但借助 Excel，可以使计算得到简化。由于所有数据是动态链接在一起的，所以只要原始数据有变化，下面的预算也会做出相应的变化，这就极大地方便了数据的调试，同时也给各部门以更大的灵活性。当然，数据的调试只是小范围内的，也就是说一些原始参数只能有小的调整，不能随意输入一些不切实际的数据，这一点作为财务工作者应该心中有数。

如果数据表更完善，还可以利用“单变量求解”进行逆向运算，比如要使利润达到某一特定数值，在其他数据不变的情况下，产量应是多少才能使企业达到利润目标？通过这个例子，希望能掌握利用 Excel 进行财务预算的思路，并结合本单位的实际情况，制作出更合理、更实用的财务预算表。

主要参考文献

[1]李箐.Excel在财务管理中的应用[M].北京:电子工业出版社, 2008.

[2]Excel Home. Excel高效办公[M].北京:人民邮电出版社,2008.

[3]孟俊婷.Excel在财务管理中的应用[M].上海:立信会计出版社,2007.

[4]国家发展和改革委员会培训中心.经济计量分析与Excel应用[M].北京:中国市场出版社,2005.

[5]王诚君,王鸿.中文Excel 2003应用教程[M].北京:清华大学出版社,2005.

[6]文渊阁工作室.Office 2003基础教程[M].北京:中国铁道出版社,2005.

[7]吴权威,王绪溢.Office 2003应用基础教程[M].北京:中国铁道出版社,2005.

[8]周丽媛,付艳,刘大志.Excel在财务管理中的应用学习导航[J].辽东学院学报,2005(6).

[9]柏松.中文版Excel 2003全能培训教程[M].上海:上海科学普及出版社,2004.

[10]韩良智.Excel在财务管理中的应用[M].北京:人民邮电出版社,2004.

[11]李继兵.Excel公式与函数应用范例[M].北京:中国青年出版社,2004.

[12]谢岚,林润华.Excel在公司理财中的应用[M].北京:人民邮电出版社,2004.

[13]本尼卡·S.财务金融建模——用Excel工具[M].邵建利,译.上海:上海财经大学出版社,2003.

[14]张福堂,周丽媛.Excel及在财务管理中的应用[M].长春:时代文艺出版社,2003.

[15]钱争鸣.计算机在会计统计和现代管理中的应用[M].北京:中国经济出版社,2000.

[16]王啸,吴仁群.电子表格化财务、会计与管理[M].北京:清华大学出版社,1999.

[17]侯国屏,贾占通,孙玉清.Excel在财务管理中的应用[M].北京:清华大学出版社,1999.

[18]耿萍,杨虹.Excel在财务管理中的应用[M].北京:中国铁道出版社,1999.

[19]马元驹.管理会计电算化模型的创建与应用[M].大连:东北财经大学出版社,1999.